KB009866

초이스

청소년을 위한 쉽고 재미있는 자유무역 이야기

Authorized translation from the English language edition, entitled **THE CHOICE : A FABLE OF FREE TRADE AND PROTECTIONISM, 3rd Edition**, ISBN: 9780131433540 by ROBERTS, RUSSELL, published by Pearson Education, Inc, publishing as Prentice Hall, Copyright © 2007

All rights reserved. No part of this book may be reproduced or transmitted in any form or by any means, electronic or mechanical, including photocopying, recording or by any information storage retrieval system, without permission from Pearson Education, Inc., through Shinwon Agency.

KOREAN language edition published by BOOKSTORY, Copyright © 2020

이 책의 한국어판 저작권은 신원에이전시를 통한 저작권자와의 독점계약으로 북스토리(주)에 있습니다.
신 저작권법에 의해 한국 내에서 보호를 받는 저작물이므로 무단전재와 무단복제를 금합니다.

CHOICE 초이스

청소년을 위한 쉽고 재미있는 자유무역 이야기

러셀 로버츠 **지음** | 이현주 **옮김**

북스토리

머리말

    이 책의 초판은 일본이 미국의 생활수준에 위협이 된다는 우려가 고조되던 1990년대 초에 출간되었다. 그리고 2판은 북미자유무역협정(NAFTA)이 통과된 이후 멕시코가 미국에 위협이 된다고 또다시 우려하던 시기에 출간되었다. 일본과 멕시코의 위협, 그리고 그로 인해 조성된 우려감은 그리 오래가지 못했다. 나는 중국과 인도가 미국인들의 생활수준에 위협이 될 거라는 최근의 우려 역시 오래가지 못할 것으로 믿는다.

    내가 새로이 개정판을 출간한 것은 중국과 인도의 증대하는 경제력을 다루기 위해서였다. 나는 일본이나 멕시코와의 무역에 대한 우려가 극도로 부정확했던 것처럼 중국과 인도 역시 미국에 경제적인 위협이 된다고 생각하지 않는다. 실상은 그 반대일 것이다. 중국, 인도와의 교역은 대다수 미국인들에게 이익이 된다. 미국은 두 국가들과의 무역으로, 경제적인 의미에서나 의미 있는 삶을 살 수 있는 기회가 확장된다는 의미에서나 더 부유한 국가가 된다.

이 개정판에는 가능한 경우엔 2005년도 수치까지 수록했을 뿐 아니라 미국 경제에서 제조업 일자리의 역할, 아웃소싱의 경제적 효과, 세계은행과 국제통화기금이 세계의 빈곤 퇴치 과정에서 맡은 역할까지도 담았다. 또한 비교우위에 대해 좀 더 나은 설명을 제시하려고 노력했고, 가장 적당한 위치로 그 설명을 옮겨놓기도 했다.

– 러셀 로버츠

Contents

데이비드 리카도(David Ricardo) _____

영국의 경제학자로, 경제학에서 연역적 분석 방식을 시도한 학자로 널리 알려져 있다. 1772년 4월 18일 런던 정통 유대인 부모에서 태어난 그는 11세부터 13세까지 암스테르담에 있는 포르투갈 유대교회당 부속학교에 다녔다. 1793년 유니테리언 종파로 개종하고 퀘이커 교도와 결혼하면서 가족과 멀어지게 되었다.

1786년에 아버지의 뜻으로 런던증권거래소에 취직하였고, 이후 1793년부터 1816년까지 런던에서 독립적으로 일했다.

꽤 많은 재산을 모은 그는 1813년에 사업에서 손을 뗐고, 1819년부터 1823년 9월 11일에 글로스터셔에서 세상을 떠날 때까지 포르앨링턴 지역 하원의원으로 활동했다. 그의 가장 유명한 저서인 『정치경제학 및 과세의 원리(On the Principles of Political Economy and Taxation)』는 1817년에 처음 출간되었다.

에드 존슨(Ed Johnson) _____

에드 존슨은 1917년에 일리노이 주 스타 시에서 태어났다. 1939년에 일리노이 대학에서 공학 학사학위를 취득하였다. 제2차 세계 대전 때 미국 육군에서 복무하다 소령으로 제대하였고, 오마하 해안에서 펼쳐진 디데이 작전에서 활약한 공로로 은성무공훈장을 받았다.

전쟁이 끝난 뒤 그는 스타 시로 돌아와 스텔라 텔레비전 회사에서 일했다. 그리고 1955년에 사장으로 임명되었다. 1948년에 마사 헬먼과 결혼해서 스티븐과 수전, 두 명의 자녀를 두었다.

※**일러두기**

일리노이 주 스타 시의 스텔라 텔레비전 회사, 시 주민들, 프랭크 베이츠 국회의원은 저자의 상상력이 만들어낸 산물이다. 생존인물이든 고인이 된 인물이든 이 책의 등장인물들이 누군가와 비슷한 것은 순전히 우연일 뿐이다. 그 외의 다른 회사나 사람들은 모두 실재한다. 저자는 그들과 미국 경제를 가능한 한 정확하게 묘사하려고 했다. 자료 출처는 뒷부분에 있는 '참고 자료'에서 찾을 수 있다.

천국에서의 재판 : 데이비드 리카도의 영혼

1차 재판

일시 : 1823년 9월 11일

치안판사 : 피고인의 인적 사항을 말하세요.

피 고 인 : 저는 1772년생으로 이름은 데이비드 리카도입니다. 제 어머니는, 아 어머니께 평화가 깃들기를. 어머니는 시편을 쓰신 이스라엘의 사랑스러운 시인, 다윗 왕의 이름을 따서 제 이름을 지으셨습니다. 어머니는…….

치안판사 : 리카도 씨, 그런 감상적인 얘기 말고 객관적인 사실을 말하세요. 직업은 무엇이었습니까?

피 고 인 : 저는 주로 금융업에 종사했고 나중엔 정치가가 되었습니다.

치안판사 : 좀 더 자세하게 말씀하세요. 직업 때문에 불이익을 당하는 일은 없을 겁니다. 당신이 생전에 이룬 가장 중요한 업적은 무엇이라고 생각합니까?

피 고 인 : 비교우위론입니다. 1817년에 출간한 『정치경제학 및 과세의 원리』에서 설명한 이론으로, 국가들이 자유무역을 통해 어떻게 이득을 얻을 수 있는지 보여주었습니다. 또한 영국 의회 의원으로서 보호무역주의의 위험성과 자유무역의 이점에 대해 여러 차례 이야기했습니다.

치안판사 : 당신의 견해가 주목을 받았습니까?

피 고 인 : 아직은 아닙니다만, 시간이 지나면 그렇게 되리라고 믿습니다…….

치안판사 : 그만하면 됐습니다, 리카도 씨. 다른 추가 증거가 이 재판정에 제출될 때까지 방랑에 처해질 것을 선고합니다.

재심 청구

일시 : 1846년 12월 18일

치안판사 : 리카도 씨. 당신 재판과 관련된 추가 증거를 제출하려고 이번 청문회를 요청하셨군요.

피 고 인 : 네, 그렇습니다. 제 모국인 영국이 외국과의 경쟁으로부터 영국 농민들을 보호하던 곡물법을 폐지했다는 사실을 보

고할 수 있게 되어 기쁩니다. 제 재판을 재개하여주실 것을 요청합니다.

치안판사 : 그 요청은 기각합니다. 이 변화가 일시적인지 영구적인지 판단하기에는 아직 이릅니다. 게다가 영국 이외의 거의 모든 국가들이 아직도 광범위한 무역 규제 조치를 시행하고 있지 않습니까?

피 고 인 : 그렇긴 하지만……

치안판사 : 그만 끝냅시다, 리카도 씨.

지상 착륙 요청

일시 : 1960년 7월 13일

치안판사 : 리카도 씨, 이번엔 방랑자의 신분에서 벗어나 인간사에 개입할 수 있는 기회를 달라고 요청하셨군요. 당신의 요청이 정당하다는 것을 입증할 증거가 무엇입니까?

피 고 인 : 미국이 미국 경제를 파괴할 수도 있는 보호무역주의 정책을 수립할 참입니다. 미국이 더 자유로운 무역과 번영의 길에 들어설 수 있도록 하룻밤만 지상으로 내려가 도울 수 있게 허락해주십시오.

치안판사 : 당신의 요청을 허락합니다. 리카도 씨, 집행 유예 기간에 방랑자에겐 단 한 번만 지상 착륙이 허락된다는 점 알고 계시죠?

피 고 인 : 물론입니다, 판사님. 자신 있습니다…….

치안판사 : 그럼 이것으로 끝냅시다, 리카도 씨. 행운을 빕니다. 그리고 부디 성공하시기를 바랍니다.

　"우리 공장이 처음 문을 열었을 때, 노동자의 주당 임금은 50달러였습니다. 그리고 스텔라 텔레비전은 윌리의 가전제품 가게에서 250달러에 판매되었습니다. 따라서 당시 노동자는 5주간 일하면 텔레비전 한 대를 살 수 있었습니다. 현재 이 공장에서 일하는 노동자의 주당 임금은 100달러이고, 윌리에서 판매하는 스텔라 텔레비전 한 대 가격은 200달러입니다. 이제는 2주만 일하면 텔레비전 한 대를 살 수 있답니다. 저는 이런 식으로 우리의 성공을 가늠합니다. 즉, 여러분이 몇 시간을 일해야 우리 제품 하나를 살 수 있는지 계산하는 것이지요. 우리가 맨 처음 공장을 가동한 이후로 그 시간은 점점 줄어들고 있습니다."

　내가 지상에 착륙하기 1년 전인 1959년에 에드 존슨은 이처럼 말했다. 에드는 스텔라 텔레비전 회사의 사장이었다. 이 회사의 본부는 내가 단 하룻밤만 지상에 머물기 위해 착륙한 일리노이 주 스타 시에 있다. 만약 당신이 죽은 지 137년 만에 단 하룻밤만 이승에 머무른다면 일리노이 주의 인구 10만 명의 도시를 선택하지는 않을 것이다. 하지만 에드 존슨과 스타 시는 나의 미래와 미국의 미래를 좌우할 열쇠를 쥐고 있는 터였다. 내가 지구에 착륙하기 전에 우선 에드와 그의 회사에 대해 설명할 필요가 있을 것 같다.

에드는 해마다 존슨 공원에서 열리는 회사 야유회에서 연설하는 중이었다. 공원 이름은 회사를 설립한 에드 아버지의 이름을 따서 붙여졌다. 에드는 회사 야유회에서 늘 즐거운 시간을 보낸다. 가족을 데려오고, 야구 경기를 하면서 2루까지 슬라이딩을 하다 바지를 찢어먹기도 하고, 닭튀김과 감자 샐러드를 양껏 먹기도 한다.

에드는 회사 직원들과도 잘 지낸다. 그는 공대에 진학하기 전 고등학교 시절에 공장에서 일한 적도 있었다. 스텔라 사는 일리노이 주에 공장을 세 군데 두고 있지만, 스타 시에 있는 공장이 가장 크다. 경기가 좋은 달에는 스타 시에 있는 공장 직원 5천 명이 8만 대의 텔레비전을 생산하기도 한다.

에드의 연설에서 감을 잡았을 테지만, 에드는 자기 회사를 꽤나 자랑스럽게 생각한다. 그러나 야유회가 끝나고 집으로 돌아가는 길에 그의 아내 마사는 다른 때와는 다르게 뭔가 이상한 느낌을 받았다. 그녀는 두 아이가 멀찍이 앞서 가서 그들의 대화 소리를 듣지 못할 때까지 기다렸다가 에드에게 말을 건넸다.

"여보, 무슨 걱정거리라도 있어요?"

"그게, 외국과의 경쟁 때문에…… 일제 텔레비전이 미국으로 몰려오고 있잖아. 이번 달에는 직원들을 해고할 뻔했어. 앞으로 임금을 삭감해야 할 수도 있고. 오늘 오후에 말한 고속질주는 아무래도 중단해야 할 것 같아."

"여보, 지금 농담하는 거죠? '일본 제품'이 허접하다는 건 다들 알아요. 아무도 일제 텔레비전을 사려 하지 않을 거예요."

"이미 사는 사람들이 있으니까 말이지."

다음 날 아침, 밤새 뒤척인 에드는 자동차로 시카고에 가서 워싱턴행 비행기에 몸을 실었다. 그는 지역 국회의원인 프랭크 베이츠 의원을 만나서, 일제 텔레비전의 수입을 제한해달라고 요청했다. 외국과의 경쟁을 막아야 자기 직원들의 일자리와 임금을 안전하게 지킬 수 있기 때문이었다.

"글쎄. 에드, 지금은 잘 모르겠네. 자네가 항상 내 선거운동을 도와주며 여러모로 잘해준 것은 고맙지만, 이런 종류의 법안은 아주 까다로운 문제거든. 사람들은 공정한 경쟁을 원하니까. 경쟁은 미국식 생활방식이기도 하고. 일본 제품을 엄격하게 규제하는 건 모양새도 좋지 않을 거야."

"그건 말도 안 됩니다, 프랭크 의원님. 텔레비전을 발명한 건 바로 미국이에요. 일본은 그 기술을 훔쳐간 거고요. 그런데 이제는 그들이 우리 일자리마저 훔쳐가고 있어요. 좋은 일자리가 일본으로 가버리면, 우리는 무엇으로 그 자리를 메워야 하죠? 스타 시는 어떻게 되겠습니까? 그리고 우리에게 부품을 공급하는 시카고 주변 회사들은 또 어떻고요? 스텔라 텔레비전이 문을 닫으면, 그 고통은 스타 시에서 끝나는 게 아닙니다. 거기서 시작하는 거라고요! 일본이 우리를 앞서게 놔둘 수는 없습니다. 미국의 텔레비전 산업이 자취를 감추면, 앞으로 전자 분야에서 탄생할 모든 발명품은 일본이 차지하게 될 겁니다."

"무슨 말인지 알겠네, 에드. 하긴 나도 태평양 전쟁 때 직접 싸운 몸이야. 그런데 내 말 좀 들어보게. 요즘 나보고 대통령 선거에 나가라는 얘기가 심각하게 오가고 있네. 그러니 지금 골치 아픈 무역법안 같은 걸로 문제를 일으킬 수는 없네. 일단 나를 백악관에 입성하게 해줘. 그럼, 그때 가서 내가 도와줄 수 있을걸세."

"의원님의 출신 지역 주민들이 먹고사는 문제로 힘들어한다면 어떻게 대통령 선거에 출마하실 수 있겠습니까? 이런 법안이야말로 의원님의 대통령 당선에 힘이 될 것입니다. 의원님은 그저 법안이 올바르다고 설명하기만 하면 됩니다. 미국산 제품을 사면 미국은 다시 부유해질 거다, 뭐 이런 식으로요."

"그런 식으로 말하니까 썩 괜찮게 느껴지는군. 내가 좀 더 생각해보겠네.”

프랭크 베이츠는 그 입법 문제를 다시 생각해보았다. 그러고는 외국산 텔레비전 수입을 금지하는 법안을 발의하기로 결심했다. 매달 스텔라 공장에서는 8만 대의 텔레비전이 생산되었다. 그리고 시간이 흐를수록 프랭크 베이츠 하원의원이 대통령이 될 거라는 말이 퍼져나갔다. 곧 텔레비전 수입을 금지하는 그의 무역 법안은 통과되었다. 그는 모든 외국 생산품의 수입을 금지하는 법안을 주제로 연설을 하기 시작했다. 수입 규제의 이익을 텔레비전 산업뿐 아니라 다른 산업에까지 확산시켜야 한다는 얘기였다. 그 계획은 그의 대통령 선거운동의 핵심 정책이 되었다. 에드 존슨은 많은 곳을 다니면서 프랭크 베이츠 의원을 지지하는 연설을 하며 보호무역주의를 옹호했다.

1960년 여름이 되자 프랭크 베이츠가 당의 후보 지명을 받을 확률이 50퍼센트로 높아졌다. 그는 에드에게 전당대회에서 지명추천연설을 해달라고 부탁했다. 에드가 망설이자 프랭크 의원은 자신의 참모들이 대신 연설문 원고를 써줄 거라고 설명했다. 프랭크는 에드가 미국이 누리게 될 영광에 대해, 그리고 미국의 기간산업을 외국과의 경쟁으로부터 보호하는 일이 얼마나 중요한지에 대해 연설하고, 프랭크 의원의 경제정책이 스텔라 회사의 직원들과 스타 시 주민들에게 번영을 안겨준 것처럼 모든 미국 국민들에게도 번영을 가져다줄 것이라고 설명만 하면 된다고 했다. 그의 설명을 듣고 보니 크게 어려울 것 같

지는 않았다. 그래서 에드는 그의 제안을 받아들였다.

로스앤젤레스의 전당대회장으로 떠나기 전날 밤, 에드 존슨은 계속 이리저리 뒤척이며 잠을 이루지 못했다. 연설 연습은 이미 마쳤다. 일리노이 주의 어느 7월 밤이었다. 그의 아내와 아이들은 곤히 잠들어 있었고, 그의 직원들은 더 바랄 게 없을 정도로 잘 지내고 있었다. 스텔라 텔레비전은 300달러에 판매되고 있었고, 직원들은 주당 200달러까지 받고 있었다. 일주일 반만 일하면 텔레비전 한 대를 구입할 수 있다는 얘기였다. 주변에서는 공장이 생산 능력을 최대한으로 가동 중이라 곧 확장한다는 소문까지 돌고 있었다. 그런데 에드 존슨은 도대체 무엇 때문에 잠을 못 이루고 있었을까?

새벽 2시, 에드는 아래층으로 내려가 우유 한 잔과 초콜릿 케이크 한 조각을 들고 다시 올라왔다. 서재에 들어간 그는 전축 앞으로 가서 프랭크 시나트라의 〈온리 더 론리(Only the Lonely)〉라는 음반을 올려놓고 〈원 포 마이 베이비(One for My Baby)〉라는 애절한 노래를 틀었다. 그러고는 다음과 같이 중얼거렸다.

"사실 난 정부가 하는 일을 좋아한 적이 없어. 쿼터 법안이 스텔라 텔레비전에 도움이 된 것은 사실이지만 모든 외국 생산품의 수입을 제한하는 법안은 걱정스럽지. 텔레비전은 다르잖아. 전자제품은 미국의 미래니까. 하지만 모든 상품을 규제한다면……. 어쩌면 결과가 나쁠 수도 있겠어."

그건 바로 나에게 주는 신호였다. 그래서 나는 에드가 서재를 왔다 갔다 하고 있을 때 치안판사에게서 하룻밤만 이승에 갔다 와도 된다는 허락을 받아냈던 것이다. 곧바로 나는 서재 구석에 있는 가죽 안락의자 위로 뛰어내렸다. 처음에 에드는 나를 보지 못했다. 카펫 위를 서성이느라 그럴 겨를이 없었다. 그러다가 마침내 나와 눈이 마주치자 그는 멈춰 서더니 콧방귀를 뀌듯 숨을 내쉬었다. 그는 끊어졌다 이어지는 듯한 신경질적인 인사말을 내뱉었다.

"이봐, 당신 도대체 누구야?"

그를 쭉 지켜본 이래로 그가 이렇게 함부로 말하는 것은 처음 보았다. 새벽 2시에 예고도 없이 남의 서재에 들이닥쳤으니 아무리 온순한 사람이라도 신경이 거슬렸을 것이다.

"내 이름은 데이비드요. 그냥 편하게 데이브라고 불러도 괜찮소. 나는……."

"이봐요, 데이브. 배가 고픈 거요? 아래층에 닭튀김이 있는데, 한쪽 드시겠소?"

에드는 점잖게 말을 건넸다.

따뜻하게 묵을 곳과 먹을거리를 찾는 거지 정도로 나를 생각한 모양이었다. 경찰을 부르지도 않고 그저 도움을 주겠다고만 했다.

"고맙소. 당신이 주겠다는 닭튀김을 정말로 먹고 싶지만, 내가 있던 곳에서는 배고픔을 느끼지 않는답니다."

"당신이 있는 곳에는 먹을 게 많은가 보군요?"

에드가 신경질적인 목소리로 물었다. 방 안의 기온이 내려가 있던 터라 에드는 말을 하면서 열린 창문이 없나 확인하기 시작했다.

"창문은 모두 멀쩡합니다, 존슨 씨. 아마 나 때문에 창문에서 바람이 들어오는 것처럼 느껴질 겁니다. 방랑자가 지상에 내려오면 자연스럽게 생기는 현상이지요."

"방랑자요?"

"네, 존슨 씨. 〈멋진 인생(It's a Wonderful Life)〉이라는 영화를 본 적 있소?"

"물론이죠. 크리스마스 때마다 보는걸요. 제가 무척 좋아하는 영화입니다."

"그럼 그 영화에 나오는 클라렌스를 기억합니까?"

"그럼요. 클라렌스는 조지 베일리의 수호천사였죠. 마지막에 그가 날개를 얻게 된 게 정말 멋졌어요. 자, 데이브 씨, 일단 아래층으로 내려갑시다. 냉장고에 구미가 당길 만한 게 뭔가 있을 겁니다."

"안타깝게도 그렇게 되지는 않을 겁니다."

"네? 뭐가 말입니까?"

"날개를 얻는 일 말입니다. 그 영화를 감독한 카프라는 단순히 환상에 빠져 있었던 겁니다."

"그래요?"

에드가 책상 위에 있는 전화기를 붙잡았다.

"어, 왜 전화가 안 되지?"

에드가 혼잣말을 했다.

"설명하지는 못하겠지만, 아마도 나 때문일 겁니다. 감히 말하자면, 전기나 텔레비전 등은 당신의 전문 분야 아닌가요?"

"이봐요, 데이브 씨. 당신 성이……."

"내 성은 리카도입니다."

"잘 들어요, 리카도 씨. 만약 당신이 내 전화선을 자른 거라면, 나는 더 이상 당신과 이렇게 이야기하고 있을 수 없습니다."

"진정해요, 존슨 씨. 〈멋진 인생〉에서 클라렌스가 자신이 천사라는 사실을 어떻게 증명했는지 기억합니까? 나도 당신 때문에 그 비슷한 일을 해야겠군요."

"그러면 내가 왜 우유와 초콜릿 케이크를 먹고 있는지 한번 설명해 보시죠."

"그리 어렵지는 않군요. 어렸을 때 당신은 불을 제대로 껐는지 확인한다는 핑계로 아버지를 따라 아래층에 내려가곤 했죠. 그때 아버지는 당신에게 우유 한 잔과 초콜릿 케이크 한 조각을 주곤 했습니다. 당신과 당신의 아들 스티븐도 옛날 그대로 하고 있고요. 하지만 오늘 밤은 스티븐이 일어나 있기에는 너무 늦은 시간이네요."

에드는 자리에 앉았다. 드디어 내가 그의 관심을 끈 모양이었다.

"말뿐인 속임수는 품위를 너무 떨어뜨리지, 에드. 내가 에드라고 불러도 되겠나? 나는 자네를 아주 잘 안다네. 자네가 어렸을 때 장난치다 떨어져서 무릎에 입은 상처를 아는 사람보다도 내가 자네를 훨씬 더 잘 알걸세. 뭐 그런 것을 안다고 해서 내가 다른 세상에서 왔다는 것이 증명되지는 않겠지. 대담하고 재치가 있는 사람이라면 그런 사소한 사실들까지도 알아낼 수 있으니까. 하지만 에드, 내 귀는 자네가 상상하는 것 이상으로 아주 예민하네. 나는 자네가 아들 스티븐에게 갖고 있는 꿈이 뭔지, 또 자네 딸 수전의 안전을 얼마나 간절히 바라는지도 알고 있네. 나 역시 내 자식들에게 그런 꿈을 가졌으니까. 자네가 프랭크 베이츠 의원에게 협력하는 것을 아주 불편하게 느끼고 있는 것도 안다네. 자네는 죄책감 때문에 밤새 뒤척였던 거야, 아닌가? 다른 사람들에게 도움을 청해 자네 회사가 부당한 이익을 얻게 한 데서 오는 죄책감 말이지……."

에드의 눈길이 부드러워졌다. 내 말이 정곡을 찌른 모양이었다.

"에드, 좀 참게나. 이 밤이 다 가기 전에 자네가 죄책감을 느끼는 진정한 이유를 알게 될 테니까. 그나저나 자네는 사람들이 좀처럼 얻지 못하는 속죄의 기회를 얻게 될 거야."

"당신 뜻대로 하시죠."

"우리는 시간 여행을 떠날 거라네. 나는 프랭크 베이츠 의원이 낙선하면 미국이 어떻게 되는지 자네에게 보여줄 생각이네. 만약 그가 미국 대통령이 되면, 미국은 점점 더 보호무역주의 국가가 될 거야. 하지만 나는 자네에게 미국이 자유무역을 점점 더 추진하면 어떻게 될지 보여줄 생각이네. 자네가 그런 세상을 본다면, 더 이상 프랭크 베이츠 의원을 지지하지 못할걸세. 그리고 침실 탁자 위에 있는 그 연설문을 집어던지겠지."

"전 준비됐습니다, 리카도 씨."

"데이브라고 부르게나."

"혹시 쿠바에 친척이 있습니까?"

"쿠바? 없다네. 내 친척들은 대부분이 영국에 있지."

"'바바루(Babaloo, 1951년 미국 드라마인 〈I Love Lucy〉에 나오는 주인공 루시의 남편 리키 리카도가 외친 말. 바바루 아예(Babaloo Aiye)는 카리브 해 지역의 신이다.-옮긴이)'라는 말이 당신과는 아무런 관련도 없나요?"

"아, 무슨 말을 하려는지 알겠네. 좋아, 에드. 하지만 그 사람은 다른 리카도라네. 나하고는 아무 상관없는 사람이야."

그 말이 끝나기 무섭게 우리는 미래를 향해 솟구쳤다.

나는 신중을 기하기 위해 2005년을 선택했다. 그 정도면 에드가 미국이 외국과 자유로이 무역하는 세상을 충분히 볼 수 있을 터였다.

에드가 내게 물었다.

"여기가 어딥니까?"

"여기는 2005년, 자네 고향인 일리노이 주 스타 시에 있는 영화관 주차장이네."

"영화관 주차장이 이렇게까지 넓어야 할 이유가 있습니까?"

"상영관이 열여섯 개니까 넓은 공간이 필요한 거지."

"상영관이 열여섯 개라뇨! 그럼 비주 극장은 어떻게 됐나요?"

"시내에 있던 비주 말인가? 안됐지만 '도시 재개발'이라는 명목으로 헐렸다네."

"그거 참 안됐네요. 스텔라 텔레비전 공장은 볼 수 있나요?"

"그것도 헐렸다네, 에드."

"헐렸다고요?"

에드는 혼다 어코드 자동차에 몸을 기댔다. 자동차가 감정적인 버팀목이 되어주었다.

"안됐지만 그렇게 됐네. 요즘엔 상영관 여러 개를 한데 모아둔 곳을 멀티플렉스라고 하는데, 사실 이 멀티플렉스는 자네 공장이 있던 자리에 생긴 거라네."

"저는 저주 받을 운명이군요. 도대체 왜……."

"에드, 말조심하게. 말이 씨가 될 수 있어."

"죄송합니다. 그럼 지금 미국에서 텔레비전을 만드는 사람이 있기는 합니까?"

"물론이지. 자네 공장이 가장 잘나가던 시절보다 더 저렴한 노동력과 원자재 비용으로 텔레비전을 생산하고 있다네."

"그럼 아마 모토로라겠군요. 그 회사는 늘 우리와 심한 경쟁을 했으니까요."

"모토로라는 1974년을 끝으로 더 이상 텔레비전을 만들지 않았네."

"그럼 누가 텔레비전을 만들고 있는 겁니까?"

"내가 보여주지. 잠시 스타 시를 떠나야겠군. 하늘에 있는 사람들에게 이 정도는 전혀 문제가 되지 않는다네."

우리는 눈을 감고 북동쪽으로 갔다.

"데이브, 여긴 어딘가요?"

"뉴저지 주 라웨이야."

"텔레비전 공장은 어디 있습니까?"

"지금 자네 눈으로 보고 있잖나."

"하지만 간판에 '머크 제약회사'라고 쓰여 있는데요. 그럼 약을 만든다는 얘기 아닙니까?"

"그렇지, 에드. 이 회사는 제조한 약의 일부를 일본에 보내지. 대신 일본은 미국에 텔레비전을 보내주고. 텔레비전을 만드는 방법은 두 가지가 있네. 직접적인 방법과 우회적인 방법. 직접적인 방법은 스타 시에 있던 자네 공장처럼 공장을 짓고 기계와 인력, 원자재를 확보하여 텔레비전을 만드는 거야. 텔레비전을 생산하는 우회적인 방법이란 약 같은 다른 것을 만들어서 텔레비전과 바꿈으로써 텔레비전을 생산하는 것이라네. 일본의 제약 산업은 일본인들이 원하는 모든 약을 효과적으로 만들어 공급하지는 못하네. 그래서 일본은 약을 수입하고 텔레비전을 수출하지. 자네가 지금 보는 것은 제약회사처럼 보이지만, 이 회사는 일부 제품을 수출하여 미국인들이 즐기는 텔레비전 또한 생산하는 것과 다름없지."

"하지만 머크 사는 텔레비전을 얻으려고 일본에 약을 수출하는 것이 아닙니다. 돈을 벌려고 그러는 거죠."

"겉보기에는 그렇지. 하지만 머크 사가 약을 수출하고 엔화를 받는 것은 미국인들이 텔레비전 같은 일본 상품을 구입하는 데 그 돈을 사용하려고 하기 때문이지. 일본 상품을 구입하려는 사람이 없다면, 머크 사는 그 돈을 벽지로나 사용해야 할걸세. 그렇게 되면 일본에 약을 팔려고도 하지 않겠지."

"그냥 은행에서 엔화를 달러로 바꾸면 되지 않습니까?"

"상황에 따라서는 그럴 수도 있지. 하지만 그것도 미국 달러를 갖고 있는 사람이 일본 상품을 구입하려 할 때 엔화를 필요로 하기 때문에 가능한 것이라네. 그렇지 않고 아무도 달러를 엔화로 바꾸지 않으면, 은행은 더 이상 외환 환전 사업을 할 수가 없겠지. 자네가 보기에는 미국인들이 일본인들에게 달러를 주고 텔레비전을 사고, 다시 일본인들은 미국에 엔화를 주고 약을 사는 것으로 보일 거야. 하지만 실제로 미국인들은 약을 텔레비전과 바꾸고 있는 거지. 외환은 단지 거래를 수월하게 하는 것뿐이고."

에드가 나를 심각하게 쳐다봤다.

"일본이 국내에서 생산되는 약품 공급을 늘리면 어떻게 됩니까?"

"일본은 그럴 수도 있고, 아닐 수도 있어. 하지만 일본이 모든 것을 다 만들 수 있는 것은 아니야. 정확히 말하면 만들 수는 있지만, 모든 것을 다 똑같이 잘 만들 수는 없지. 다른 나라들처럼 일본의 자원도 부족하니까. 내가 말하는 자원은 원료만 말하는 게 아니라네. 국민, 일일 노동시간, 국민들의 노동 열의 같은 것까지 모두 포함되는 말이야. 일본이 이 세상 어느 나라보다 모든 것을 더 잘 만들 수는 없어. 그리고 설령 모두 다 잘 만들 수 있다고 해도 그렇게 하는 건 절대로 현명한 짓이 아니라네."

"왜 그렇죠?"

"설령 모두 다 잘 만들 수 있다고 해도, 모든 것을 다 하려고 하는 것보다는 몇 가지만 전문적으로 만드는 게 훨씬 더 나을 수 있어. 자네의 경우를 생각해보세. 내가 알기로 자네는 스타 고등학교 3학년 때 타자 대회에서 우승을 했어. 역대 최고 기록 아니었나?"

"그렇습니다."

"그런데 스텔라 텔레비전 사장으로서 자네는 비서를 두고 있지?"

"물론입니다."

"자네는 비서보다 타자를 더 잘 치는데 왜 비서를 고용한 건가?"

"공장을 운영하는 데 시간을 쓰는 게 더 나으니까요."

"바로 그거야. 자네는 시간이 별로 없어. 자네가 비서인 에버스 양보다 훨씬 더 빨리 타자를 치지만, 자네가 직접 타자를 치는 것은 바보 같은 짓이지. 일본의 경우도 마찬가지야. 하나의 국가로서 일본은 텔레비전 기사들을 화학자로 훈련시킬 수 있지만 텔레비전 생산을 전문으로 하고 약을 수입한다네. 미국 역시, 생명을 구하는 약과 텔레비전 둘 다 필요해. 그래서 미국은 가능한 가장 효율적인 방법으로 두 가지를 다 생산하고 있다네. 약을 생산하여 일부는 국내에서 소비하고 나머지는 일본에 수출하여 텔레비전을 얻는 방법이지."

"이러한 견해를 특별히 부르는 명칭이 있습니까?"

"있지만 외우기 쉬운 건 아닐세. '비교우위론'이라고 하는데, 어떤 영국 경제학자가 알아냈다네."

"그 경제학자가 누굽니까, 데이브?"

"기억이 잘 나지 않네, 에드. 어쨌든 앞으로 자네와 나는 그 이론을 다른 이름으로 부르세. '부유해지는 우회적인 방법'이라고. 요지는 이런 거야. 어떤 국가가 모든 일을 하는 데 서툴다고 해도, 상대적으로 잘하는 일이 있다는 거야. 그리고 어떤 국가가 많은 일을 정말로 잘한다고 해도 일부 상품들만 전문적으로 생산하고 나머지는 수입해야 한다는 거지."

"전 이해가 잘 안 되는데요."

"대부분의 학생들도 잘 이해하지 못한다네. 수치가 표시된 사례가 도움이 되겠지만, 듣다 보면 잠들어버릴 수도 있어. 우리는 긴 하룻밤을 보내야 하잖아. 그리고 그런 수치상의 사례로 인해 일부 학생들은 이 세상에 제품이나 국가가 둘일 때만 이 이론이 적용된다고 생각하게 되거든. 내가 이 이론의 핵심을 설명해보겠네. 시간은 가장 부족한 자원이야. 그래서 시간을 현명하게 써야 하지. 혼자 힘으로 모든 것을 하려면 정말로 비용이 많이 들어. 다시 말하면 자기가 상대적으로 잘 하는 일을 할 시간을 **빼앗긴다**는 얘기지. 그래서 자네도 에버스 양을 고용해 타자를 맡기지 않았나. 자네가 그녀보다 타자를 더 잘 치는데 도 말이야. 국가들의 경우도 마찬가지야. 미국이 텔레비전 생산에 뛰 어나다고 해도 부족한 자원을 텔레비전에 쏟는다는 것은 다른 것들을 덜 갖게 된다는 의미야. 미국은 텔레비전을 만드는 데 뛰어나지만, 약 품을 만드는 데 더 뛰어나다네. 미국이 텔레비전을 만들 때보다 일본 이 텔레비전을 만들 때 노동력이 더 들어간다 해도, 미국은 제약 부문 에서 비교우위를 갖는 걸세."

"하지만 데이브, 미국에서보다 일본에서 텔레비전을 만들 때 노동 력이 더 들어간다면, 미국 대신 일본에게 텔레비전을 만들도록 하는 것은 비효율적이지 않습니까?"

"아니지. 사람들은 단지 텔레비전에만 관심을 갖는 게 아니니까. 사 람들은 다른 것에도 관심을 갖지. 미국에서 텔레비전을 생산하는 데 드는 실제 비용은 그 일에 투입된 노동력이 아니라 그 노동력으로 생 산할 수 있었던 다른 것을 말하네. 텔레비전을 생산의 것은 다른 것을 덜 만든다는 의미니까. 미국이 텔레비전 생산 부문에서 일본보 다 약간 더 뛰어난데, 제약 부문에서는 훨씬 더 뛰어나다고 생각해보 세. 그 경우에 미국에서 텔레비전을 생산하는 것은 비용이 많이 든다 는 의미야. 많은 약품 생산을 포기한다는 얘기니까. 그러니 자네가 공장 경영에 집중하기 위해 타자를 포기하는 것처럼 일본에게 텔레비전 생산을 맡기는 게 더 낫겠지. 더 정확히 말하면 이렇다네. 약품을 많이 만들고 그중 일부를 우회적인 방법, 즉 약품과 텔레비전을 교환함으로써 텔레비전을 만드는 데 사용하는 것이 더 낫다는 거야. 그러면 직접 텔레비전을 만들 때보다 더 많은 텔레비전을 얻을 수 있네."

"그렇다면 일본도 우리와 똑같이 하고 있는 것이겠군요. 그들도 직접 약품을 만들기보다는 텔레비전을 만들고 그것을 약과 교환하는 방법으로 더욱더 부유해지고 있네요."

"바로 그거야. 다른 나라와 교역한다는 개념은 자기 나라 사람들과 교역한다는 개념과 같네. 이는 사람들이 가진 기술을 함께 사용하게 만드는 방법이야. 무역은 경쟁처럼 보여. 하지만 이 방법은 정말이지 협력의 형식을 띠고 있다네. 일본은 미국인들을 위해 텔레비전을 만들고, 미국인들은 답례로 일본인들을 위해 약을 만드니까. 우리는 다른 사람들과의 무역을 통해, 자신이 직접 모든 것을 다 하려고 시도한다면 결코 해내지 못할 방식으로 각자의 기술을 이용할 수 있어. 무역은 사람들의 부족한 기술과 시간에서 최대한의 결과를 이끌어내는 방법이야. 물론 거래 당사자 양측 모두에게 해당하는 얘기지."

"하지만 우회적인 방법이 더 싸게 먹힌다는 것을 어떻게 알 수 있습니까? 그건 이론에 불과한데요. 정부는 뒷짐만 지고 모토로라와 스텔라 사가 파산하게 내버려두지 않았나요……."

"에드, 모토로라 사는 아직 존재한다네."

"하지만 아까……."

"내 말은 텔레비전 생산을 그만뒀다는 거였네."

"아, 모토로라 사가 텔레비전 생산을 중단했다는 거군요. 그래서 미국은 텔레비전을 우회적인 방법으로 생산하고 있고요. 하지만 미국인들은 일본에 돈을 보내고 있습니다. 아주 많은 돈이겠지요. 그 돈이 미국에 남아 있다면 그게 더 미국에 좋은 것 아닐까요? 돈이 더 많아지면 더 부유해지는 것이니까요. 그 돈을 외국인들과 나누어 갖는 것보다 더 낫지 않습니까?"

"그건 상황에 따라 다르다네, 에드. 한 사회의 부는 사회 구성원들이 얼마나 많은 지폐를 갖고 있느냐에 의해 측정되는 것이 아니야. 미국이 일본과 무역을 하지 않으면, 미국인들은 더 많은 돈을 갖게 되겠지. 하지만 그렇다고 해서 미국인들이 더 많은 상품과 서비스, 그것들을 즐길 수 있는 여가까지 가질 수 있을까? 일본이 미국에 텔레비전을 보내는 호의를 베풀지 않는다면, 미국은 일제 텔레비전을 갖지 못하는 거야. 일제 텔레비전이 없으면 미국은 국내에서 그 텔레비전을 만들어야 해. 국내에서 텔레비전을 만들려면 노동력과 원자재가 필요하지. 하지만 약을 만들어 그것을 텔레비전과 바꾸는 우회적인 방법을 사용하면 더 싸게 텔레비전을 만들 수 있네."

"이 이론은 아주 그럴싸하게 들리네요. 하지만 증거가 있나요? 당신 주장대로라면, 내가 전통적인 텔레비전 공장에서 텔레비전을 만들 때보다 머크 사가 더 싸게 텔레비전을 만들 수 있다는 것인데요. 텔레비전이 더 싸졌다는 것을 제게 증명해보세요. 그런 화려한 이론을 끌어대지 말고요."

"서두르지 말게, 에드. 진정해. 1960년에 자네 공장 노동자가 텔레비전 한 대를 사려면 몇 시간을 일해야 했지?"

"2주 정도요."

"오늘날 보통의 미국인은 하루도 채 안 되게 일하면 텔레비전을 살 수 있다네."

"말도 안 돼요! 만약 그렇다 치더라도, 텔레비전 질은 어떤데요? 1960년대의 텔레비전을 2005년에 생산된 텔레비전과 비교하려면, 같은 품질의 것을 비교해야 합니다. 만약 일본에서 만들어진 텔레비전이라면, 그 품질이 아주 좋을 리는 없지요."

"자네가 직접 판단할 수 있게 해주지. 다시 일리노이로 돌아가서 한번 살펴보자고."

"윌리의 가전제품 가게는 없어졌을 것 같은데요?"

"그렇다네. 주스 가게로 바뀌었어. 이 현상은 나중에 다시 얘기해보세. 일단은 걱정하지 말게나. 아직도 스타 시에서 텔레비전을 살 수 있으니까."

다시 스타 시로 돌아온 후, 나는 에드를 서킷 시티(Circuit City, 미국의 전자제품 유통업체-옮긴이)로 데려가 2005년산 텔레비전을 보여주었다.

그는 다양한 모양과 크기의 텔레비전이 쭉 진열되어 있는 것을 보고 크게 놀랐다. 우리는 20인치 컬러텔레비전 앞으로 갔다.

"하! 100달러라니. 그렇게 싸지는 않네요. 내가 만든 텔레비전보다 아주 많이 싸지는 않아요. 보통 노동자가 하루도 채 안 되게 일하면 텔레비전을 살 수 있다고 하지 않았습니까?"

"그렇다네. 지금의 임금이 1960년보다 훨씬 더 많이 올랐으니까. 그래서 노동자가 텔레비전을 사려면 몇 시간을 일해야 하는지 생각하는 것이 유용한 거야. 그렇게 하면 인플레이션이 임금과 텔레비전 가격에 미치는 영향을 모두 상쇄하게 되니까."

"하루도 채 안 된다니 정말 놀랍군요. 게다가 화면이 놀라울 정도로 선명하네요."

"이 새로운 모델들은 자네에게 익숙한 과거의 텔레비전과는 달리 고장 나는 법이 거의 없다네, 에드. 그리고 모두 리모컨이 딸려 있지."

나는 에드에게 1960년과는 달리 2005년에는 컬러텔레비전이 희귀한 것이 아니라 보통의 사양이라는 것도 알려주었다. 그리고는 대형 스크린 쪽으로 그를 데려갔다. 그는 42인치 플라즈마 텔레비전을 바라보며 잠자코 서 있었다. 그리고는 조용히 물었다.

"나머지는 다 어디 있는 겁니까?"

"내가 알기론 저게 다야. 두께가 10센티미터에 불과하네. 자네가 활동하던 시절보다 훨씬 더 얇게 텔레비전을 만드는 방법을 알아낸 거야.”

에드가 고개를 저으며 말했다.

“그리고 훨씬 더 크네요. 이건 가격이 얼마죠?”

“1,400달러야. 보통의 미국인 노동자가 2주 정도, 정확히 말해서 11일 넘게 일하면 살 수 있다네. 1960년의 노동자가 20인치 텔레비전을 사기 위해 일했던 시간과 꽤 비슷하지 않나?”

“데이브, 정말 대단하네요. 그런데 이 새로운 텔레비전들이 멋지긴 하지만, 미국이 이만큼 좋은 텔레비전을 만들지 못해서 경쟁할 수 없다는 것이 믿어지지 않습니다. 과거의 그 훌륭했던 미국의 기술은 다 어떻게 된 겁니까?”

“그 기술은 여전하다네. 다만 더 생산적인 다른 분야로 돌려졌을 뿐이지. 자네의 타자 기술과 비슷하다고 보면 된다네. 자네는 회사 전체에서 가장 타자를 잘 치면서 왜 타자를 포기했지? 자네가 직접 타자를 치면 비용이 너무 많이 들기 때문 아닌가? 자네가 최고의 타자 기술로 공장에 안겨주는 이익보다는 공장을 경영해서 창출하는 이익이 더 크니까. 텔레비전도 마찬가지야. 미국은 손쉽게 세계 최고의 텔레비전을 생산할 수 있다네.”

“그런데 왜 그렇게 하지 않는 겁니까?”

“최고의 텔레비전을 만드는 데 드는 자원을 최고의 약을 만들어 다른 나라들이 만드는 텔레비전과 바꾸는 데 쓰는 것이 더 낫기 때문이지.”

"당신 말이 옳은 것 같네요. 그런데 그걸 어떻게 알 수 있습니까? 텔레비전 대신 약을 전문으로 생산해야 한다는 결정은 누가 내립니까? 그리고 그 결정이 옳다는 것을 어떻게 알죠?"

"그 결정을 내리는 사람은 아무도 없네. 그 부분을 이해하기가 어렵지만, 정말 멋지다고 할 수 있어. 만약 어떤 미국인이 일제 텔레비전만큼 품질은 좋은데 더 저렴한 비용으로 텔레비전을 만들 수 있다면, 그 사람은 어마어마하게 부자가 될 거야. 하지만 이보다 더 좋은 미국산 텔레비전을 만들려면, 현재의 일본 텔레비전보다 더 많은 비용이 들 게 분명해."

"그걸 어떻게 아시죠?"

"만약 그럴 수 있다면, 누군가가 의욕을 갖고 그런 텔레비전을 만들어서 부자가 되려고 할 거야. 그런 텔레비전을 만들려면 우주항공이나 컴퓨터, 제약 같은 다른 산업으로부터 기술자와 생산 노하우를 끌어와야만 하는데, 그러한 인재들은 그런 분야에서 더 효과적으로 이용되고 있으니까."

"그걸 어떻게 아십니까?"

"그렇지 않다면, 텔레비전 제조업체는 인재를 영입하기 위해 그 산업들보다 더 비싼 임금을 지급할 수 있겠지. 물론 텔레비전 제조업체는 다른 산업보다 더 높은 임금을 지불하면 언제든 인재를 영입할 수 있지만, 보다시피 그런 일이 벌어지는 경우는 없지. 다른 산업에서 숙련된 노동자를 텔레비전 산업으로 끌어오는 데 필요한 임금이 상당히 높은 수준이기 때문에 미국 텔레비전은 일본 상품과 가격 경쟁을 벌일 수가 없는 거라네. 그래서 생각난 얘긴데, 사람들은 국제무역이 올림픽과 비슷하다고 혼동한다네."

"올림픽이라고요? 어떻게 무역이 올림픽과 비슷할 수 있지요?"

"1970년대와 1980년대에는 동독과 쿠바가 적은 인구에도 불구하고 하계 올림픽에서 압도적인 성적을 올렸어. 일부 미국 국민들은 더 나은 올림픽 팀을 구성하라고 아우성을 쳤지. 물론 미국은 원한다면야 모든 올림픽 경기에서 금메달을 딸 수 있어. 훈련 시설에 막대한 재원을 투입하고 실력이 뛰어난 단거리 육상 선수와 높이뛰기 선수, 체조 선수들이 온종일 운동에만 매달리게 할 수 있으니까. 전문가로 구성된 위원회가 잠재력 있는 최고의 운동선수들을 선발하여 그들이 각자 종사하는 최고의 일자리를 포기해도 될 정도로 충분한 금액을 지불할 수도 있어. 자네는 그런 방법이 성공하리라 생각하나?"

"당연히 성공하겠죠."

"나도 같은 생각이네. 미국은 그런 식으로 모든 금메달을 따낼 수 있지. 하지만 그렇게 하는 게 가치가 있을 것 같은가?"

"반드시 그렇다고는 할 수 없겠지요. 그런데 그것이 무역이랑 무슨 관계가 있습니까?"

"그건 보이는 것과 보이지 않는 것의 차이가 무엇인지, 그리고 보이는 게 전부를 말하는 것은 아님을 알려주는 사례야. 미국은 어느 정도 영광은 얻겠지. 그건 누가 봐도 알 수 있는, 눈에 보이는 거야. 하지만 그 영광을 얻기 위해 희생된 기회와 활동은 보이지 않는 부분이야. 그 희생은 가치가 없겠지. 실제로 동독이나 쿠바에게도 가치는 없었어. 아, 관련된 운동선수들은 잘살았으니까 그들에게는 가치가 있었지. 하지만 그 선수들이 금메달을 따는 동안, 동베를린과 아바나 주민들은 궁핍하고 지저분한 환경 속에서 살고 있었어. 자유 시장은 결코 그런 결과를 가져오지는 않았을 거야. 독재 정권이나 그렇게 엄청난 실수를 저지르지. 미국이 항상 100미터 달리기에서 금메달을 따왔으니까 적어도 그 종목에서만큼은 미국이 금메달을 따야 한다고 주장하는 것도 그보다 심각하지는 않지만 비슷한 실수라네. 그러니 미국이 항상 최고의 텔레비전을 만들어왔다는 이유만으로 세계에서 가장 좋은 텔레비전을 만들어야 한다고 주장하는 것이 옳을까? 우회적인 방법으로 텔레비전을 더 싸게 만들 수 있다면, 미국은 그 방법으로 텔레비전을 생산하는 것이 더 낫다네."

"데이브, 우리가 지금 올림픽 얘기를 하고 있지만, 만약 일본이 대량으로 텔레비전을 생산하고 있다면 그들이 미국을 앞서는 건가요?"

"자네는 왜 그리 미국이 앞서거나 뒤지는 것에 신경을 쓰는 건가?"

"그래도 앞서는 것이 뒤지는 것보다는 확실히 더 낫죠."

"그럴 수도 있겠지. 하지만 경쟁의 성격과 점수를 내는 방식에 따라 다르다네. 1990년대 초에 일본인들의 수입을 달러로 환산해보고는 일본이 미국을 앞섰다고 종종 생각했네. 하지만 일본인들은 엔화로 물건 값을 지불해야 하네. 따라서 일본 물가와 함께 일본인들의 수입으로 무엇을 살 수 있느냐를 고려해보면, 2002년 당시에 미국인들이 여전히 일본인들보다 32퍼센트 정도 생활수준이 높았다고 할 수 있지."

"그래도 1960년보다는 격차가 많이 좁혀진 것 같네요."

"자네 말이 맞아."

"일본이 미국을 끌어내려서 격차를 좁힌 건가요? 아니면 자기들을 향상시켜서 그런 것인가요?"

"1960년부터 지금까지 일본과의 경쟁 때문에 피해를 본 미국 노동자들이 있긴 하지만, 전체적으로 봤을 때는 미국이 훨씬 더 부유해졌어. 미국과 일본 모두 번영한 거라네. 사람들이 무역에 대해 생각할 때 저지르는 가장 큰 실수는 무역을 한정된 파이를 놓고 벌이는 싸움이라고 생각하는 거야. 하지만 무역 덕분에 각국의 국민들이 자신들의 기술을 최대한 생산적으로 사용할 수 있기 때문에 부가 창출되는 것이네. 다시 말하면 파이 전체가 점점 더 커지는 것이지. 따라서 양측 모두 형편이 더 좋아진다네."

"미국이 더 부유해졌다는 것을 증명할 수 있습니까, 데이브?"

"자네가 직접 느낀 증거부터 시작해보세. 그 서킷 시티 매장에 진열된 제품들이 상당히 인상적이지 않았나?"

"네, 그랬습니다. 1960년에는 그런 것이 없었어요. 누군가 그런 가전제품이나 텔레비전을 사고 있다는 게 틀림없겠지요."

"자네 아이들과 직원들 아이들만 봐도 자네 세대보다 훨씬 더 생활 수준이 높아진 것을 알 수 있을 거야. 하지만 그것이 미국의 전형적인 모습인지는 자네도 모를걸세. 미국 전체에 어떤 일이 일어났는지 알려면, 인구 대부분 혹은 인구 전체의 임금 및 수입을 살펴봐야 하네."

"거기에서 뭘 좀 알아내셨나요?"

"정부는 소위 '생산직 노동자 또는 비관리 노동자'의 임금 자료를 수집하네. 그들은 총 노동인구의 80퍼센트 정도를 차지하거든. 1960년에는 이 집단에 속한 일반적인 노동자가 시간당 2.09달러를 벌었는데, 2004년에는 시간당 15.48달러를 벌었지."

"하지만 인플레이션은요?"

"좋은 지적이네, 에드. 언뜻 봤을 때 임금이 다섯 배 정도 오른 것 같지만, 물가가 올라간 것을 감안하면 임금은 실제로 26퍼센트 증가했다고 볼 수 있지."

"음. 거의 45년 동안 그 정도 올랐으니, 아주 인상적이지는 않네요."

"나도 그렇게 생각하네. 하지만 이 비교에는 오해를 일으킬 소지가 있지. 2004년에 노동자들은 소득의 많은 부분을 부가급여라는 형태로 받았거든. 부가급여란 퇴직 연금이나 건강 보험 및 치과 보험, 긴 휴가 등을 말하는 거야. 실제로 그러한 급여 형태는 1960년에서 2004년 사이에 두 배 넘게 늘었네. 따라서 노동자의 복지는 단순히 시간당 임금만이 아니라 모든 유형의 급여를 따져야 제대로 평가할 수 있는 거지."

"부가급여가 늘어난 부분을 고려하면 어떤가요?"

"정부는 단순히 생산 노동자와 비관리 노동자보다 더 다양한 노동자들의 임금과 부가급여에 대해 조사하네. 연방정부 직원들을 제외한 모든 사람들이 해당되지. 1960년과 2004년 사이에 이렇게 확대된 이 집단이 실제로 받은 시간당 급여는 90퍼센트가 넘게 늘어났어. 그러니 거의 두 배가 된 셈이지. 하지만 경제 복지의 광범위한 척도는 1인당 국내총생산(GDP)이 되어야 할 거야."

"1인당 국내총생산은 또 뭔가요? 너무 복잡하네요."

"그렇지. 하지만 그것은 우리가 얼마나 생산적이고 부유해졌는지를 가늠해주는 가장 광범위한 척도라네. 인플레이션을 제하고 나면, 그 수치는 1960년부터 2004년까지 166퍼센트 넘게 증가했네. 그리고 이 모든 추정치는 방금 전에 본 텔레비전처럼 제품 품질이 계속해서 좋아지고 있어서 인플레이션을 정확하게 측정해내기가 무척 어렵지. 그렇기 때문에 얼마나 발전이 이루어졌는지를 제대로 반영하지 못한다네."

"미국이 잘해오긴 했네요. 하지만 어떻게 그럴 수 있었던 건가요? 제 공장과 제니스 사, 또 모토로라 사 공장까지 문을 닫았을 때 미국은 많은 일자리를 잃었을 텐데, 실업 문제는 어떻게 해결한 거죠?"

"그건 아니지. 미국은 몇몇 유형의 일자리만 잃은 거야. 에드 자네, 옥수수 좋아하나?"

"네."

"그럼 자네는 옥수수를 직접 키우나?"

"아니요."

"하지만 옥수수를 키울 수는 있지, 그렇지? 근데 자넨 직접 키우지는 않아. 자네가 직접 타자를 치지 않는 것과 같은 이유로 말이야. 자기가 먹을 옥수수를 직접 키우는 일은 아주 싸게 먹히는 것처럼 보이지. 그저 씨앗만 사면 될 테니까. 하지만 실제로 옥수수를 직접 키우려면 놀라울 정도로 비용이 많이 들어간다네. 잡초를 뽑고, 물을 주고, 비료를 주는 데 시간이 들기 때문이지. 그 시간은 공짜처럼 보이지만, 실제로는 많이 비싸다네. 다른 활동을 해서 돈을 벌고 그 돈으로 옥수수를 살 수 있는 기회를 상실한 것이니까. 혹은 그 시간에 여가를 즐길 기회를 잃은 것일 수도 있지. 자네 가정을 하나의 국가라고 생각하면, 자네는 옥수수를 수입하는 거네. 자네는 미국이 우회적으로 텔레비전을 생산하듯 옥수수를 생산하는 거야."

"하지만 제가 정말로 옥수수 농사에 소질이 있다면요?"

"자네가 훌륭한 농부라 해도, 옥수수를 직접 재배하는 대신 다른 일을 해서 옥수수를 사는 것이 더 싸게 먹힐 수 있네. 옥수수를 직접 기르는 경우와 다른 일을 하여 우회적인 방법으로 옥수수를 사는 경우 중에 어느 쪽이 시간이 덜 드는지에 따라 다르겠지. 자네 가정이 옥수수를 재배하는 일자리를 '잃었다'고 말할 수도 있지만 그것은 어리석게도 눈앞에 일어난 것만 보는 방식이야. 자네는 옥수수를 재배하는 일자리를 잃었지만 더욱 소중한 기회를 얻은 것이니까."

"지금 얘기가 미국의 텔레비전 산업의 일자리와 무슨 관계가 있습니까? 일자리가 다 사라지지 않았나요?"

"텔레비전을 생산하는 일자리는 사라졌지. 하지만 그 일자리는 다른 일자리로 대체되었어. 농업을 생각해보게. 1900년에 미국 노동인구 중 40퍼센트 정도가 농업에 종사하고 있었어. 20세기가 끝날 무렵, 그 수치는 3퍼센트 아래로 떨어졌지. 미국 국민들을 먹여 살리는 데 필요한 노동 인구 비율은 수입 때문이 아니라 기술 발전으로 인해 극적일 정도로 떨어진 거야. 그런데 이 경우에 그 기술이 미국의 일자리를 없애버린 것일까? 특정 유형의 일자리는 줄어든 게 맞지만, 전체 일자리 수는 엄청나게 늘어났다네."

"하지만 농업 부문의 일자리는 사라지지 않았습니까?"

"자네가 생각하는 대로는 아니지. 어느 날 아침 농부가 일어나보니 자신의 모든 것이 사라지고, 자기 트랙터가 사라지고, 곡식을 키우는 밭이 쇼핑센터로 되어버린 것을 알게 된 건 아니라는 얘길세. 기술이 발전함에 따라, 수입이 줄어든 농부들도 분명 있었지. 그래서 일찍 은퇴한 농부들도 있었고, 더 효율적인 농부에게 자기 농장을 팔아버린 사람도 있었지. 또 은퇴할 때까지 끝까지 애쓰며 버틴 사람들도 있고 말이야. 그러나 그 기술로 야기된 가장 큰 변화는 눈에 보이지 않았네. 농부 자녀들의 꿈은 바뀌었지. 그 아이들은 농업이 번창하는 산업이 아님을 깨달았어. 자기 부모나 조부모가 농부였다고 해도 그들은 과거만큼 농업이 이익이 나지 않는다는 사실을 알게 된 거야. 물론 농부가 되는 것 자체를 좋아하지 않은 아이들도 있었겠지. 이 아이들은 판매사원, 기술자, 화학자, 조종사가 되겠다는 계획을 세웠어. 미국이 농업 부문을 축소하도록 결정했기 때문에 그 일자리들을 선택할 수 있었지."

"사람들이 다른 유형의 일자리를 구했다는 말씀이네요."

"그렇지. 물론 텔레비전이라는 새로운 산업에 진출한 사람들도 있었지. 만약 1900년에 미국이 일자리를 지킨다는 명분으로 농업 규모를 계속 유지하기로 결정했다면, 1960년이나 2005년에 얼마나 가난했을지 상상할 수 있겠나?"

"하지만 우리가 잃어버린 농업 부문의 일자리는 다른 미국인들에게 간 겁니다. 우리가 식량을 수입하기 시작한 경우와는 다르니까요."

"그 둘이 무슨 차이가 있는가?"

"잘 모르겠습니다만, 이 두 경우는 달라야 할 것 같습니다. 다른 미국인들이 새로운 기술을 알아내서 미국 농부들이 일자리를 잃었다면, 최소한 신기술로 이득을 본 발명가는 미국인이지요. 그런데 외국인들이 미국에 식량을 더 싸게 파는 바람에 미국 농부들이 일자리를 잃었다면, 그 이익은 외국인들에게 가는 거니까요."

"사실 어느 경우든 미국은 더 잘살게 된다네."

"어째서 그렇습니까?"

"어느 경우든 미국은 농부가 줄었는데도 더 싼 농산물을 얻을 수 있으니까. 이건 중요한 변화라네. 자네가 미국이 일자리를 잃는 부분을 보고 있다면, 나는 미국인들이 농산물에 돈을 덜 쓰는 부분을 보고 있네. 농산물은 더 싸지고 농업에 종사해야 할 사람 수는 줄어드는 거지. 미국 소비자는 더 잘살게 되는 거고. 그런데 이렇게 되면 대부분의 미국인 노동자들도 더 잘살게 되는 거라네. 소비자가 더 싼 농산물을 살 수 있다면, 그들은 다른 물건을 구입하는 데 쓸 수 있는 돈이 더 많아지는 셈이야. 그러니 이제 농업 이외의 산업들이 성장할 수 있지. 그리고 그 성장 가능한 산업들은 농산물 재배에 아주 많은 미국인이 필요하지 않기 때문에 노동력도 쉽게 구할 수 있지. 그 덕분에 미국인들은 다른 물건들을 더 많이 만들 수 있네. 예전만큼 농산물을 생산하지 않아도 되기 때문이지. 에드, 한 가지 물어보겠네. 모든 병이 사라지고 모든 사람들이 120세까지 완벽하게 건강한 상태로 살 수 있다면, 그것이 미국에게 좋은 일이라고 생각하나?"

"물론이죠."

"어찌 그리 빨리 대답하는가? 자네는 의사들이 어떻게 될지는 걱정되지 않는가? 미국이 소득이 높은 의사직과 의료 관련 일자리들을 모두 잃게 될 텐데."

"데이브, 우리가 모든 질병을 퇴치할 수 있는 마당에 의사들이 방해가 돼서는 안 되지요. 그들은 다른 일자리를 찾으면 될 테니까요."

"그러면 미국이 텔레비전을 수입해서 더 싸게 텔레비전을 만드는 방법을 알아낸다면?"

"그건 다른 문제죠. 텔레비전을 더 싸게 만드는 일이 질병을 퇴치하는 일만큼 중요하지는 않으니까요."

"하지만 원리는 같아. 의사가 자신에게 익숙한 방식대로 돈을 계속 벌기 위해 어떤 사람에게 계속 아프라고 강요할 권리가 있겠나? 마찬가지로, 텔레비전 제조업체가 자기 직원들에게 계속 높은 임금을 주려고 하니 소비자에게 돈을 더 내고 텔레비전을 사라고 강요할 권리가 있을까? 어쩌면 이런 문제는 철학자들이 해결해야 할 문제일 거야. 어쨌든 우리가 질병을 퇴치하거나 외국인들이 싼 텔레비전을 미국에 판다고 해도, 우리는 일자리를 잃지 않는다네. 특정 유형의 일자리만 없어지는 거지. 만약 병이 없어지면 의료 부문의 일자리는 없어지겠지. 하지만 의사가 되었을 사람들은 다른 활동에 자신의 기술을 이용하여 우리의 삶과 자신들의 삶까지 풍요롭게 만들 거야. 역설적으로 미국은 의료부문의 고소득 일자리가 사라지더라도 점점 더 부유해질 거야."

"그럼 이미 의사가 된 사람들은 어떡하나요?"

"그들은 어려움을 겪겠지. 그 어려움의 정도는 질병이 어떻게 사라졌느냐에 따라 다를 거야. 만약 질병이 천천히 퇴치된다면, 어려움은 크지 않고 의료 종사자들은 적응할 시간을 가질 수 있겠지. 하지만 말그대로 하룻밤 만에 그런 일이 일어난다면, 의사들에게는 어쨌든 훨씬 더 잔인할걸세. 병자들이야 병이 빨리 사라지길 바라겠지만."

"하지만 공장이 문을 닫으면 미국 내 일자리는 줄어드는 것 아닙니까?"

"그 산업에서만 일자리가 줄어들 뿐이야. 1960년부터 20세기 말까지 미국의 전체 일자리 수는 폭발적으로 증가했다네. 1960년에 미국에 5,400만 개의 일자리가 있었는데, 2004년에는 1억 3,100만 개로 늘었어."

"와, 엄청나네요."

"하지만 오해하지는 말게나. 일자리가 늘어난 궁극적인 이유는 미국 인구가 늘고 있었다는 사실과 그 인구, 특히 여성들 중에서 일자리를 원하는 비율이 높아졌다는 사실에서 찾을 수 있네. 하지만 여기에서는 전자, 자동차, 철강 같은 미국의 여러 전통적인 산업들의 규모가 줄거나 아예 사라졌는데도 그 늘어난 인구를 수용할 일자리가 있었다는 게 핵심일세."

"데이브, 제 직원들은요? 스타 시의 제 공장에서 일하던 사람들은 어떻게 됐습니까?"

"그 공장이 하룻밤 만에 문을 닫은 것은 아닐세. 자네는 1960년대에 일제 텔레비전과 경쟁하느라 어려움을 겪었어. 결국 1975년에 일본인들에게 자네 공장을 매각했지."

"제가 일본인들에게 공장을 팔았다고요?"

"그들이 괜찮은 가격을 제시했고 자네 공장들을 계속 가동하겠다고 약속까지 했거든.”

“약속을 지키긴 했나요?”

“꼭 그런 건 아니었어. 1978년에 스타 시의 공장을 폐쇄하면서 직원 4,000명을 해고했다네. 자네가 공장을 팔기 전에 이미 1,000명을 해고했고.”

“그들이 약속을 지킬 거라고 생각했다니, 믿을 수가 없네요.”

“그들은 약속을 지키려고 노력했어, 에드. 1970년대 말에 텔레비전 시장이 안 좋아졌거든. 일본 제품도 가격 압박을 받고 있었어. 그래도 시카고 외곽에 있는 자네 공장은 계속 가동했네. 사실 지금도 가동 중이고.”

“그나마 위안이 되네요.”

“사실 거기서 많은 일을 하지는 않네. 그 공장은 조립공장에 가깝지. 부품의 대부분은 임금이 싼 아시아 국가들로부터 수입하네.”

“제 공장이 영구적으로 문을 닫았을 때 그 4,000명의 노동자들은 어떻게 됐습니까? 부유해지는 우회적인 방법은 이후에 뒤따를 수밖에 없는 빈곤 문제를 어떻게 설명합니까? 당신은 머크 사가 사실은 텔레비전 회사라고 말할 수 있다고 했습니다. 그리고 노동 시장에 대해 잠시 이야기한 것으로 보아, 당신이 무슨 말을 할 생각인지는 알겠습니다. 텔레비전 공장의 일자리가 급료가 높은 제약회사의 일자리로 대체되었다고 말하겠지요. 하지만 그 전환 과정은 어땠습니까? 제 공장의 생산라인에서 일하던 노동자들은 화학자가 아닙니다. 그들이 일자리를 잃었을 때 그들에게는 새로운 기술과 훈련이 필요했을 겁니다. 하지만 어떤 사람들은 똑똑하지 못해서 혹은 인내심이 없어서 그 나이에 뭘 배울 수는 없었을 겁니다. 그들은 어떻게 됐습니까?"

"은퇴한 사람들도 있었고, 스텔라 사가 마련한 이윤분배계획(성과배분제도의 기본적 유형으로 기업이윤의 일정 몫을 종업원에게 분배해주는 제도를 말함-옮긴이)을 이용하여 자기 사업을 시작한 사람들도 있었네. 그들 중 일부는 성공했지만, 실패한 사람들도 있었지. 자네 노동자들 중에는 야간 학교를 다니며 새로운 기술을 습득한 사람들도 있었네. 자네 공장이 폐쇄된 지 1년쯤 뒤에 스타 시의 다른 공장들이 여러 개 문을 열었지. 회사들이 자네 노동자들의 기술에 대해 알고 있었기 때문일세. 그래서 일부는 그곳에서 일자리를 구했어."

"새 일자리에서 받은 임금은 어땠나요?"

"자네 공장만큼 높지는 않았지. 자네는 스타 시 최고의 고용주였네. 자네 노동자들은 자네가 공장을 매각하고 일본인들이 인수한 뒤에도 자네와 자네 회사를 사랑했네. 공장이 문을 닫은 지 10년 뒤에 직원들끼리 재회하는 행사가 마련되었어. 즐겁고도 괴로운 자리였지. 그들은 야유회나 회식같이 직원들끼리 함께 보낸 즐거운 시간을 회상했어. 다들 좋은 기억들이 많았으니까."

"그런데 그 새로운 일자리의 급료가 줄어들었다고요?"

"그랬지. 하지만 그것보다 더 중요한 것은 시간이 지나도 그들의 급료가 미국 경제의 다른 부문의 급료를 따라잡지 못했다는 사실일걸세."

"좀 전에 당신은 미국인들이 1960년과 2005년 사이에 더 부유해졌다고 말씀하시지 않았나요?"

"그건 사실이야. 하지만 모든 사람이 다 잘살게 된 것은 아니야. 그리고 모든 사람들이 다 똑같은 정도로 부유해진 것도 아니고. 자네 공장 노동자들의 기술은 상대적으로 단순했으니까. 그들 중에는 고등학교를 마치지 못한 사람들도 있었어. 소수의 노동자들, 주로 기술자들만이 대학을 나왔지. 그러니 많은 노동자들이 고생이 많았지."

"잘 모르겠어요, 데이브. 제가 그 공장 문을 닫게 놔둔다면 어떻게 그 사람들 얼굴을 볼 수 있을까요? 미국인들이 더 싼 텔레비전을 사려면 그들의 일자리가 없어지고 우리가 사랑하는 이 도시가 고통을 겪어야 한다고 제가 어떻게 그들에게 설명하겠습니까?"

"값싼 텔레비전 때문에 누군가의 생활방식과 도시를 파괴해도 괜찮은 이유를 묻는 질문에는 대답할 필요가 없네. 그건 대답하기 까다롭기도 하지만, 틀린 질문이야."

"틀린 질문일 수도 있겠죠. 하지만 그 질문을 머릿속에서 떨쳐낼 수는 없습니다."

"이해하네. 일본 텔레비전의 미국 내 수입을 허용하면, 결국엔 텔레비전 가격이 더 떨어질 거야. 하지만 그것이 자유무역의 핵심은 아니야. 무역의 핵심은 그것이 사람들의 생활에, 또 그 자녀들의 생활에 어떤 영향을 미치는가 하는 점이지. 자네 공장이 한참 잘 돌아가던 시절에 자네 공장에서 일하던 10대 아이들을 생각해보게. 파트타임으로 공장 일을 하던 그 아이는 고등학교를 그만두고 풀타임으로 일하면 어떨까 생각했을 거야. 그 아이는 고등학교를 마치고 나면 고향에 머물면서 자네 공장에서 일할 수도 있고, 대학에 진학할 수도 있었겠지. 하지만 자네 공장이 문을 닫으면서 그 아이가 대학에 갈 가능성은 더 커졌을 거야. 그리고 스타 시를 떠날 가능성은 더더욱 커졌을 거고."

"그 아이를 격려하는 방법치고는 너무 끔찍하네요. 고향에서 얻을 수 있는 기회를 막아놓고 아이를 등 떠밀어 세상에 내보내는 것을 정당화하는 꼴이죠."

"진정하게, 에드. 나도 자네와 같은 생각이라네. 하지만 내가 하려던 얘기는 그게 아니야. 그 아이는 두 가지 이유에서 스타 시를 떠날 가능성이 더 높아진다네. 첫 번째는 자네가 얘기한 이유야. 공장이 문을 닫으면서 그 아이가 스타 시 너머의 세상으로 떠밀려갈 가능성이 높아진 거지. 하지만 그게 다가 아니야. 공장이 사라질 경우에 그 아이가 스타 시 밖에서 물려받게 될 세상, 다시 말하면 미국의 다른 지역에서 찾을 수 있는 기회와 선택권은 공장이 문을 닫지 않을 때와는 동일하지 않을걸세."

"왜 그렇습니까?"

"미국이 일본이나 다른 나라와 자유로이 무역을 하면, 텔레비전이나 의류 등 다른 나라들이 미국보다 효율적으로 만들 수 있는 모든 것을 더 싼 값에 살 수 있어. 미국은 그 아이와 그 아이 세대가 물려받을 수 있는 완전히 새로운 조합의 기회를 얻게 되는 거야. 바로 그 기회들 때문에 스타 시를 떠나는 것이 그토록 매력적으로 보이는 거지."

"부모에게 일자리가 없는데 어떻게 그 아이가 대학에 갈 수 있죠?"

"장학금을 받아야 할 수도 있고, 처음에는 주립대학이나 커뮤니티 컬리지를 가야 할 수도 있겠지. 하지만 그 애가 야심이 있다면 그 야심을 이룰 방법을 찾아낼 거야. 자유 무역이 시행되고 있는 2005년 현재, 대학 진학 연령의 미국인들 중에 대학에 진학한 비율은 역대 최고라네."

"하지만 스타 시는 어떻게 됐나요, 데이브? 미국의 다른 도시에는 일자리가 더 많이 있지만, 여기 스타 시는 일자리가 더 줄었잖아요. 제 생각에는 저희 공장이 문을 닫은 후에 다른 회사들도 힘든 시간을 많이 겪었을 것 같습니다. 그리고 남아 있는 일자리에서도 급료를 많이 주지는 않았을 거고요. 스타 시는 과거의 스타 시나 미래에 스타 시가 되었을 법한 모습의 껍데기에 불과할 겁니다."

"그렇지. 하지만 스타 시가 겪은 일이 거기 살고 있는 사람들과 그들이 사랑하는 아이들에게 일어난 일을 말해주는 것은 아닐세. 스타 시는 과거처럼 번창한 도시로는 보이지 않아. 하지만 그건 자네 직원들 자식들이 다른 곳에서 기회를 찾으려고 하기 때문일 거야. 무역 때문에 피해를 입은 스타 시와 미국의 모든 제조업 도시들의 모습은 오해를 불러일으킬 수 있어. 그 도시에 생긴 일을 제대로 보려면, 도시를 떠난 아이들의 삶이 어떻게 변했는지 고려해야만 할걸세. 단순히 도시에 일어난 일만 볼 수는 없어. 그건 공장 하나가 문을 닫았으니 자유무역으로 인해 미국 내 일자리 수가 줄어들었다고 결론을 내리는 것만큼이나 오해를 낳을 소지가 있지. 자네는 부유해지는 우회적인 방법을 기억해야 하네. 그리고 다른 기업들이 확장하고 가동을 시작함에 따라 다음 세대의 기술과 꿈에 딱 들어맞는 기회가 생겨나고 있다는 사실도 기억해야 하네."

"여기 스타 시에 있던 잭 클레멘츠와 그의 포드 자동차 대리점은 어떻게 됐나요?"

"문을 닫았지. 그 대리점이 유지될 만큼 스타 시에 돈이 돌지 않았으니까."

"그 자동차 대리점은 그에게 아내나 마찬가지였어요, 데이브. 그 대리점이 잭에게 어떤 의미였는지 당신은 모를 겁니다. 대리점을 팔 때 아마 그의 가슴은 찢어질 듯 아팠을 겁니다."

"그랬겠지."

"근데 그게 어떻게 좋을 수가 있습니까?"

"물론 잭에게는 안 좋은 일이었지. 하지만 잭의 아들, 대니를 생각해보게. 대니를 기억하나? 스티븐의 어릴 적 친구였잖아."

"네, 그 가족을 잘 압니다. 잭은 대니가 자기 대리점을 물려받아 여기 스타 시에 정착하기를 항상 꿈꿨어요."

"그래, 그건 잭이 바라는 거였지. 근데 대니는 자동차 대리점을 운영할 생각이 전혀 없었다네. 잭이 어쩔 수 없이 대리점을 팔게 되자 대니는 자유로워졌지."

"그건 말도 안 됩니다. 자동차 대리점을 팔아서 대니가 자유로워진 것은 아니죠. 대니가 아버지 밑에서 일하고 싶지 않았다면, 그렇게 하지 않아도 됐어요. 다른 일을 할 수 있는 길은 항상 열려 있었을 테니까요."

"물론 그럴 수 있었겠지. 하지만 그 아이의 선택권은 달라졌을 거야. 자네 공장 직원들의 자녀들처럼 말이야. 미국 텔레비전 제조 산업이 사라지게 놔둔다는 것은 다른 산업이 번창할 거라는 의미일세. 농업의 예를 기억하게나. 1900년에 정부가 인구의 40퍼센트를 농업에 계속 종사하게 했다면, 잭이 반평생 동안이나 자동차 대리점을 운영할 수 있었을까? 그런 일은 일어날 수도 없었을걸세. 대니의 선택권은 바로 스타 시에서 얻을 수 있는 기회가 덜 매력적이었기 때문에 넓어진 거야."

"그래서 결국 대니는 어떻게 됐습니까?"

"대니는 시카고에서 투자회사에 다닌다네. 돈을 아주 잘 벌지."

"그게 잭에게 위안이 될 거라 생각하세요?"

"그렇지는 않겠지. 하지만 그가 자신이 겪은 어려움과 그의 아들에게 펼쳐진 기회 사이의 관계를 안다면 위안을 얻을 수도 있을 거야. 그는 자기 꿈이 사라지는 것을 보았지. 대리점에 바친 30년간의 노동이 허사가 된 것을 말이야. 그는 자신이 실패자라 느끼겠지만, 그는 실패한 게 아니야. 30년의 세월 동안 대리점을 운영하면서 사람들에게 자동차를 팔고 우수한 서비스를 제공했으니까. 그는 대리점을 자기 아이처럼 생각했지만, 그 대리점과 자기 친자식인 대니와의 관계는 이해하지 못했네. 그 대리점을 비롯하여 미국 전역에서 여러 모험적 사업체들이 문을 닫으면서 대니 같은 아이들이 각자의 꿈을 추구할 기회를 얻는다네. 잭은 쉰다섯 살의 나이에 새로운 일을 추진할 수 있었을까? 물론 더 많은 나이에 그렇게 할 수 있는 사람들이 있긴 하지만, 안타깝게도 잭은 할 수 없었네. 하지만 잭의 기회, 그리고 잭과 비슷한 다른 사람들의 기회가 그토록 극적으로 바뀌었기 때문에 그의 아들에게 새로운 기회가 찾아오게 된 거야."

"하지만 잭은 대니가 스타 시에 정착하기를 원했습니다."

"대니는 그럴 마음이 없을 거야. 잭은 대니가 자기 대리점을 운영하기를 바랐지. 하지만 지금은 그럴 수 없을걸세. 잭은 자신의 대리점이 유산이 되기를 바랐지만, 그렇지 못했어. 잭의 삶이 비극인가? 난 잘 모르겠네. 꿈이 좌절되면 항상 슬픔이 뒤따르지. 하지만 잭이 그의 대리점을 망하지 않게 지켜낸다면, 최대한 다양한 기회를 원하는 대니와 미국 아이들의 꿈은 좌절되고 말걸세. 잭에게 그의 대리점은 결코 망하지 않을 거라고 말하는 것은 대니에게 미국의 최고급 제품부터 이도저도 아닌 정도의 제품, 형편없는 제품까지 가리지 않고 미국 제품만 사용하는 정적인 삶을 살라고 저주하는 것과 같다네. 그런 말은 대니와 같은 미국의 수많은 아이들의 꿈을 막는 것일세. 변화와 성공, 실패가 없으면 세계는 덜 부유해지기 때문이지."

"하지만 돈이 전부는 아니잖아요, 데이브."

"자네 말이 맞네. 내가 말하는 '부'는 단순히 금전적인 부만을 의미하지 않아. 나는 삶이 풍요로워질 수 있는 모든 방법을 얘기하는 것일세. 의미 있는 삶에서 생기는 만족감 말이야. 하지만 금전적인 부는 사람들이 더 오래 살도록, 또 해변에서 더 자주 산책할 수 있도록, 그리고 삶의 양과 질 모두를 향상시키는 많은 것을 가질 수 있도록 도와줄 수 있네."

"그렇다면 자유무역으로 현재는 고통을 받지만, 다음 세대에는 더 나아진다는 말씀입니까?"

"아니, 아니야. 무역은 지금도 이익을 만들어내네. 한 국가가 세계 여러 나라 사람들의 기술을 이용하는 방법으로 무역을 이용해서 만들 수 있는 새로운 상품과 서비스에 자본과 노동력이 투입됨에 따라, 모든 사람들이 더 저렴하게 상품을 구입하고 수백만의 사람들이 혁신적이고 확대된 기회를 얻게 된다네. 소비자와 노동자는 더 잘살게 되지. 그러나 모든 노동자가 더 잘살게 되는 것은 아니야. 외국 노동자들과의 경쟁 때문에 피해를 입는 노동자들도 있으니까. 하지만 그 노동자들조차도 자기 아이들이 더 좋아진 세상을 물려받게 된다는 것을 알면 위안을 얻을 수 있을 거야."

"제게 당신만큼 확신이 생겼는지는 모르겠네요, 데이브."

"확신은 그런 것이랑 아무런 관계가 없네. 자네 인생을 한번 생각해봐. 자네는 세상을 바꾸는 데 일조했어. 자네가 암 치료법을 알아냈다거나 자동차를 발명한 것은 아니지. 하지만 과거에도 그렇고 현재에도 그렇고, 자네는 사람들이 서로 의사소통하고 정보를 이용하는 방식을 바꾸는 혁명에 동참했어. 인쇄기에서부터 시작해서 라디오, 그 다음에는 텔레비전을 거쳐 컴퓨터와 인터넷으로 계속 이어지는 혁명 말일세."

"컴퓨터? 인터넷? 그게 다 뭡니까?"

"잠시 후에 볼 기회가 있을 거야. 요지는 이렇다네. 지난 20세기 후반기에 세계는 미국의 주도 하에 100년 전, 아니 심지어 50년 전에 살던 사람들도 이해할 수 없을 정도로 사람들의 소통 방식과 놀이 방식을 바꾸어놓았네. 그 과정에서 이 혁명으로 수많은 공장들이 폐쇄되었지. 자네가 일리노이 주에 공장을 열었을 때를 생각해보게. 자네가 노동력과 자본을 끌어들이니까 다른 공장들이 문을 닫고 말았지. 신

제품을 만들거나 기존 제품을 개선해보겠다는 꿈을 가진 사람들은 다른 사람들의 삶을 향상시키고 경제 상황을 바꿔놓으려고 한다네. 만약 그들의 꿈이 실현된다면, 그들은 다른 사용처로부터 자본과 노동력을 끌어들이게 되지. 자네는 자네 공장 노동자들이 걱정될 거야. 그들에게 뭐라고 말해줘야 하나 걱정이 많겠지. 충분히 그럴 만해. 하지만 1960년의 모습으로 세상을 얼어붙게 만들려고 한 자네의 선택 때문에 결코 이루지 못할 꿈을 품은 모든 새로운 회사의 최고경영자, 관리자, 노동자들을 꾸짖고 싶어할 거라고는 생각하지 않는다네."

"어떤 꿈이 실현되느냐는 누가 결정합니까?"

"한 사람이 결정하지는 않지. 전문가로 이루어진 위원회나 정부 기관이 결정하는 것도 아니라네. 신제품은 시장 테스트에서 살아남아야 해. 어떤 식으로든 소비자의 행복을 높여주어야 하지. 안 그러면 아무도 그 제품을 사지 않을 테니까. 자네는 세상을 더 나은 곳으로 만들려는 꿈을 가진 사람들에게 그 테스트에 응할 기회를 줄 수 있어. 반대로 자네는 이제껏 미국에 생긴 모든 제조업 일자리를 끝까지 지키려는 사람들이나 미국이 농업 부문의 모든 일자리를 유지하게 만들었을 사람, 미국이 항상 텔레비전을 생산할 수 있도록 경제 상황을 그 상태 그대로 멈추게 만들었을 사람들 편을 들 수도 있어. 그 일자리들을 계속 지키려면 꿈을 막는 법률, 다시 말하면 경제적 변화를 막는 법률이 필요하지. 그 법률이 없으면 그 일자리들은 사라질 테지만, 새로운 꿈이 다양하고 더 좋은 일자리를 탄생시킬 거야. 미국과 전 세계에 더 좋은 일자리가 생길 수 있게 해주게나."

"참, 아이들 말씀을 하시니 말인데요, 데이브. 제 아이들을 좀 볼 수 있을까요? 스티븐은 늘 스텔라 텔레비전의 사장이 되고 싶어했거든요. 그 아이는 지금 무엇을 하고 있습니까?"

"자네 아들은 컴퓨터 관련 업종에서 일하고 있네."

"컴퓨터라고요? 아, 잠깐만요. 저도 지금 생각났습니다. 컴퓨터에 대해 들어본 적이 있어요. 예전에 저한테 컴퓨터를 팔려는 사람이 있었어요. 기차를 타고 시카고에 갔더니 그 사람이 제게 스타 시에 있는 제 공장만큼 큰 창고를 보여주더군요. 그게 바로 그가 말하는 컴퓨터였어요. 그 컴퓨터는 창고 전체를 차지하고 있었어요. 컴퓨터가 무슨 일을 하냐고 물었더니, 그는 컴퓨터가 월급 계산을 해주고 재고 추적까지 해준다고 하더군요. 가격을 듣고는 '됐습니다'라고 말했죠. 전혀 장래성이 없는 산업이었어요."

"그럼 아마 이걸 보면 놀라 자빠질걸세. 다행히 이번에는 기분이 좋을 거야. 누군가가 책상 위에 올려놓아도 공간이 넉넉히 남을 정도로 작은 컴퓨터를 만들어냈거든. 이 컴퓨터는 자네가 본 것보다 상상할 수 없을 정도로 빠르고 값도 싸다네."

"혹시 지어낸 얘기 아니시죠?"

"아니라네. 일단 가서 보자고. 자네 마음에 들걸세."

"그 괴물을 작게 만든 사람이 제 아들입니까?"

"아니, 하지만 자기 나름대로 컴퓨터 산업에 영향을 미치고 있다네. 가서 보면 알 수 있을 거야."

나는 에드를 그의 아들에게 데려갔다. 그는 캘리포니아 팰러앨토 시에 살고 있었다.

"이상한 집이네요, 데이브. 여기는 어딥니까?"

"캘리포니아라네."

"제 직원들 자녀 대부분이 부모들보다 잘산다면서요. 근데 이 집은 제 집보다 아주 많이 큰 것 같지는 않네요. 스티븐이 저보다 더 잘살 고는 있습니까?"

"스티븐은 이 집을 80만 달러에 샀네."

"80만 달러라고요? 설마요! 인플레이션 때문입니까?"

"인플레이션도 한몫했지. 하지만 80만 달러면 미국의 평균 주택가격보다 아주 비싼 편에 속하네. 꽤 비싼 집이지.”

“그럼 좋은 집이네요. 하지만 그 어떤 집도 80만 달러의 가치는 안 될 겁니다.”

“스티븐이 이 집을 살 때 80만 달러였다는 거야. 아마도 지금쯤은 훨씬 더 비싸졌을 거야. 요즘엔 캘리포니아에 살고 싶어하는 사람들이 많거든. 그래서 집값이 계속 오르는 거지. 일단 서재를 보세나. 자네가 좋아할 것 같아.”

우리는 에드의 13살짜리 손자, 저스틴이 숙제 하는 모습을 지켜보았다. 처음에 에드는 다소 혼란스러워했다. 저스틴은 커다란 텔레비전 앞 소파에 앉아 있었다. 근처 책상 위에는 컴퓨터가 놓여 있었다. 저스틴이 어떤 수학 함수의 이름을 불렀더니 컬러로 된 3차원의 화상이 텔레비전 화면에 나타났다.

“대단하네요, 데이브. 누가 저 기계를 조종하는 겁니까?”

“자네 손자, 저스틴이지.”

“어떻게요? 화면 뒤에서 손잡이나 다이얼을 조작하는 사람이 있습니까?”

“아니네, 에드. 컴퓨터는 저스틴의 목소리를 알아듣고 아이의 명령에 반응할 수 있다네. 자네 아들 스티븐이 이 기술을 향상시켜서 완성해놓은 거야.”

에드는 아무 말도 하지 못하고 그저 마른침만 꿀꺽 삼켰다. 저스틴은 비디오를 봐도 되냐고 그의 아버지 스티븐에게 물었고, 스티븐은 오래 보지만 않는다면 괜찮다고 했다. 눈을 조심해야 한다는 말도 덧붙였다. 에드가 물었다.

"아이 눈이 안 좋은가요?"

"걱정 말게. 저스틴은 괜찮아. 특별한 약을 먹는 중이라네. 곧 괜찮아질 거야."

"스티븐은 어디서 컴퓨터를 만드나요?"

"이 근처라네. 아이러니하지만, 스티븐은 자네와 예전에 경쟁하던 모토로라에서 일부 부품을 사온다네."

"모토로라요?"

"모토로라는 텔레비전 조립 공장을 폐쇄하면서 컴퓨터로 눈을 돌렸다네. 정확히 말하면, 반도체를 만들지. 컴퓨터 내부에 들어가서 상상할 수 없을 정도의 속도로 정보를 전달해주는 작은 부품이라네."

"그 회사 노동자들은 어떻게 됐습니까?"

"스텔라 사의 노동자들과 아주 비슷하지. 일찍 퇴직한 사람들도 있고, 직장을 옮긴 사람들도 있고, 의지할 곳이 없어서 어려움을 겪은 사람들도 있었네. 그들 중 일부는 회사에 남아 반도체를 설계하고 생산하고 판매하는 일을 배우기도 했지. 하지만 전체적으로 어떤 일이 일어났는지 알게 되면 놀랄 거야. 1960년에 모토로라 직원은 대략 1만 4,000명이었는데, 현재 미국 내 직원 수가 7만 명에 육박하네. 이들은 반도체와 무선통신 기기를 생산하는데, 무선통신 기기란 주머니에 넣고 다니면서 어디서나 사용할 수 있는 전화기를 말한다네. 그렇게 그들은 다른 많은 회사들처럼 국제적인 기업으로 성장했지. 전 세계적으로 직원이 13만 명이 넘는다네."

"미국이 모토로라 사의 텔레비전 생산직 일자리를 잃지 않았다는 말씀이신 거죠? 그 자리들이 반도체인지 뭔지 하는 더 좋은 일자리로 대체된 거라고요."

"글쎄, 사실 미국은 그 일자리를 다른 것으로 교체한 건 아니라네. 정확히 말하면, 그 일자리를 선택했을 사람들이 더욱 생산적인 일을 했다는 거지. 하지만 자네 생각은 옳아. 미국의 창의력이 폭발하면서 전기통신이나 컴퓨터같이 1960년에는 존재하지 않았던 수많은 여러 분야가 발전되었다네. 실제로 현재 스타 시에는 자네 아들이 구입하는 컴퓨터 부품을 조립하는 회사가 여러 곳 있지. 그중 자네 공장 노동자들이 일하는 회사도 있다네."

나는 에드를 그곳에서 끌고 나오는 데 애를 먹었다. 에드는 흐뭇한 얼굴로 손자를 바라보기도 하고 그가 숙제를 마치고 틀어놓은 〈토이 스토리〉를 보기도 하면서 서재에서 상당히 편안하게 머물렀다. 나는 겨우 그를 설득해서 그곳을 떠날 수 있었다. 밤이 깊어지고 있었고, 우리는 수전을 찾아야 했다.

"수전은 지금쯤 아이가 서너 명은 될 것 같군요. 남편이 무슨 일을

하는지 궁금하네요."

"내 생각엔 수전이 뭘 하는지가 더 궁금할 것 같은데."

"수전이요? 그 아이가 돈 때문에 일하러 나가야 하나요?"

"그럴 필요가 있는지 없는지는 뭐라고 말할 수 없지만, 선택은 할 수 있지."

"혹시 그 애 남편이 직업도 없이 빌빌거리며 노는 건 아니죠?"

"전혀 아닐세. 지난 45년 동안 여성들의 삶은 상당히 많이 달라졌네. 1960년에 일하는 여성이 2,200만 명이었는데, 2004년에는 그 수가 6,500만 명으로 늘었으니까. 단순히 인구가 증가해서 그런 것은 아닐세. 같은 기간 동안, 일하는 여성의 비율이 36퍼센트에서 56퍼센트로 증가했다네."

"다들 어떻게 일자리를 구했을까요? 우리 공장 노동자들 중에도 여성들이 많긴 하지만 대부분이 전화 교환수나 교사, 간호사이죠. 그들은 어떻게 일자리를 찾은 겁니까?"

"바로 그 점이 미국 노동시장에서 대단한 부분이라네, 에드. 직업을 갖는 여성들이 점점 더 증가하면서, 그들 모두가 전통적으로 여성들이 하는 일을 원한 것은 아니었네. 그들은 다른 일을 해보고 싶어했지. 그리고 그들에게 그런 기회가 열렸다네. 철강이나 자동차 같은 미국의 전통적인 제조업 분야가 아닌 데서 일자리가 생겼어. 그들은 서비스 부문에서 확장된 새로운 분야, 즉 의료나 금융, 제약, 컴퓨터 산업에 종사했다네. 사람들은 이 과정이 1980년대에 시작된 것처럼 말하지. 하지만 전체 일자리에서 서비스 부문의 일자리가 차지하는 비율이 꾸준히 증가하고 제조업 일자리가 차지하는 비율이 꾸준히 감소했다는 사실은, 적어도 50년 동안 미국에서 진행되어온 아주 오래된 이야기였어. 제조업은 두 가지 이유 때문에 쇠퇴했지. 첫째는 기술 때문이었어. 새로운 생산 공정이 고안되면서 노동자들의 생산성이 더욱 높아진 게지. 두 번째 이유는, 바로 그 새로운 생산 공정으로 인해 기술은 별로지만 임금이 낮은 외국인 노동자들이 제품 조립과 생산에 종사하던 일부 미국인 노동자들만큼 생산적으로 일할 수 있게 되었다는 사실이야. 그 두 가지 변화 덕분에 우리 미국인들은 더욱 잘살 수 있게 되었어. 그 변화들은 제조업에 예전만큼 많은 자원이 필요하지 않다는 의미였으니까. 그 덕분에 인력과 자본이 자유로워지면서 새로운 것들을 만드는 데 투입될 수 있었지."

"그렇다면 제조업 부문의 일자리는 얼마나 변했습니까?"

"1960년부터 2004년까지 제조업 종사자의 비율은 28퍼센트에서 11퍼센트로 떨어졌네. 단순히 비율만이 아니라 제조업 종사자 수도 줄어들었다네."

"11퍼센트라고요? 정말 놀라운 감소 폭이네요, 데이브. 미국은 이제 더 이상 아무것도 생산해내지 못하겠군요."

"미국은 아직도 많은 것을 만들고 있다네. 1960년에 비해 2005년의 제조업 종사자 수가 줄어들긴 했지만, 제조업 분야의 생산량은 극적으로 늘었네. 대략 네 배가 늘어난 셈이야."

"어떻게 그럴 수가 있습니까?"

"제조업 부문에 남아 있던 노동자들의 생산성이 높아졌기 때문이지. 그렇다고 해고된 사람들이 덜 생산적이었다는 얘기는 아닐세. 남은 노동자들에게 생산성을 높여주는 장비가 지급된 것이지. 예전보다 적은 수의 노동자로도 일을 완수할 수 있게 된 거라네."

"하지만 제조업 일자리 임금이 다른 유형의 일자리보다 더 높지 않습니까? 그 모든 고임금 일자리를 잃는 바람에 미국은 피해를 입지 않았나요?"

"서비스 직종은 제조업 일자리에 비해 왠지 천하고 뒤떨어지는 것처럼 보이지. 사람들은 보통 햄버거를 뒤집거나 화장품을 판매하는 일을 생각하니까. 실제로 평균에 못 미치는 임금을 받는 서비스 직종도 있다네. 하지만 여러 직종이 더 많은 임금을 받지. 변호사, 의사, 영화배우, 컴퓨터 프로그래머, 재무 분석가, 컨설턴트, 의료부문 관리자는 모두 서비스 부문에 속한다네. 하지만 제조업 일자리가 다른 일자리들보다 조금 더 많은 임금을 받는 것은 사실이야. 1960년에 제조업 종사자들은 다른 민간부문 노동자들보다 시간당 12퍼센트를 더 벌었다네. 2004년에도 제조업 부문의 임금은 여전히 3.5퍼센트가 더 높았지."

"그렇다면 임금이 가장 높은 일자리를 포기하려는 이유는 뭐죠? 당신은 미국이 1960년부터 2005년 사이에 더 부유해졌다고 말했습니다. 만약 제조업 일자리 비율을 28퍼센트 이상으로 유지했다면 미국은 더욱더 부유해졌을 텐데요."

"상황은 정확히 반대라네. 만일 미국이 그 제조업 일자리를 유지했다면, 미국은 더 가난해졌을 거야."

"믿을 수가 없어요. 그건 간단한 산수 문제 아닌가요? 고임금 일자리를 잃으면, 더 가난해져야죠."

"그건 제조업 일자리 수가 점점 줄어드는 이유와 관련이 있네. 미국에서 가장 훌륭한 농구 선수가 누구인가?"

"그건 너무 쉬운 질문이죠. 월트 체임벌린 아닙니까. 정말 대단한 선수예요! 몇 년 전에 그 선수가 캔자스 대학에서 뛸 때 미주리 대학까지 식구들을 데리고 가서 경기를 관람한 적이 있었어요. 그날 밤 누구도 그 친구를 막을 수 없었죠. 프로로 전향한 지금도 그를 막을 선수는 없는 것 같아요. 빌 러셀이라면 모를까."

"체임벌린이 슈터인가?"

"딱히 그렇진 않아요. 하지만 점수를 정말 잘 내는 선수죠. 슛 성공률이 정말 높거든요. 210센티미터의 신장이 한몫하죠."

"그렇다면 그의 슛이 같은 팀 선수들의 슛보다 더 자주 들어간다는 얘기네?"

"그렇지요."

"만약 그렇다면, 자네는 그의 팀 감독이 바보 같다고 생각하지 않는가? 왜 다른 선수들이 슛을 쏘게 놔두는 거지? 그가 모든 슛을 다 쏘면 팀이 더 많은 점수를 얻을 텐데 말이야!"

"데이브. 당신은 훌륭한 경제학자일지는 모르겠지만, 농구에 대해서는 아는 게 너무 없네요. 만약 월트가 모든 슛을 전담하기로 한다면, 결국 상대 팀들이 작전을 눈치채고 다섯 명의 선수들 전원이 그를 막는 데만 온 신경을 쓸 겁니다. 그럼 그의 슛 성공률은 급격히 떨어지겠지요. 같은 팀 선수들이 실제로 슛을 쏘며 위협을 가해야만 월트가 수비수에게서 자유로워져서 효율적으로 움직일 수 있는 겁니다."

"그렇다면, 자네 얘기는 그의 슛 성공률이 슛을 몇 번 쏘는가와는 무관하다, 뭐 이런 건가?"

"네, 그렇죠."

"에드, 제조업도 똑같이 생각하면 되네. 제조업 일자리가 죄다 높은 임금을 받는 것은 아니지. 1960년부터 2005년 사이에 임금이 가장 적고 기술이 거의 필요하지 않은 제조업 일자리는 미국을 떠났네. 제조업 부문의 임금 프리미엄이 높은 상태를 유지한 것은, 바로 제조업 고용 비율이 28퍼센트에서 11퍼센트로 떨어졌기 때문이야. 더 이상 미국에 존재하지 않는 제조업 일자리는 제조업 분야에서 무작위로 선택한 일자리가 아니었어. 기술이 거의 필요하지 않는 가장 적은 임금을 받는 자리였지. 만약 미국이 제조업 부문의 일자리를 모두 유지했다면, 월트 체임벌린이 너무 많은 슛을 쏠 경우에 슛 성공률이 떨어지게 되는 이유와 마찬가지로 제조업의 임금 프리미엄 역시 떨어졌을 거야."

"제가 생각했던 것보다 농구에 대해 많은 걸 알고 계시군요."

"내가 자네를 설득한 거네."

"하지만 만약 신기술이 개발되어 저숙련 노동자들이 세계 어디서든 제품을 조립할 수 있게 된다면, 모든 제조업 일자리가 임금이 가장 낮은 국가로 옮겨가지 않겠습니까? 고임금 제조업 일자리마저도 외국인들에게 넘어가는 것은 시간문제에 불과한 것 아닌가요?"

"임금이 전부는 아니라네. 그렇지 않았다면 미국의 모든 일자리는 결국 미시시피 주나 아칸소 주로 가지 않았겠나?"

"뭐라고요?"

"미시시피 주의 평균 임금은 캘리포니아 주나 일리노이 주보다 낮아. 자네는 왜 자네 텔레비전 공장을 일리노이 주에서 미시시피 주로 옮기지 않나?"

"스타 시의 노동자들이 숙련되어 있고 신뢰할 만하니까요. 미시시피 주에서는 그 정도로 숙련되고 믿을 수 있는 노동자를 찾지 못했을 겁니다. 임금만 생각한다면, 10대 아이들만 고용하겠지요. 하지만 모든 10대 아이들이 공장에서 일하거나 작업 현장을 관리할 만한 기술을 갖고 있는 건 아니지요. 말도 안 되는 얘깁니다."

"그래, 맞아. 임금이 가장 중요한 건 아니네. 생산성도 그만큼 중요하지. 보통의 미국 노동자는 멕시코나 인도네시아의 보통 노동자보다 훨씬 더 숙련되어 있고 생산성이 높네. 단순히 일본이나 멕시코, 태국이 미국보다 임금이 싸다는 이유로 그곳에서 모든 공장을 가동하는 것이 반드시 더 싸게 먹힌다는 의미는 아니라네."

"그렇더라도 저는 미국 사람들이 저임금 국가와의 경쟁에 대해 걱정하는 이유를 알 것 같습니다."

"물론 그렇겠지. 미국인들은 일본의 임금이 미국의 임금에 비해 지극히 적던 1960년에 일본인들에게 일자리를 잃을까 봐 두려워했지. 그리고 1990년대가 시작되면서부터는 멕시코인들에게 일자리를 잃을까 봐 걱정했고. 21세기가 시작된 지금은 임금이 훨씬 더 싼 중국과 인도에게 일자리를 잃는 문제로 걱정하고 있다네. 수십 년에 걸쳐 계속 걱정하고 있는 거지. 하지만 걱정꾼들을 괴롭히던 그 걱정거리들은 결코 현실로 나타나지 않았네. 수십 년에 걸쳐 걱정했음에도 불구하고 미국은 수십 년 동안 꾸준히 고용 증가 현상을 보였고, 미국의 생활 수준은 꾸준히 높아졌다네. 그래도 걱정꾼들이 늘어놓는 이야기에 넘어가는 사람들은 항상 있었지. 자네가 중국이나 멕시코, 인도네시아의 가난한 농부라고 생각해보게. 세계에서 가장 부유한 국가인 미국이 자네와의 경쟁을 걱정하고 있다는 사실을 알게 된다면 어떨 것 같나?"

"약간 이상하겠지요."

"그러한 우려의 중심에는 일자리와 임금에 대한 근본적인 오해가 자리 잡고 있네. 사람들은 일자리를 노동자들이 뛰어들어갈 수 있는 상자라고 생각했어. 운이 좋은 사람은 높은 임금을 받는 상자에 들어가 있겠지. 반대로, 운이 나쁘면 나쁜 상자를 얻을 거고. 이런 시각에서 보면, 한 국가의 목표는 좋은 상자, 즉 임금을 많이 주는 좋은 일자리를 얻는 것일세. 그래서 우리가 외국인들에게 미국에서 자유로이 물건을 팔 수 있게 허락하면, 그들이 좋은 상자를 훔쳐가고 미국에는 나쁜 상자만 남게 될 것이라고 생각하지. 하지만 임금과 일자리는 그런 식으로 작동하지 않는다네. 만약 그렇다면, 아이티 공화국은 제약산업을 시작하면서 부유해질 수 있을 거고, 미국은 국민 모두가 농구선수가 될 수 있도록 새로운 NBA 구단을 충분히 만들어서 생활수준을 높일 수 있겠지."

"무슨 말인지 잘 이해가 되지 않네요, 데이브."

"농구 선수들이 보통 사람들보다 돈을 훨씬 더 많이 버니까 모두 다 농구 선수가 된다면 미국의 평균 소득이 올라가지 않겠나."

"말도 안 됩니다. 팀이 수천 개가 생기면 농구 선수들 연봉은 달라지겠죠."

"바로 그거야. 이러한 주장은 제조업 임금이 다른 부문보다 높으니까 미국이 제조업을 확장시키면 생활수준을 높일 수 있다는 주장처럼 문제가 있는 추론이야. 한 나라의 생활수준은 그 나라 국민들이 종사하는 직종이 아니라 그들의 생산성에 의해 좌우된다네. 사람들이 종사하는 일자리는 마구잡이로 생겨난 게 아니야. 그것들은 그 일을 하는 사람들의 기술과 욕구의 결과물이지. 질병이 퇴치된다면 사라져버릴 수 있는 고임금 의료직을 다시 생각해보게. 자네는 의사가 되었을 사람들이 거리의 청소부가 될 것으로 생각하나? 아마 그렇지 않을 거야. 그들은 기술 습득과 훈련을 통해 의학이 아닌 다른 무언가를 배우겠지. 그렇게 새로운 산업이 탄생될 거고. 재능 있고 근면한 사람들은 높은 임금을 받을걸세. 임금은 그 상자, 즉 직종에 부착되어 있는 것이 아니라 사람들에게 딸려 있는 것이네."

"하지만 특정 유형의 일자리가 사라지면, 새로운 무언가가 나타나리라는 것을 어떻게 알 수 있습니까?"

"1900년에 농업이 쇠퇴한다고 걱정하는 농부가 있었다고 상상해보세. 그가 100년 뒤에는 당시에 비해 농업 부문의 일자리가 정말로 줄어들 것을 알고 있었다고 가정하면, 그는 분명 걱정이 많겠지. 그는 대량 실업사태와 기근을 예상할 것이고, 거리에서 폭동이 일어날 것으로 전망할 거야. 그 시대의 가장 주요한 산업이자 미국의 핵심적인 산업이었던 농업을 그 무엇이 대체할 수 있겠나? 하지만 만약 그가 미래를 내다볼 수 있다면, 다시 말해서 텔레비전과 선진 농업 기술, 수많은 산업과 제품이 발명되어 미국이 그것들을 누리게 되고 그 산업들에 새로운 일자리가 등장할 것을 내다볼 수 있었다면, 그는 전혀 걱정하지 않았을걸세. 인간의 상상력에는 한계가 없네. 미국의 가장 위대한 자원은 지식, 노하우, 창의성이라네. 그러한 시장들은 독점되는 경우가 결코 없지. 이러한 기술들을 이용하는 직업은 항상 있었고, 앞으로도 있을 거야. 그리고 미국 밖에 있는 사람들이 우리가 한때는 직접 만들던 상품과 서비스의 일부를 부유해지는 우회적인 방법을 이용해 생산하게 하면, 그 새로운 기술과 직업들을 창조해내기는 훨씬 더 수월하다네."

"서비스 직종이 그렇게까지 나쁜 것은 아니라는 생각이 드네요. 그리고 적어도 외국과의 경쟁 때문에 위협을 받지도 않겠어요. 미용기술이나 의사의 건강진단기술을 수입할 수는 없을 테니까요."

"그건 자네 생각이지. 만약 자네 생각이 옳다면, 2005년에 제조업에서 서비스 부문으로의 일자리 이동 때문에 자유무역이 논란거리가 되지는 않았을 거야. 하지만 드러난 바에 따르면, 여러 가지 서비스도 수입이 가능하다네. 그건 모두 인터넷 때문이지."

"인터넷이라고요? 도대체 그게 뭡니까?"

"인터넷이란 정보나 아이디어, 상품 등을 아주 멀리 있는 수백만 명의 사람들에게 한꺼번에, 또 동시에 전달하는 방법이라네."

"이해가 안 되네요."

"일단 수전을 보러 가세. 수전은 집에서 인터넷과 관련된 사업을 하고 있다네."

"수공예 사업 뭐 그런 겁니까?"

"꼭 그렇다고는 할 수 없다네."

나는 에드를 보스턴 교외로 데려갔다. 그러고는 근처 공원으로 갔다. 거기서 수전과 남편은 딸아이의 리틀 리그 야구 경기를 지켜보고 있었다.

"여자아이들이 리틀 리그 야구를 합니까?"

"1960년 이후로 세상이 많이 달라졌다고 아까 얘기하지 않았나."

"왜 공 소리가 저렇게 웃기죠?"

"공 때문이 아니라 야구 방망이 때문일세. 금속으로 만들었거든."

"금속 방망이라고요?"

"심지어 요즘엔 일제 방망이도 있네. 금속 방망이는 절대로 부러지지 않지. 값도 싸졌고."

"여자아이들이 야구를 하질 않나, 금속 방망이를 쓰질 않나. 어느쪽이 적응하기 더 힘든 건지 모르겠군요."

우리는 시합이 끝난 뒤 수전 가족이 집으로 걸어가는 모습을 바라보았다. 에드는 온 가족이 저녁 식사를 하는 것을 지켜본 후, 인터넷이 어떻게 작동하는지 눈으로 볼 수 있는 기회를 얻었다. 수전은 3차원 영상을 이용하여 고객이 의상을 맞춰 입을 수 있게 해주는 웹사이트를 개발했다. 그 사이트는 인터넷 의류 판매자와 연결되어 있어서 고객은 자기 집에서 편히 인터넷으로 옷을 입어볼 수 있었다. 나는 에드에게 인터넷이 어떻게 작동하는지 신속하게 설명해주었다. 추가로 조금 더 설명해주자 에드는 수전이 웹사이트에서 무슨 작업을 하고 있는지 그럭저럭 이해할 수 있었다.

"수전이 저 일을 했다고요?"

"투자가들의 자본과 공동 창업자들의 도움을 받아 해낸 거지."

우리는 수전이 리틀 리그 경기 중에 찍은 사진을 가족 홈페이지에 올리는 모습을 보았다. 수전은 그 일을 마친 후 인터넷으로 몇 가지 공과금을 내고, 유럽에서 휴가 중인 친구에게 이메일을 보내고, 구글을 이용하여 옛날 노래 가사를 찾아보았다. 에드는 무척 놀랐다.

"수전이 지금 무엇을 하고 있는 겁니까?"

"아이튠즈에 노래 몇 곡을 다운로드하고 있는 거라네. 그런 다음에……."

"아이튠즈가 뭡니까?"

당신 같으면 턴테이블과 비닐 레코드판에 익숙한 1960년대 사람에게 아이튠즈와 아이팟을 어떻게 설명하겠는가? 40년 뒤의 사람이 손바닥만 한 어떤 기계에 만 곡의 노래를 담는 과정을 어떻게 설명하겠는가? 그래도 나는 최선을 다해 설명해주었다.

"완전히 새로운 세상이네요, 데이브."

"그렇다네. 인터넷은 검색, 쇼핑, 기업 간 거래, 친구와의 연락, 새로운 친구와의 만남, 신곡 청취 등에 사용되는 위대한 도구야. 이제 막 시작 단계라 할 수 있지. 인터넷이 어느 정도로 발전할지는 예측이 불가능하네. 하지만 한 가지는 분명하지. 미국의 기술이 인터넷 분야에서 선두에 있다는 거야. 수십 만 개의 좋은 일자리가 이미 창출되었네. 그리고 일자리는 계속해서 더 많이 생겨날 테지. 그런데 말일세.

일부 미국인들은 인터넷이 경이롭긴 하지만 미국의 번영에 위협이 된 다고 생각했다네."

"왜 그랬나요?"

"인터넷이 생기면서 사람들은 새로운 방식으로 소통하고 일할 수 있게 되었네. 인터넷으로 가능해진 것들 중의 하나는 '아웃소싱'이었 지. 한때 아웃소싱은 특정한 서비스를 받기 위해 회사 밖으로 나간다 는 의미였다네. 일테면 회사의 급료대장 관리나 법적 문제 처리를 전 문적인 업체에 맡기는 거지. 그러나 결국 아웃소싱은 대체로 어떤 일 을 하는 데 국외의 인력을 고용하는 것을 의미하게 되었네. 따라서 제 조업 일자리만이 아니라 서비스 직종도 무역에 영향을 받게 된 거야. 기업들은 서비스를 제공하기 위해서 전 세계 각지에서 사람들을 채용 하기 시작했다네."

"이해가 안 됩니다. 어떻게 미국 회사의 급료대장을 관리하려고 중 국 회사를 고용할 수 있나요?"

"그런 일은 어렵겠지. 하지만 그렇게 이상한 일들이 일어나기 시작 했다네. 통신사들은 기사 제목을 뽑는 일에 인도 기자들을 채용했네. 기업들은 외국인 컴퓨터 프로그래머에게 프로그램 작성 업무를 맡기 기도 하고. 심지어 병원들은 엑스레이 사진을 인도의 방사선 기사들 에게 보내 분석을 의뢰하기도 하네."

"하지만 그렇게 하려면 한없이 시간이 걸릴 텐데요. 엑스레이 사진을 인도에 보내서 인도 의사의 분석을 받고 다시 그 사진을 돌려받을 때까지 기다릴 사람이 과연 있을까요?"

"바로 그 대목에서 인터넷이 등장했네. 인터넷 덕분에 사람들은 눈 깜짝할 사이에 전 세계에 정보를 보낼 수 있지. 순식간에 인도에 엑스레이 사진을 보내 다시 돌려받을 수 있는 거야. 인터넷을 전보와 비슷하다고 생각하면 되네. 근데 사진이나 비디오 같은 것도 보낼 수 있는 전보라고 생각하면……."

"비디오가 뭡니까?"

"미안하네. 영화를 말하네. 하지만 사람들이 전 세계에 순식간에 보낼 수 있는 것은 글자와 사진, 영화에 그치지 않았지. 사람들이 걱정한 가장 중요한 것은 컴퓨터를 작동시키는 프로그램이었어."

"프로그램이라고요?"

"자네도 봤듯이 저스틴과 수전이 컴퓨터로 하던 그 모든 놀라운 일들은 '소프트웨어'라 불리는 어떤 것을 이용한 결과라네. 말자하면 컴퓨터의 두뇌에 해당하지."

나는 에드에게 웹 페이지 디자인이나 데이터베이스 관리, 네트워킹, 인터넷 보안, 그리고 인터넷이 사람들의 생활에 무척 중요한 부분이 되면서 생겨난 다양한 직업들까지 다소 복잡한 내용을 설명했다.

"죄다 놀랍게만 들리네요, 데이브. 그런데 뭐가 문제였습니까?"

"놀랍긴 했지. 이 모든 일자리들은 후한 임금을 받았어. 하지만 인터넷 때문에 세계 곳곳의 프로그래머와 소프트웨어 엔지니어, 데이터 베이스 관리자들은 미국인들과 경쟁할 수 있게 되었지. 갑자기 다수의 기업들이 임금이 높은 미국인 프로그래머를 해고하고 대신 덜 비싼 인도의 프로그래머를 채용하게 된 거야. 어떤 회사는 인터넷을 통해 인도 업체에 새로운 소프트웨어 프로그램 작성 작업을 의뢰하기도 했지. 제조업 일자리와 마찬가지로 지식 관련업종들도 미국이 아닌 다른 나라 사람들에 의해 더 적은 비용에 처리되었네. 미국인들이 차지하고 있는 수백 만 개의 일자리가 곧 외국인들 차지가 될 거라는 예측도 제시되었지."

"사람들이 왜 겁을 먹었는지 이해할 수 있겠네요. 외국인들이 해외에서 최선의 방식으로 처리되는 저임금 제조업 일자리를 훔쳐가는 것은 별개의 문제지만, 지금 이야기는 컴퓨터 업종과 같은 고임금 서비스 일자리를 외국인들이 훔쳐가고 있다는 거잖아요. 그건……."

"에드, 외국인들이 미국인들에게서 일자리를 훔치는 건 아니라네. 일부 외국인들이 미국인들보다 더 싼 비용으로 일을 처리할 수 있어서 그들을 채용하거나 그들이 만든 제품을 구입하는 쪽을 택한다는 얘기지. 사실 일자리를 '훔친' 건 아니야. 무역이 총 일자리 수를 바꾸는 게 아니라 사람들의 일자리 유형을 바꾼다는 사실을 기억하게나. 사실 사람들이 그런 행동을 '훔쳤다'고 표현하긴 했다네. 사람들은 만약 미국이 좋은 일자리의 해외 유출과 아웃소싱을 막기 위해 어떤 조치를 취하지 않는다면, 미국인들에게는 최악의 서비스 일자리만 남게 될 거라고 말했네. 미국인들이 서로에게 세탁이나 해주고 화장품이나 팔고 햄버거 패티나 뒤집어주게 될 거라고 말일세. 그들은 나와 내 생각까지 공격했네."

"당신을요? 어떻게요?"

"사람들은 우리가 방금 전에 이야기한 비교우위론을 비웃었네. 내가 1817년에 제시했고, 자네와 내가 부유해지는 우회적인 방법이라 달리 부르기로 한 그 이론 말일세. 사람들 말이 내 이론이 더 이상 쓸모가 없는 구식의 이론이라는 거야. 내가 자본이 이동할 수 있는, 컴퓨터로 연결된 세상을 예상하지 못했다고 하더라고. 그리고……."

"사실 데이브 당신은 그런 것들은 예상하지 못했잖아요. 그런 주장들은 너무 치사하게 들리네요. 너무 부당해요."

"내가 신경 쓰는 것은 그런 부당함이 아니야. 그들의 논리지. 비교우위론, 즉 부유해지는 우회적인 방법의 요점은 그런 것들 중 어느 것에 의해서도 결정되지 않아. 1817년에 나는 이 개념을 설명하기 위해 영국과 포르투갈이 모직과 포도주를 교환하는 단순한 예를 들었네. 하지만 이동 가능한 자본이나 컴퓨터, 두 개 이상의 나라나 제품이 그 개념의 핵심을 바꿔놓지는 못한다네. 그 핵심이란 바로, 누군가가 자네가 직접 만들 때 드는 비용보다 더 적은 비용으로 물건을 만들어 자네에게 판매할 수 있다면, 자네는 그 물건을 직접 만들기보다는 무역을 통해 구입해야 한다는 것이지."

"그렇다고 해도 미국에서 고임금 일자리가 사라졌고 지금은 그 일을 외국인들이 하고 있다는 사실은 달라지지 않았잖아요?"

"그렇지. 하지만 그 사실은 착각을 일으킬 수 있었네. 이야기의 절반만 말해줬으니까. 어느 날 모든 미국 국민의 차고 앞에 신형 자동차가 한 대씩 등장했다고 생각해보세. 자동차 열쇠가 꽂혀 있고 평생 공짜로 기름을 넣을 수 있는 주유카드가 앞자리에 놓여 있는 채로 말이야. 그리고 앞좌석에 장갑 등을 넣어두는 칸에는 5년 뒤에 또다시 공짜로 자동차를 교환해줄 거라는 쪽지가 들어 있다네. 자네라면 그 자동차를 사용하겠나? 그 차가 미국 업체가 주는 선물인지, 외국 업체가 주는 선물인지는 중요하지 않겠는가?"

"물론 중요하죠. 만약 외국 업체가 만든 자동차라면, 미국 자동차 산업은 끝장난다는 의미일 테니까요. 미국 자동차 산업이 지난 몇 년에 걸쳐 규모가 작아졌다고 당신이 말하긴 했지만, 외국 업체가 그런 식으로 공짜 자동차를 지급한다면 아마 미국 자동차 산업은 사라지고 말 겁니다."

"그럼 만약 자네가 미국 대통령이어서 TV와 라디오를 통해 그 선물을 받는 게 위험하다고 미국 국민들에게 경고한다면 어떻겠나. 자네는 그 선물이 트로이 목마 같은 것이라서 내부로부터 미국 경제를 무너뜨릴 거라고 말하는 거지. 그래서 미국 자동차 산업과 미국의 번영을 지키려면 그 자동차들을 모두 모아 폐차 처리를 해야 한다고 말일세."

에드가 머뭇거렸다. 나는 뭔가 그를 괴롭히는 게 있음을 알아챘다.

"뭐가 문젠가?"

"그 차를 죄다 없애버린다는 건 조금 이상하게 느껴지네요."

"자, 그럼 반대로 생각해보세. 어느 날 아침 눈을 떠보니 차고 앞에 있던 새 자동차가 사라지고 원래 자네가 몰던 자동차가 있다고 생각해보세. 하지만 미국 대통령이 비슷한 연설을 하는 거야. 공무원이 자네 자동차를 가져가서 절벽 아래로 떠밀어버릴 거라고. 다른 자동차들과 함께 절벽 아래에 모두 묻히게 되는 거지. 분명 자네는 새로 자동차를 사야 하겠지. 그러면 미국 자동차 산업은 고용이 늘고 번영을 누릴 거야. 그렇지 않겠나? 그 정책이 미국을 더 부유하게 만들까, 아니면 더 가난하게 만들까?"

"디트로이트 시만 부유하게 만들겠지요."

"그렇지. 자동차 산업은 성장할 거야. 하지만 그 일로 나라 전체는 더 가난해질 거야. 물건을 파괴해서 부자가 되지는 못한다네. 더 가난해지지. 따라서 번영으로의 길은 정반대인 걸세. 공짜 자동차, 아니 조금이라도 덜 비싼 자동차는 국가를 더 부유하게 만드네. 디트로이트 시에는 안된 일이지만, 모든 사람들에게는 좋은 일이야. 그리고 디트로이트가 입은 피해는 단순히 새로 자동차를 구입하는 데 돈을 쓸 필요가 없어져서 행복해진 자네에 의해서만 상쇄되는 것은 아니네. 자동차에 쓸 필요가 없게 된 돈으로 자네가 하는 일 때문에 다른 효과가 발생하겠지. 그리고 자네가 그 공짜 기름으로 여행을 더 많이 다닐 거라는 점도 한몫할 거고. 완전히 새로운 활동들이 생겨날 거야. 그 활동들 중 일부는 버림받은 자동차 산업의 노동자들을 고용하게 되겠지. 하지만 노동시장에 막 진출한 젊은 사람들에게도 새로운 기회가 열릴걸세."

"그럴 것 같습니다."

"이 이야기는 사람들이 미국인들보다 더 저렴한 비용에 컴퓨터 서비스를 제공하는 외국인들에 대해 불평할 때 빠진 이야기의 일부일세. 그 외국인들로 인해 처음에는 일부 미국인들이 몇몇 산업에서 일자리를 잃게 되었지. 하지만 그 덕분에 기업들은 컴퓨터 서비스 부문에 훨씬 더 적은 돈을 지불할 수 있었어. 전에는 컴퓨터를 구입할 여유가 없던 기업들도 이제는 구입할 수 있게 되었지. 이미 컴퓨터를 사용하고 있던 기업들은 기술사용을 확대해나갔고. 걱정꾼들은 미국이 컴퓨터 기술을 얻기 위해 전만큼 돈을 안 써도 되기 때문에 가능해진 모든 새로운 일들과 그 모든 이익을 무시했다네. 그리고 결국 드러난 바에 따르면, 임금이 가장 낮은 컴퓨터 직종만이 그 수가 줄어들었어. 그런 일들은 외국인들이 미국인들보다 훨씬 더 싼 비용으로 멀리서 해낼 수 있는 일들이었네. 아웃소싱에 대한 우려가 최고조에 달한 1999년과 2004년 사이에 미국 내 컴퓨터 프로그래머 수는 25퍼센트 감소했네. 하지만 소프트웨어 엔지니어의 수는 50퍼센트 증가했어.

컴퓨터 프로그래밍 분야에서 잃어버린 일자리를 메우고도 남았지. 전체적으로 고임금 컴퓨터 일자리는 17퍼센트 늘었고, 컴퓨터 산업에 종사하는 미국인 노동자들의 실질 임금 역시 증가했다네. 기술에 대한 수요가 증가하면서 하이테크 부문 노동자들은 아웃소싱 덕분에 대부분이 더 잘살게 된 거야."

"그런데 외국인들이 그런 일들까지 더 적은 임금을 받고 일하는 방법을 알아내면 어떤 일이 생길까요?"

"뭐 어쩌겠나. 미국 사람들이 하기에 흥미로운 일은 하나도 안 남는 거지. 그냥 현실을 받아들여서 세제나 들고 모두가 일하게 될 대형 세탁소로 가야지."

"아, 데이브. 그러지 마세요……."

"미안하네, 에드. 나도 좌절감에 빠지겠다는 뜻은 아니네. 하지만 컴퓨터 부문의 일자리 대신 무엇이 등장할지 걱정하는 것은 이 세상에서 가장 진부한 걱정이네. 그런 일이 현실로 된 경우는 결코 없었지. 우리가 오늘 밤 이야기한, 1960년에는 없었던 그 새로운 일자리를 생각해보게. 2060년이 되면, 지금 우리가 상상하지도 못할 완전히 새로운 일자리들이 등장해서 미국인들이 하고 있는 현재 일자리를 대체할걸세. 오늘날 좋다고 하는 일자리들은 멍청한 제조업자들과 거머리 양식업자들이 사라진 방식 그대로 사라지게 될걸세. 우리가 새롭고 더 저렴한 비용으로 일을 처리하는 방법을 알아낼 테니까 그 일자리들은 사라지게 되는 거지. 그리고 그건 좋은 현상이네."

"거머리 양식업자들이 뭡니까?"

"미안하네, 그건 내가 만든 말이지. 의사들이 거머리를 이용했을 때, 틀림없이 그 거머리를 키운 사람들이 있었을 거야. 그들이 뭐라 불렸는지는 나도 모르네. 2060년에는 현대의 의료 장비를 거머리처럼 보이게 만들 무언가가 등장할걸세. 그리고 그 신제품을 제안한 창의적인 사람들은 세계의 부가 늘면서 그 발견이 가능해질 테니까 그 신제품을 만들어낼 재원과 시간을 마련할 수 있을걸세. 그런데 말이야, 미국인들이 과거에 어떤 일을 처리하던 방식을 인도인들이 배울까 봐 걱정할 때 무시한 게 한 가지 더 있네."

"그게 뭡니까?"

"양쪽 모두 무역에서 이득을 본다는 사실이지. 미국은 더 싼 인도인 컴퓨터 프로그래머를 써서 더 부자가 되는데, 인도 또한 이득을 본다네. 미국이 인도인들의 기술로부터 이득을 얻을 수 있는데도 우리는 미국의 전문지식만을 이용하려고 해야 할까? 우리는 정말로 그 불쌍한 인도인들이 자신들의 기술을 필요로 하는 더 크고 더 부유한 시장에서 기술을 써먹지 못하게 만들고 싶은 걸까? 잔인하기 짝이 없지."

에드는 우리가 보고 논의한 모든 것을 받아들이려 하는지, 잠시 생각에 잠겼다.

"어쨌든 데이브, 저는 제 자식들이 정말 자랑스럽습니다. 아이들이 국제무역의 세계에서 성공한 것 같습니다. 공장을 잃었고 스타 시가 변화를 겪었지만 그나마 위안이 됩니다. 현재로서는 미래가 아주 밝아 보여요. 하지만 아직도 의심이 가시지 않습니다. 스타 시는 정말로 추해 보입니다. 이런 주차장도 그렇고, 대형 가게들도 그렇고, 흉측한 간판 색깔도 그렇고, 모두 흉하네요."

"아이들은 그렇게 생각하지 않네. 그 아이들이 보기에 스타 시는 예정되어 있는 모습 그대로야. 그 아이들이 1960년의 스타 시에 살게 된다면, 그 시가 낡고 어떤 면에서는 추하다고 생각할 거네."

"제 아이들이 저렇게 잘 성장한 것에 긍지를 느낍니다만, 아마 이 모든 변화가 없었다면 아이들은 더 잘살았을 겁니다. 우선, 수전은 아이를 한 명 이상 낳고 여전히 스타 시에 살고 있을 겁니다. 일자리를 잃은 저의 노동자들은 어떻게 되었을까요? 수입이 금지된 다른 세상에서 그들의 형편이 지금보다 더 좋았을지 나빴을지는 저도 모르는 일이죠."

에드는 자신의 노동자들에게 충실했다. 나는 에드에게 더 많은 정보를 알려줄 방법을 떠올렸지만, 그건 내 권한 밖의 일이었다. 나는 에드를 다시 스타 시로 데려온 다음, 윌리의 가전제품 가게가 있던 곳에서 딸기 바나나 스무디를 사주었다. 그는 스무디를 꽤 좋아했다. 그가 열심히 스무디를 먹는 동안, 나는 잠시 자리를 떠나 천상으로 가서 특별한 부탁을 했다.

에드가 물었다.

"이봐요, 데이브. 무슨 일이 있었나요? 지금 여기는 어딥니까?"

에드와 나는 일리노이 주 스타 시의 중심가인 메인 가와 오크 가가 만나는 모퉁이에 서 있었다. 때는 2005년, 우리는 윌리의 가전제품 가게 앞에 서 있었다. 에드는 주위를 둘러보며 말했다.

"이제야 내가 알고 사랑하는 스타 시 같네요."

에드의 얼굴이 환해졌다.

"틀림없나?"

"그렇게 느껴지는데요? 건물도 1960년의 모습 그대로고, 가게들도 모두 그대로 있네요. 다만 한 가지가 거슬립니다. 왜 사람들이 모두 포드 페어레인과 쉐보레 임팔라만 타고 다니는 겁니까?"

"현재는 그 두 개의 차밖에 없다네."

"크라이슬러 사는 어떻게 됐습니까?"

"1980년대 초에 파산했다네."

"왜요? 그리고 왜 포드와 쉐보레 차종이 이렇게 줄어든 겁니까?"

"사람들이 과거만큼 차를 많이 살 수 있는 형편이 못 되니까. 에드, 보게나. 미국이 아무것도 수입하지 않을 경우에 2005년의 스타 시는 바로 이러한 모습일걸세. 프랭크 베이츠가 대통령이 되어 그의 두 번째 법안이 통과되면 미국은 바로 이런 모습이 될 거야. 그의 첫 번째 법안은 외국산 텔레비전으로부터 미국인들을 '보호'했지. 그의 두 번째 법안은 모든 수입을 금지하고 영원히 그 상태를 유지할 거네. 자네가 지금 보고 있는 것은 자급자족하는 미국의 모습이야. 수입을 하지 않으면 미국은 전에는 만들지 않던 물건을 만들기 위해 많은 자원을 투입해야 하네. 그런 물건들이 너무 비싸지는 바람에 사람들은 전과 똑같은 자동차를 살 수 없게 되었어. 이 모든 것이 텔레비전에서 시작했지. 자네가 그 법을 통과시키는……."

"그건 제 법안이 아닙니다. 프랭크 베이츠의 법안이죠."

"하지만 자네가 그에게 아이디어를 줬지 않은가. 그 법안이 통과되었을 때, 자네 회사는 정말 잘나갔네. 매출이 오르고 생산도 늘어났어. 자네는 더 많은 노동자를 고용했지. 자네는 사람들이 다니던 직장을 그만두고 자네 회사로 오게 하려고 임금도 올려주었네. 스타 시는 호황을 누리고 있었고, 모두가 그걸 느낄 수 있었어. 시내 곳곳에 새로운 건물들이 들어서고 있었지. 자네 회사 노동자들은 캐딜락과 링컨 컨티넨탈을 몰고 다녔다네. 쉐보레 콜벳을 타고 다니는 사람들도 있었고. 옷도 잘 입었고, 개인 주택도 아주 화려하게 지었다네."

"그래서 뭐 잘못된 게 있습니까? 아주 좋게만 들리는데요."

"자네 노동자들에게는 좋았지. 하지만 전체적으로 미국인들은 피해를 입었네."

"저는 그 말에 동의할 수 없습니다. 첫째, 어떤 사람이 부유해지는 것이 어떻게 다른 사람들에게 피해를 줄 수 있습니까? 일본이 부유해졌을 때 그 때문에 미국이 피해를 입지 않았다고 아까 당신이 말했잖아요."

"부자가 되기 위해 다른 사람을 가난하게 만들어서는 안 되지. 그러나 우리가 보게 될 것처럼, 그렇게 될 수도 있네. 그럼 둘째는 뭔가?"

"둘째로, 우리는 수입을 해도 일자리를 잃지 않는 것에 대해 이야기했습니다. 제가 당신의 논점을 제대로 이해했다면, 우리는 그러한 유형의 일자리만 잃게 됩니다. 하지만 당신은 수입이 누군가에게는 실업과 고생을 안긴다는 점을 인정했습니다."

"단기적으로는 그렇다네. 그리고 단기적이라는 것도 어떤 사람들에게는 그렇게 단기적이 아닐 수도 있다는 것을 인정했다네."

"그렇다면 어떻게든 수입을 제한해야 한다는 아주 훌륭한 논거를 만들 수 있겠네요. 수입 제한이 그 단기적인 고통도 방지하니까요."

"사람들이 각자 원하는 것을 구입하고 자신이 원하는 상대와 거래하고 자신이 원하는 회사에서 일하게 되는 경우에 부분적으로 고통은 피할 수가 없네. 그 사실은 특별히 국제무역과는 관계가 없지. 사람들이 탄수화물 섭취량을 줄이겠다고 결심하면, 빵집 주인들은 대응을 해야 한다네. 저탄수화물 빵을 생각해내는 사람들도 있겠지만, 다른 일을 해야 하는 사람들도 있을걸세. 그리고 사회가 고령화되면, 더욱 인기를 얻게 되는 상품도 있고 불가피하게 사라지게 되는 상품도 있네. 자유사회는 역동적이야. 살아 있는 거지. 번창하고 역동적인 경제라는 것은, 일부 사람들이 살면서 생기는 변화에 불가피하게 적응해야 한다는 것을 의미한다네. 선택의 자유에 딸려 오는 고통은 그로 인한 이익과 밀접하게 연결되어 있지. 그런 고통 없이는 부유해지는 우회적인 방법이 안겨주는 어떠한 이익도 분출시킬 수 없을 것이네. 사람들이 가장 생산적인 방법으로 자신의 기술을 활용할 수 있는 기회나 사람들이 지불하는 최저 가격, 남은 자원으로 새로운 기회를 만들어내는 등의 이익 말일세. 각각의 세대가 최대한으로 자신들의 기술을 사용함에 따라 단기적인 이익도, 장기적인 이익도 발생하지 않는다네. 하지만 더욱 중요한 것은 수입을 규제해도 고통을 피할 수 없다는 사실이지. 이제부터 내가 자네에게 보여주겠네. 우선은 텔레비전에 부과되는 관세가 어떻게 작용하는지 검토해보면서 시작하자고."

"하지만 베이츠 의원의 법안은 관세 법안이 아닙니다. 그냥 외국 수입을 제한한 거죠. 그리고 그건 우리 노동자들을 보호하기 위한 것이었고요."

"나도 아네, 에드. 자네는 쿼터를 요구했지. 그런데 관세와 쿼터는 사실상 같은 거야."

"어떻게 같을 수 있습니까? 관세는 외국에서 만들어진 상품에만 부과되는 세금입니다. 관세 때문에 외국 제조업체들이 상품 가격을 올릴 수밖에 없는 것과는 달리 쿼터는 그렇지 않아요. 단지 종전 가격으로 판매할 수 있는 양을 제한할 뿐이죠. 쿼터가 훨씬 더 공정합니다."

"진짜 그런지 살펴보지. 우선 관세부터 시작해 볼까? 수입 텔레비전에 부과된 관세는 외제 텔레비전과 국산 텔레비전의 가격을 모두 상승시킨다네. 그리고 미국 텔레비전 생산업체들의 시장을 확대하고 외제 텔레비전 시장을 축소시키지."

"잠깐만요, 데이브. 관세가 왜 국산 텔레비전 가격을 높입니까? 관세는 국산 텔레비전이 아니라 외제 텔레비전에만 부과되는데요."

"재미있는 것이, 미국의 모든 자동차 회사 사장들이 외국산 자동차에 관세를 부과해달라고 요구하면서 하는 말이 바로 그 말이라는 점이지. '우리는 절대로 관세 때문에 자동차 가격을 올리지 않을 겁니다'라고 말일세. 그런데 이상하게도 이러한 약속은 항상 깨진다네."

"왜죠? 그들이 세금을 낼 필요가 없는데도 가격을 올리는 이유는 뭡니까?"

"일단 텔레비전 얘기만 해보세. 관세가 부과되기 전에 품질과 기능이 거의 같은 국산 텔레비전과 외국산 텔레비전이 250달러에 판매되고 있었다고 가정해보세. 이제 미국 정부가 외국산 텔레비전에 25달러의 관세를 부과했네. 관세라는 말은 외국에서 만든 상품에 부과하는 세금을 근사하게 표현했을 뿐이지. 25달러의 관세란 미국에서 텔레비전을 판매하는 모든 외국 회사는 미국 정부에 텔레비전 한 대당 25달러를 지불하라는 뜻이야."

"그래서 외국 제조업체는 250달러였던 가격을 275달러로 올리는 것이죠."

"아주 빨리 올리지는 못한다네. 그 회사는 275달러로 가격을 올리고 싶어하겠지. 300달러면 더 좋을 거고. 하지만 제조업체가 하고 싶어하는 것과 할 수 있는 것이 언제나 일치하는 것은 아니라네. 공급업체들 간의 경쟁이 이익을 더 내고 싶은 충동에 제약을 가하니까."

"하지만 외국산 텔레비전은 결국 더 비싸집니다. 안 그렇습니까?"

"그렇지. 외국 회사들은 미국에 관세를 내야 하니까 가격을 올리지 않으면 미국에 텔레비전을 수출할 가치가 없을걸세. 지금 당장은 정확한 금액에 대해서는 걱정하지 말자고. 외국산 텔레비전이 더 비싸지면, 그 텔레비전을 사던 사람들은 품질은 같지만 상대적으로 더 저렴해진 미국 텔레비전을 사고 싶어할 거야. 어떤 상품을 구입하려는 사람들이 전보다 많아지면, 가격은 올라가게 되지."

"그것은 공정하지 않아요, 데이브! 미국 제조업체들은 세금을 낼 필요가 없잖아요. 그러니 가격을 올릴 권리가 없죠. 생산비용이 달라지지 않았으니까요."

"아마 불공평해 보이겠지. 하지만 그 대안을 생각해보게. 만약 미국 제조업체들이 가격을 올리지 않는다고 가정해보게. 무슨 일이 생기겠나?"

"제조업체는 전처럼 대당 똑같은 액수의 돈을 벌겠지요. 그건 공평해 보입니다."

"하지만 전처럼 대당 똑같은 돈을 번다면, 그 제조업체는 생산량을 늘릴까, 그대로 둘까?"

"그대로 두겠지요. 가격을 올리지 않으면, 새로운 공장을 세워 생산 능력을 확대할 일은 없겠지요. 이미 이전 가격으로 이익을 낼 수 있는 공장을 모두 세웠을 테니까요."

"바로 그거지. 하지만 외국산 텔레비전 가격이 상승했기 때문에 국산 텔레비전의 생산량이 변하지 않는 동안 국산 텔레비전을 사려는 미국인들이 전보다 더 많아질 거야. 텔레비전을 사려는 소비자는 너무 많고, 텔레비전 수는 너무 적고. 이런 경우에 매장에서 어떤 일이 벌어질 거라고 생각하나?"

"매장에 간 고객들은 구입하려던 텔레비전이 다 팔렸다는 사실을 알게 되겠죠. 소비자들은 마음에 둔 텔레비전을 꼭 사려고 매장이 문을 열기 전부터 줄을 서겠지요."

"그런 일이 생긴다면 텔레비전을 구입할 때의 실제 가격은 이미 상승했다고 봐야 하네. 미국 텔레비전 판매자가 텔레비전 가격을 올리지 않는다 해도, 구매자가 텔레비전을 사려고 줄을 서서 기다리느라 시간을 희생해야 하기 때문에 실제 가격은 어찌되었든 올라간 거지."

"제 짐작으로는 판매자가 결국 가격을 올릴 것 같습니다. 가격을 올려도 판매자는 전과 같은 수의 텔레비전을 판매할 수 있을 겁니다. 관세로 인해 외국의 경쟁사들이 타격을 입었으니까요."

"아주 좋아, 에드. 실제로 판매자가 매장 밖에 늘어선 줄을 보지 못했다고 해도 돈을 더 내서라도 줄을 서지 않겠다는 고객들 때문에 가격이 올라갈 거야."

"네, 맞아요. 그래서 미국 텔레비전과 외제 텔레비전 가격 모두 관세 때문에 상승하는 거군요."

"사실 자네 생각대로 두 가격 모두, 관세만큼 올라가는 경우가 종종 있는데, 그 이유는 따져볼 필요가 없을 것 같네. 아까 이야기한 250달러짜리 텔레비전은 국산이든 외국산이든 275달러가 되었네. 미국 제조업체들은 수요가 늘고 가격이 오르니까 생산량을 늘릴 수밖에 없지. 미국 내에 새로운 텔레비전 공장이 세워지고, 텔레비전 공장에서 일할 수 있는 기술을 갖춘 노동자에 대한 수요도 늘어나겠지. 그래서 임금도 높아지고."

"미국에는 좋은 일처럼 들리네요. 임금도 높아지고 일자리도 늘어날 테니까요."

"일부 미국인들에게는 좋은 일이지. 예를 들면 자네 회사의 노동자들과 주식 보유자 같은 사람들 말일세. 그들은 텔레비전 가격이 올라가면서 더 잘살게 된다네. 그럼 가난해지는 사람들도 있을까?"

"텔레비전을 사는 사람들은 예전보다 더 많은 돈을 내야겠지요."

"그렇지. 275달러로 가격이 올랐어도 계속 외국산 텔레비전을 사는 미국인들도 있고, 같은 가격의 미국산 텔레비전을 사는 사람들도 있을 거네. 가격 상승으로 인해 텔레비전 소비자들은 더 못살게 되는 거고. 소비자들이 텔레비전을 살 때 추가로 낸 25달러는 어떻게 되는가? 외국산 텔레비전 공급업체에게 추가로 지불된 그 25달러는 관세 수입의 형태로 미국 정부에 의해 징수되네. 미국 제조업체들에게 추가로 지불된 그 25달러는 제조업체들의 이윤과 노동자들의 임금을 늘려준다네."

"그게 잘못된 건가요, 데이브? 세수 형태로 생긴 이익과 늘어난 이윤 및 임금이 손실을 상쇄한다면, 아무 문제가 없어 보이는데요."

"표면적으로는 그렇게 보이지. 물론 그것은 자네 회사 노동자들이 늘어난 임금으로 구입한 그 캐딜락과 링컨 자동차가 미국 텔레비전 소비자의 주머니에서 나온 돈이었다는 의미네. 결국 소비자 한 명은 자네 노동자들이 부유해질 수 있도록 25달러어치의 상품을 포기해야 했으니까. 텔레비전 구매자에 비해 노동자의 인원수가 적기 때문에 노동자가 얻은 이득이 더 커 보이는 걸세. 따라서 텔레비전 소비자 한 명의 손실은 25달러에 불과하지만, 노동자 한 명이 얻은 이득은 훨씬 더 큰 거야."

"그런데 그게 뭐가 잘못됐다는 건가요? 아직도 이해가 안 되네요."

"그것을 일종의 강탈이라고 주장하는 사람도 있을 거네. 자네 노동자들이 텔레비전 구매자의 주머니에서 돈을 가져갔다는 거지. 그런데 어떻게 그런 일이 벌어졌냐고? 자네가 더 좋은 상품을 만들었다거나 비용 상승으로 인해 수요만큼 충분히 텔레비전을 공급하지 못해서가 아니라, 단지 정부가 자네 회사 경쟁사들을 억제해준 덕분이었어. 하지만 그건 철학적인 문제이니 제쳐둬야 할 것 같아. 자네 노동자들이 화려한 자동차를 타고 다닌 것이 미국인들의 생활수준이 높아졌다는 잘못된 인상을 안겼다는 것은 자네도 확실히 알 수 있을 거야. 자네는 텔레비전 구매자의 생활수준이 나빠졌다는 것을 보지 못했을 뿐이지. 이익을 본 사람들이 있는가 하면 손해를 본 사람들도 있었네."

"아, 네, 알겠습니다. 일부 미국인들은 부유해졌고 또 다른 미국인들은 궁핍해졌습니다. 그래도 이득을 본 사람들의 이익이 손해를 본 사람들의 손실보다 더 클 것 같은데요."

"아, 사실은 손실이 이익보다 더 크다네."

"그걸 어떻게 아시죠, 데이브?"

"수입품이든 국산이든 모든 텔레비전은 예전보다 25달러가 더 비싸졌어. 그러니 모든 텔레비전 구매자는 관세가 없던 시절에 비해 25달러의 손해를 본 거지."

"하지만 데이브. 모든 생산업체가 그 25달러를 벌지 않았나요? 그러면 해결된 거죠."

"딱히 그런 건 아닐세. 미국 생산업체가 얻은 이익은 25달러가 안 되니까."

"어떻게 25달러의 손실이 다른 사람에게 25달러의 이익이 안 될 수 있습니까?"

"모순적이지 않나? 그 이유는 다음과 같네, 에드. 만약 자네가 텔레비전 가격이 올라갔는데도 아무런 대응을 하지 않는다면, 텔레비전 한 대당 자네의 이익은 정말로 25달러가 증가할 거야. 그리고 소비자의 손실은 자네의 이익으로 상쇄되겠지. 하지만 텔레비전 가격이 상승하다 보니 자네는 텔레비전을 더 많이 생산하겠다는 마음을 갖게 되네. 그래서 자네는 기존공장에서 생산을 확대할 거야. 그리고 추가로 공장을 하나 더 지을 수도 있고. 그러나 추가로 텔레비전을 생산하는 데 드는 비용은 이전에 더 적은 수의 텔레비전을 생산할 때의 비용과 같지 않을걸세. 자네가 만드는 새 텔레비전은 비용이 더 들 거야. 따라서 새로운 텔레비전에서 얻는 이익은 25달러가 안 될 거네."

"왜요?"

"예를 들어, 자네가 공장 두 곳을 운영하면 전에 하나를 운영할 때만큼 효율적으로 운영할 수 없을 테니까. 자네가 두 번째 공장의 관리인으로 고용한 사람은 첫 번째 관리인만큼 노련하지 않을 것이고, 자네는 공장이 하나만 있을 때처럼 두 공장을 꼼꼼히 관리할 수 없을 것이네. 결과적으로 새로 생산된 텔레비전에서 얻은 이익은 25달러가 안 될 거야."

"하지만 때로는 생산량이 늘어나면 비용이 줄어드는 일이 생깁니다. 데이브, 규모의 경제에 대해 들어본 적 없으세요?"

"나는 여러 해에 걸쳐 지켜봐 왔네. 물론 나도 규모의 경제에 대해 들어봤지. 그런데 자네는 왜 관세가 생산을 확대하고 비용을 낮춰주기를 기다리고 있는 건가? 현명한 경영인이라면 이미 이용 가능한 규모의 경제는 다 활용했을 거야. 따라서 관세에 맞춰 추가적으로 생산을 확대하면 비용이 늘어날 거네. 그렇기 때문에 미국 전체로 보면 관세로 인한 이익과 손실이 같아지지 않는 것이지. 소비자가 입는 피해가 생산자와 그 노동자들이 얻는 이익보다 더 크다네."

"어떻게 그럴 수 있습니까, 데이브? 저는 어째서 손실과 이익이 상쇄되지 않는지 아직도 모르겠습니다."

"사람들이 동기에 어떻게 반응하는지를 기억해보게. 자네 회사는 생산을 확대함으로써 동기에 반응했네. 그건 텔레비전에 더 많은 자원이 투입된다는 의미야. 그건 공짜가 아니지. 자네는 전보다 25달러를 더 벌게 해주는 텔레비전을 팔기 위해 미국의 자원을 더 많이 써버린 거라네. 전체로 보면 미국은 더 가난해진 거지."

"그게 이 이야기의 끝입니까?"

"아닐세. 텔레비전 제조업체들만 동기에 반응하는 것은 아니야. 연속된 사건들을 다시 생각해보자고. 외국산 텔레비전에 세금이 부과되면서 미국 텔레비전에 대한 수요가 늘고 외제 텔레비전에 대한 수요는 줄어. 미국산 텔레비전의 가격도 덩달아 올라가지. 미국의 생산은 확대되지만, 수입은 줄어들었어. 미국인들이 구매하는 텔레비전 대수는 어떻게 될까? 미국의 생산량이 늘었어도 판매 대수는 줄어든다네. 수입 감소량은 늘 미국의 생산 증가량보다 많다네."

"왜 그렇습니까?"

"국산이든 외국산이든 모든 텔레비전의 가격이 상승했기 때문이야. 가격 상승 외에는 사람들이 사고 싶어하는 텔레비전 수에 영향을 미치는 일은 전혀 발생하지 않았어. 텔레비전이 더 비싸지면서 소비자는 텔레비전 구입을 줄이려 하지. 미국 전체로 보면, 미국인들은 즐길 수 있는 텔레비전 대수가 줄어들었기 때문에 더 곤궁해진 거네."

"잠깐만요, 데이브. 미국인들이 텔레비전을 덜 샀다면, 그들은 다른 것을 더 많이 갖게 됐겠죠. 당신은 가격 상승으로 25달러의 손해를 본 미국인들도 있지만 텔레비전을 아예 구매하지 않은 사람들도 있다고 했습니다. 그건 그들이 텔레비전 구매에 사용하던 250달러를 남겨서 다른 무언가를 살 수 있다는 의미입니다. 그러니 그들은 텔레비전이 아닌 다른 것을 더 많이 갖고 있겠죠."

"그렇지. 하지만 그들이 그 250달러로 무엇을 사든 그것은 과거의 텔레비전만큼 그들에게 가치가 없네."

"어째서 그런가요?"

"250달러짜리 텔레비전을 샀던 사람이 대신 양복 한 벌을 산다고 생각해보세. 관세가 부과되기 전에 그에게는 텔레비전을 사거나 양복을 사는 데 250달러를 쓸 수 있는 자유가 있었고, 그는 텔레비전을 선택한 거였네. 그가 그렇게 선택했다는 것은 양복과 텔레비전 가격이 같은데도 양복보다는 텔레비전으로부터 더 많은 즐거움이나 유용성을 얻는다는 것을 의미하네. 그런데 텔레비전에 관세를 부과함으로써 자네는 이러한 선택권을 없애버린 거라네. 대신 자네는 그에게 250달러의 양복과 275달러의 텔레비전 중에 선택하라고 강요한 거지. 자네는 그 사람에게 텔레비전을 양복 한 벌과 맞바꾸도록 강요한 셈이야. 그 결과로 그는 궁핍해졌네. 그의 손실은 그 두 제품을 사용할 때 느끼는 즐거움의 차이라고 할 수 있네."

"데이브, 당신은 최소한 관세가 미국에 더 많은 일자리를 발생시켰다는 사실은 인정하시는군요."

"뭐라고?"

"당신이 적어도 관세가 미국의 일자리를 창출했다는 사실은 인정했다고 말했습니다."

"에드, 자네는 멋지고 지성적인 사람일세. 그런데 어떻게 자네는 이 모든 토론을 거치고도 관세가 일자리를 창출한다고 말할 수 있나?"

"아닌가요? 저는 전보다 더 많은 노동자를 고용했습니다. 그렇지 않았나요? 그것은 일자리가 증가한 것이 아닙니까?"

"에드, 자네는 부유해지는 우회적인 방법을 기억하지?"

"물론입니다."

"그게 무엇인가?"

"어떤 때는 직접적인 방법으로 텔레비전을 생산하는 것보다 우회적 인 방법으로 생산하는 것이 더 싸게 먹힌다는 거잖아요. 두 가지 생산 방법은……."

"좋아. 그러면 자네는 우리가 지금 이야기하고 있는 내용과 부유해 지는 우회적인 방법이 서로 관계가 있다고 생각하나?"

"별로 그런 것 같지는 않습니다. 우회적인 방법은 생산 비용에 대한 이론입니다. 우리 회사 노동자가 늘어나고 그들의 임금이 상승한다는 것은 어떤 추상적인 이론이 아니지요. 그러한 변화는 실재합니다. 그 들은 진짜 자동차를 몰고 있어요. 일자리 증가는 미국에게 좋은 일입 니다."

"정말 그런가? 그럼 뉴저지 주의 라웨이 시로 다시 가보세."

우리는 눈을 감고 다시 북동쪽으로 갔다.

"무엇이 보이나, 에드?"

"아무것도 없네요."

"여기가 어디인지는 알겠나?"

"옥수수 밭 같은데요."

"그래 맞아. 이 옥수수 밭은 머크 제약회사가 있던 자리라네."

"머크 사는 어디로 갔습니까?"

"어디로 간 게 아니라네. 아예 처음부터 건설되지 않았던 거지. 기억하게나. 우리는 지금 모든 외국 상품 수입이 금지되어서 수입품이 전혀 없는 2005년에 와 있네. 자유무역이 이루어지지 않아서 이 특별한 머크 사의 공장은 지어지지 않았어. 제약 산업 전체를 보면, 제약회사 수도 줄었고 일자리도 감소했다네."

"왜요, 데이브? 그리고 그것이 텔레비전에 관세를 부과하는 것과 무슨 관계가 있습니까?"

"미국이 상품을 수입하는 대신 직접 생산하면, 일부 미국 공장들이 확장되면서 일자리가 창출되는 듯한 인상을 주네. 한때는 미국이 수입했던 모든 물건들을 이제는 미국인들이 직접 만들어야 하는 거지. 텔레비전, 신발, 손목시계 등 모든 물건을 말이야. 하지만 그 일자리를 채울 사람들을 다른 곳에서 데려오지 않으면 안 된다네."

"이봐요, 데이브. 지금 미국이 텔레비전 수입을 중단하고 국내 생산을 확대했기 때문에 머크 사가 이 공장을 짓지 못했다는 건가요?"

"그렇다네."

"어떻게 그럴 수가 있습니까?"

"어떻게 보면 텔레비전 공장 확장과 아예 건설되지 못한 제약회사 공장 간에는 전혀 관계가 없는 것처럼 보이지. 하지만 그 둘은 여러 가지 면에서 아주 밀접하게 관련되어 있네. 자네와 다른 미국 텔레비전 제조업자들이 공장을 확장하면서 새로이 노동자들을 고용했기 때문에 이 공장은 일할 노동자를 구할 수 없었어."

"하지만 데이브. 좀 전에 당신은 텔레비전 공장 노동자가 하룻밤 만에 화학자가 될 수는 없다고 인정하셨어요. 그런데 어떻게 화학자가 하룻밤 만에 텔레비전 생산 노동자가 될 수 있습니까?"

"하룻밤 만에는 아니지. 하지만 그들의 아이들은 그럴 수 있지. 이해 못 하겠나? 그리고 제약 회사에서 일하는 모든 사람이 화학자인 것은 아니라네. 자유무역이 시행되면 자네 노동자들 중 일부는 무역 기회 때문에 확장된 회사들에서 일자리를 찾을걸세. 성장하는 수출 기업이나 다른 상품을 살 수 있는 돈을 가진 미국인들에게 상품을 판매하는 업체 같은 곳 말일세. 그리고 자네 노동자들의 자녀들 중에서 머크 사나 확장된 다른 회사에서 일하는 화학자나 영업사원이 나올 수도 있고. 하지만 자유무역이 없다면 화학 공부를 하는 것보다 텔레비전을 생산하는 쪽이 훨씬 더 매력적으로 보일 거야. 자네 노동자들의 아이들은 화학을 공부하려고 대학원에 진학하지 않을 거네."

"왜 그렇죠?"

"자유무역이 시행될 때보다 화학자의 월급이 적을 테니까. 화학자는 계속 존재하겠지만, 자유무역하에서보다는 그 수가 적을 거야."

"왜요?"

"두 가지 이유가 있네. 첫째로, 자네가 좀 전에 인정했듯이, 텔레비전 산업이 성장하면 텔레비전 생산 노동자들의 임금이 상승하기 때문이야. 하지만 두 번째 이유는 좀 복잡하다네. 수입이 없으면 우회적인 방법을 통한 약품에 대한 수요가 자유무역이 시행될 때보다 감소하게 되지. 그 결과로 화학자의 임금은 자유무역이 시행될 때보다 낮아지게 된다네."

"왜 수요가 줄어듭니까?"

"미국이 자유무역을 허용하면, 미국의 텔레비전 산업은 일자리가 줄어들고 제약 산업의 일자리는 늘어날 거야. 그러면 미국은 제약 산업에서 생산되는 모든 약품을 갖고 있을 수가 없게 돼. 그래서 그중 일부는 텔레비전과 바꾸는 조건으로 일본으로 수출된다네. 기억하지?"

"물론입니다. 그래서 자유무역이 이루어지면, 그 제약회사의 노동자들 중 일부는 사실상 텔레비전을 생산하고 있는 거지요, 안 그렇습니까? 부유해지는 우회적인 방법이지요."

"훌륭하네, 에드. 그렇다면 미국이 텔레비전 수입을 중단할 경우에 무슨 일이 생기겠나?"

"미국 텔레비전에 대한 수요가 늘고 고용이 증가한다, 여기까지는 저도 알겠습니다. 하지만 제약 산업의 일자리가 줄어드는 이유는 아직도 이해가 안 됩니다."

"좀 더 생각해보면 될 텐데. 이유는 두 가지라네. 텔레비전 노동자들이 어디에선가 와야 하니까. 그리고 그 노동자들은 약품에 대한 일본의 수요가 줄어들 테니까 제약 산업에서 생겨날 거야."

"바로 그 점이 이해하기 힘듭니다. 그래도 일본인들은 생명을 구하는 약품을 원하지 않나요?"

"물론 그렇지. 하지만 그들이 그 약을 구입하려면 무엇을 사용해야 하지?"

"달러죠."

"그럼 그 달러는 어디서 생기는가? 기억하게나. 미국인들은 일제 텔레비전을 구입하지 않을 것이네. 무역 규제 이전에 미국은 일부 텔레비전을 우회적인 방법으로 생산했네. 미국은 약을 생산해서 텔레비전과 교환했어. 미국으로 수입되는 텔레비전 수가 줄어들면, 일본인들의 달러 보유량은 줄어들 거야. 일본이나 일본과의 무역으로 달러를 버는 나라들은 달러로 살 수 있는 물건을 덜 살 수밖에 없지. 이를테면 약품 같은 것 말이네. 미국의 수출산업은 고통을 받을 것이고."

"모르겠어요, 데이브. 단지 일본인들의 달러 보유량이 줄어든다고 해서 일본이 미국산 약품을 구입할 생각이 줄어든다니, 믿기 어렵네요."

"돈은 미국인들과 일본인들 간에 이루어지는 실제적인 상호작용을 제대로 보지 못하게 만드네. 자네가 농부라고 가정해보세. 자네는 농작물을 재배하네. 농업을 전공했기 때문에 재배에 아주 능하지. 마을에는 옷을 잘 만드는 양복장이가 있네. 자네는 그 양복장이의 양복과 자네가 키운 농작물을 서로 맞바꾸는 물물교환을 한다네. 어느 날 밤, 잠자리에 들기 전에 자네는 어리석어지는 물약을 마신다네. 자네는 아침에 바보가 되어 일어나 다음과 같이 말하지. '이제부터 나는 양복 만드는 일을 내 집에서 직접 할 거야. 나는 양복 수입을 금지할 거야.' 그래서 자네는 마을의 양복장이에게 가서 더 이상 그의 옷을 사지 않겠다고 선언하네. 자네는 양복장이에게 팔던 자네 농작물이 어떻게 될 거라고 생각하나?"

"판매가 감소하겠죠."

"그냥 감소하는 게 아니지. 판매는 완전히 끊길 거야. 왜 그런지 알겠나?"

"제가 그의 옷을 원하지 않으면, 그는 제 농작물을 받는 대신 제게 줄 게 없으니까요."

"바로 그거네. 자네가 옷을 수입하지 않겠다고 한 것은 옷과 농작물을 교환하지 않겠다는 얘기니까. 그렇다고 자네가 그 농작물을 자네집에서 일하는 목수에게 팔아서 손해가 생긴 판매량을 메울 수는 없을걸세. 목수는 전에 사던 만큼만 자네 농작물에 관심이 있으니까. 미국이 텔레비전에 관세를 부과하면 똑같은 일이 벌어질 거야. 미국은 전 세계에 '우리는 예전만큼 무역을 하지 않을 생각입니다'라고 말하는 거야. 그 결과로 미국은 텔레비전은 더 만들고 다른 물건은 덜 만들게 될 거야. 미국은 텔레비전을 구입하기 위해 외국과 교환하던 물건이 무엇이든 그것의 생산을 줄이겠지. 수입과 수출은 서로 복잡하게 얽혀 있네."

"그래서 미국의 텔레비전 생산 노동자의 증가가 일본 등을 상대로 한 수출 산업 종사자들의 감소로 상쇄된다는 거군요."

"바로 그거네. 그리고 바로 그런 이유로 관세를 부과해도 외국과의 경쟁으로 야기된 단기적인 고통을 피할 수 없는 거고. 관세는 그 자체로 단기적인 고통을 안겨준다네. 다만 알아채기가 더 어려울 뿐이지."

"상쇄되는 것은 정확하지요? 텔레비전 부문의 증가된 일자리 수가 수출 부문의 감소된 일자리 수와 정확히 같습니까?"

"에드, 자네 질문은 정말로 잘못됐네. 미국 내 일자리는 인구와 구직 인구 비율에 의해 결정되네. 정말로 중요한 문제는 일자리의 수가 아니라 사람들이 종사하고 있는 일자리의 종류라네. 미국은 미국 국민들이 각자의 기술을 최대한 활용할 수 있는 분야에서 일할 수 있게 해줘야 해. 그렇지 않으면 부를 창출할 수 있는 기회를 잃고 말지. 관세는 미국인들에게 두 가지 손실을 안긴다네. 텔레비전이 더욱 비싸졌기 때문에 미국인들이 구입하는 텔레비전이 크게 줄어들지. 미국인

들이 여전히 즐기는 텔레비전은 비효율적으로 높은 비용에 생산되는
거고. 미국은 국산 텔레비전을 생산하는 데 필요 이상으로 자원을 투
자하는 거야."

"왜 그렇죠, 데이브?"

"예전에 우회적인 방법으로 텔레비전을 생산하던 머크 제약회사의
공장은 직접적인 방법으로 텔레비전을 제조하는 스텔라 사의 공장으
로 대체되었네. 머크 사가 텔레비전을 어떻게 생산했는지 기억하지?
그 회사는 일본에서 판매되는 약을 생산했어. 머크 사의 특정한 약 하
나를 생각해보세. 그 약이 일본에서 팔려서 텔레비전을 구입하는 데
충분한 엔화를 벌어들이는 양은 일정할 거야. 일본에서 그 만큼의 약
을 판매하는 것은 우회적인 방법으로 텔레비전 한 대를 생산하는 것
과 같지. 그 양만큼을 생산하는 데 드는 비용은 텔레비전을 직접적인
방법으로 생산하는 비용보다 싸네. 따라서 머크 사는 더욱 효율적으
로 텔레비전을 생산하는 거라네. 미국은 텔레비전 공장에서 자원을
가져와 제약회사에 투입하고도 가치 있는 다른 물건을 생산할 수 있
는 자원이 여전히 남는 거야."

"아까 보니까 자유무역하에서는 텔레비전 가격이 많이 싸졌더라고
요. 직접적인 방법으로 생산하면 텔레비전 가격이 어떻게 되는지 가
서 보시죠."

나는 에드를 윌리의 가전제품 가게로 다시 데려가서 텔레비전 수입

이 허용되지 않은 2005년의 텔레비전들을 살펴보았다. 텔레비전은 더 작았고, 선택할 상품도 적어졌고, 자유무역하의 서킷 시티에서보다 훨씬 더 비쌌다.

"도대체 왜 이런 겁니까, 데이브? 텔레비전이 왜 이렇게 비싼 건가요?"

"아까 우리가 이야기한 그 오래된 비교우위론 때문이지. 부유해지는 우회적인 방법 말일세. 자기 셔츠를 직접 만들어 입는 농부는 더 부유해질까, 더 가난해질까? 그는 자기 집 안에서 셔츠를 직접 만들어 입으니까 더 부유해 보이지만, 사실은 더 가난해진다네. 그가 농사를 짓는 데 집중하지 못하기 때문에 더 가난한 농부가 되는 거야. 셔츠를 만든다는 것은 농사에 쓰면 더 좋을 시간과 기술을 포기한다는 의미라네. 따라서 직접 셔츠를 만드는 일은 비용이 많이 든다고 할 수 있어. 무역이 규제되는 지금, 자네 눈에 보이는 것이 바로 그러한 미국이네. 미국은 모든 것을 직접 만들어내야 한다네. 하지만 자유무역하에서만큼 모든 것을 싸게 생산하기에는 인력도, 기계도, 토지도 부족하지. 제약, 컴퓨터 등의 여러 분야에서 활용할 수 있는 모든 기술을……."

"그럼 제 아들 스티븐은 어떻게 되었나요?"

"좀 이따 스티븐을 보러 가세나. 하지만 그 전에 나는 자네가 아예 건설된 적이 없었던 라웨이의 공장에 대해 생각해봤으면 하네."

"그 제약회사 공장 말입니까?"

"그래. 여러 가지 점에서 그 공장이 문제의 본질이니까."

"존재한 적도 없는 것이 문제의 본질이라니 이상하네요."

"수입으로 인해 노동자들이 텔레비전 공장에서 해고되면, 우리는 그들의 고통과 아픔을 이해하고 그들에게 동정심을 느끼지. 하지만 관세로 인해 제약회사 공장의 일자리가 없어질 경우에는 그 관계가 우회적인 것이라서 아무도 그런 일이 일어난 것조차도 깨닫지 못한다네. 라웨이 시가 고통을 겪는다고 해서 관세를 탓하는 사람은 아무도 없네. 하지만 그럼에도 불구하고 그 고통은 실재하는 거지. 모두들 관세 덕분에 텔레비전 노동자나 자동차 노동자들이 실업자가 되지 않았다고 믿지. 하지만 관세 때문에 제약회사 노동자들이 실직했다고는 생각하지 않는다네. 텔레비전 공장이 세워지면 사람들은 관세 제도를 칭찬하지. 누구도 제약회사 공장이나 컴퓨터 공장이 세워지지 않은 것은 보지 못하네. 존재하지 않는 것을 보는 것은 쉬운 일이 아니니까.

그리고 여기에 모순이 하나 더 있네, 에드. 미국 자동차를 구입한 미국인은 자신이 미국의 일자리를 제공하는 데 도움이 됐다고 자부한다네. 그 자동차가 실제로는 캐나다나 멕시코에서 조립되었다거나 자동차에 들어가는 부품의 절반 혹은 그 이상이 수입되었다는 사실은 신경 쓰지 말게나. 미국 자동차 제조업체들은 미국산 자동차를 사는 것이 국내 일자리 창출에 도움이 된다고 많은 사람들을 설득해왔네.

하지만 자네는 여기에 모순이 있다는 것을 알아챘는가? 일본 자동차를 구입하는 미국인 역시, 자동차 산업은 아니더라도 미국의 일자리를 창출하는 데 도움을 주고 있는 거라네. 일제 자동차를 구입하는 사람은 일본과 무역하는 산업을 촉진시키지. 보잉 사의 노동자, 프록터 앤 갬블 사의 화학자, 머크 사의 노동자, 디즈니 사의 만화가, 그리고 전 세계에 미국의 기술을 수출하는 산업의 노동자들을 돕는 거라네. 중요한 것은 일자리를 창출하느냐가 아니라 어떤 일자리를 창출하느냐 하는 것이야."

"어떤 모순인지 알겠습니다, 데이브. 하지만 일반인들이 완벽하게 효과를 이해하긴 어렵다는 거 당신도 아시잖아요."

"알지. 그리고 바로 그러한 어려움이 보호무역 뒤에 얽힌 정치를 설명해준다네. 프랭크 베이츠 의원이 텔레비전 산업을 돕기 위한 법안을 추진하면 누가 그 법안에 찬성하겠나?"

"우선 제 노동자들이겠죠."

"그들은 얼마나 열렬히 지지할까?"

"그들 입장에서는 많은 것이 달려 있으니까요. 그들은 프랭크에게 편지를 보내고 그가 워싱턴에서 돌아오면 그를 찾아가 만날 겁니다. 노조는 프랭크에게 기부도 하고 다음 선거에 그에게 투표도 하겠죠."

"그럼 그의 법안에 누가 반대해야겠나?"

"소비자들이겠죠."

"그렇지. 하지만 소비자의 이해관계는 아주 미약하다네. 소비자에게는 고작 25달러만 걸려 있으니까. 수백 달러 혹은 수천 달러 때문에 투쟁하고 있는 자네 노동자들과는 다르지. 따라서 자연스럽게 소비자가 그런 일에 개입할 동기는 약해진다네. 소비자들은 그런 일에 개입하면서 죄책감을 느낄 거야. 국내 산업을 지원해야 한다는 애국적인 의무만을 끊임없이 듣게 될 테니까. 자, 에드. 자네는 소비자의 애국적 의무가 무엇이라고 생각하나?"

"제가 알고 있다고 생각했었는데, 지금은 생각했던 것보다 복잡한 문제인 것 같네요. 저야 사람들이 저희 회사 텔레비전을 사주기를 바라지요. 하지만 사람들이 그렇게 하지 않는다고 해도 미국이 손해를 보는 것은 아니라는 생각이 듭니다. 그저 일부 미국인들이 손해를 입고 다른 미국인들에게는 도움이 되는 것이지요."

"하지만 많은 소비자들이 그 사실을 몰라서 외국 제품을 구입할 때나 보호무역을 반대하면서 죄책감을 느낀다네. 물론 소비자 외에 보호무역에 반대해야 하는 집단이 또 있지."

"그 머크 사의 노동자들 말이죠?"

"그래, 에드. 불행히도 그들의 반대 목소리는 들리지 않는다네."

"왜죠?"

"우선, 수입 텔레비전에 부과된 관세 덕분에 텔레비전 노동자들이 이익을 얻는 것은 분명하지만, 어떤 산업이 피해를 입는지가 항상 분명한 건 아니니까. 더욱이 그런 산업들은 아직 생겨나지도 않아서 자신들의 이익을 위해 싸우지 못할 수도 있네. 텔레비전 산업을 보호하면서 그 산업에 피해를 입히는 법은 컴퓨터 산업에 종사하는 노동자들이 반대해야 하는데, 이들은 자신들이 가졌어야 할 기회를 결국 갖지 못하게 될 사람들인데도 아직 컴퓨터 산업에 종사하기 전일 수도 있네. 자네 아들 스티븐의 경우만 봐도……."

"스티븐을 보러 갈 수 있을까요, 데이브?"

"곧 보게 될걸세, 에드. 약속하지. 하지만 40년 전, 즉 1960년도의 스티븐을 생각해보게. 당시 스티븐은 어린아이였어. 그 아이는 텔레비전 산업을 보호하면 세계의 다른 국가들과 무역하는 회사들이 어떻게 피해를 입는지 모르지. 그 아이는 보호무역이 어떻게 자원을 텔레비전 산업에 집중시키고 컴퓨터와 같은 다른 국내 산업의 성장을 저해하는지 이해하지 못하네. 스티븐이 아이이든 어른이든간에, 보호무역의 효과가 30년 동안 전혀 느껴지지 않는데, 그 법에 반대할 거라고 어떻게 기대할 수 있겠나? 그러나 누군가는 그 아이들이 야심찬 꿈을 추구할 기회를 확실하게 가질 수 있도록 주의해야 하네. 안 그런가, 에드?"

"네, 그래요. 모두 다 좋습니다, 데이브. 그런데 프랭크 베이츠의 애초 법안은 관세가 아니라 쿼터였습니다. 제가 보기엔 두 개가 아주 다른데요."

"물론 차이는 있지. 우리가 똑같은 방식으로 생각하고 있는 것 같지는 않군. 그래, 자네는 그 차이가 뭐라고 생각하나?"

"관세는 외국인에게 부과하는 세금 같은 거지만, 쿼터는 국내에 들어올 수 있는 외국 상품의 공급량을 줄이는 것뿐입니다. 쿼터는 미국 소비자가 외국 제품 대신 미국 제품을 사용하게 만들죠."

"에드, 자네 생각에 구입할 수 있는 외국산 텔레비전 수가 줄어들면 무슨 일이 생길 것 같나?"

"외국산 텔레비전이 더 비싸지겠지요."

"구입 가능한 외제 텔레비전 수가 줄어서 값이 비싸지면, 미국 텔레비전에 대한 수요는 어떻게 될 것 같은가?"

"수요는 올라가겠죠. 그리고 가격도 올라가고요. 흠. 그리고 보니 관세의 경우랑 똑같은 것 같네요."

"실제로 쿼터의 경우에도 관세가 부과됐을 때 일어나는 일들이 똑같이 일어난다네. 국내 텔레비전 제조업체들은 자신들의 상품 가격이 상승하는 것에 반응하여 생산량을 확대하지. 결국 미국산 텔레비전과 외국산 텔레비전 모두가 더 비싸지는 거야. 가격이 올라가면서 소비자들이 피해를 입고, 이전보다 즐길 수 있는 텔레비전 수가 줄어드는 거지. 그리고 너무 많은 텔레비전이 직접적인 방법으로 만들어지는 반면, 우회적인 방법으로는 극소수만 생산되지."

"그런데 저는 왜 텔레비전의 총 생산량이 줄어들 수밖에 없는지 아직도 이해가 안 됩니다. 왜 증가된 미국산 생산량이 쿼터 때문에 감소된 외국 수입품을 메우지 못하는 겁니까?"

"그런 쿼터 때문에 외국 상품의 공급이 줄어들면, 텔레비전 가격이 올라가기 때문이라네. 미국 회사들은 가격 상승에 대응하여 생산량을 늘리지. 하지만 그 늘어난 생산량이 외국 상품의 감소량과 같거나 그보다 더 많을 수는 없네. 증가된 국내 생산량이 줄어든 외국산 공급량과 같다고 해보세. 그러면 미국 소비자에게 공급되는 국산 텔레비전과 외국산 텔레비전을 모두 합친 수는 이전과 같아질 거야. 만약 생산량이 이전과 같아진다면, 가격은 쿼터가 책정되기 전과 같아지겠지. 하지만 그렇게 되면 모순이 하나 등장하네. 자네 같은 미국 제조업체들이 가격이 변하지도 않는데 생산량을 늘릴 이유가 있을까? 만약 실수로 생산량을 늘렸다가 새로운 가격이 이전 가격과 같다는 사실을 알게 되면 자네는 공장을 일부 폐쇄하겠지. 종전 가격으로는 새로 세운 모든 공장이 이윤을 낼 수는 없을 거네. 만약 이윤을 낼 수 있었다면 진작 그 공장들을 세웠을 테지. 쿼터의 순수 효과는 국산, 수입품할 것 없이 텔레비전 공급량이 감소하고 가격이 상승하는 것이라네."

"관세와 아주 비슷하게 들리네요."

"사실 쿼터 제도를 조정해서 관세를 완벽하게 흉내 낼 수도 있네. 미국이 관세와 쿼터가 없었을 때 텔레비전을 2,000만 대 수입했다고 가정해보세. 그리고 25달러의 관세를 부과하면서 가격이 250달러에서 275달러로 상승하고 수입물량은 25퍼센트가 감소하여 1,500만대가 되었다고 치세. 외국산 텔레비전의 수를 1,500만대로 규제해도 텔레비전 가격에 똑같은 효과가 나타난다네. 가격은 관세가 적용될 때와 마찬가지로 275달러로 오르게 되지."

"이 두 상황에서 관세와 쿼터 간에 차이는 없나요?"

"1,500만대로 쿼터를 정하면 내가 설명한 예에서 25달러의 관세를 부과한 경우와 거의 같은 효과가 나타나지. 두 경우 모두, 매장에서 판매되는 텔레비전 가격은 275달러가 될 거야. 차이가 있다면 관세의 경우에 그 상승한 가격 부분을 관세 세입의 형태로 미국 정부가 가져가는 거지."

"어째서 그렇습니까?"

"25달러의 관세를 매기면, 텔레비전 수입업자는 정부에 25달러를 납부해야 하네. 따라서 소비자는 수입 텔레비전으로 인해 25달러를 손해 보는 반면, 어떤 미국인은 적어도 25달러어치의 정부 세입이 지출될 경우에 그 수혜자가 될 거야. 전체 미국인들을 생각해보면 25달러의 관세로 인해 발생하는 이득과 손실은 그 자체로 상쇄된다는 사실을 기억하게."

"왜 '그 자체'라고 하시나요?"

"소비자에서 정부로, 그리고 다시 정부 지출의 수혜자로 옮겨가는 그 돈은 하나도 남지 않기 때문이지. 어떤 미국인, 즉 소비자는 25달러만큼 가난해지지만, 다른 미국인, 즉 정부 지출의 수혜자는 25달러만큼 부유해지지. 한 미국인에서 다른 미국인에게로 돈이 옮겨가는 것이 공정한지 여부는 별개의 문제고."

"하지만 어떤 미국인은 이득을 보고 또 다른 미국인은 손해를 본다면, 미국 전체로 봤을 때 그 차이가 상쇄되는 거 아닌가요?"

"여러 사람을 거쳐간 그 돈은 상쇄되었지. 하지만 그 25달러의 이동이 국민들의 행동에 미친 영향은 상쇄되는 대상이 아니야. 텔레비전을 사서 즐길 미국 사람들의 수는 더 적어지고, 또 미국은 우회적인 방법 대신 직접적으로 텔레비전을 생산하는 데 너무 많은 자원을 투입해야 하지. 그래서 손실과 이득이 상쇄되었다고 할 수 없는 걸세. 그것은 미국을 더욱 가난하게 만드는 순손실이네. 미국에서 자동차가 없는 사람들이 자동차를 훔치기 시작했다고 가정해보세. 어떻게 보면, 그 도둑질은 처음 자동차를 구입한 사람들에게서 도둑들에게로 자동차를 옮겨놓은 것에 불과할 수도 있네. 그 도둑질이 손실과 이득이 상쇄되는 경우라고, 단순한 이동이자 자원의 재분배라고 생각할 수도 있겠지. 하지만 그러한 생각은 사람들이 위협의 발생 가능성에 대해 어떻게 대응할지를 무시하는 걸세. 자네는 자네 자동차를 차고에 넣어 잠그고, 자동차 문을 잠그겠지. 또 자동차에 도난방지용 장치를 설치하고, 지역 정치인에게 거리에 더 많은 경찰을 배치해달라고 요청하겠지. 이 모든 대응책에는 실질적인 자원과 시간, 돈, 인력이 들어간다네. 그러한 자원, 시간, 돈, 인력은 경제의 다른 부분에서 더욱 생산적인 결과를 낼 수도 있는데 말일세. 이는 단순히 돈이 여러 사람을 거쳐가게 만드는 것 이상의 결과를 야기하네. 국내 생산과 소비를 바꾸어놓고, 미국을 더욱 가난하게 만드는 거지."

"그렇다면 쿼터는 관세와 어떻게 다릅니까?"

"쿼터의 경우에도 손실이 발행한다네. 사람들이 구입하는 텔레비전 수가 너무 많이 줄고 텔레비전을 직접적으로 생산하는 데 너무 많은 자원이 투입되기 때문이지. 그러나 외국산 텔레비전을 구입하느라 소비자가 추가로 지불한 그 25달러는 해외에서 텔레비전을 수입해오는 미국의 수입업자나 외국 생산업체에게로 가게 되지. 만약 후자일 경우에는 그 외국 생산업체가 약품이나 컴퓨터, 기타 미국산 제품을 살 수 있는 25달러를 더 갖게 되는 거지."

"그게 뭐 잘못됐습니까?"

"관세의 경우에는 25달러에 해당하는 구매력과 미국 상품 및 서비스에 대한 요구권이 미국인들에게 있다네. 하지만 쿼터의 경우에는 그 25달러가 결국엔 외국 생산업체의 수중에 들어가네. 이로 인해 외국인들은 미국산 제품이나 서비스를 요구할 권리를 갖게 되고, 미국인들이 즐길 수 있는 컴퓨터나 약품, 기타 상품들은 더 적게 남겠지. 관세는 그 상품들이 미국인의 손에 확실하게 남게 해주네."

"근데 조금 전에 당신은 외국인들이 달러를 갖게 되면 머크나 보잉 같은 미국 업체들의 수출을 촉진한다고 말씀하셨잖아요."

"그렇지. 하지만 외국인들이 그 달러를 갖고만 있고 우리 경제를 절대로 '촉진하지' 않는 것이 미국에게는 더 좋아. 미국은 약과 비행기를 텔레비전과 교환하는 것보다는 공짜 텔레비전을 갖고 싶어하겠지. 그렇게 되면 미국인들은 일본인 대신 더 많은 약품과 비행기를 누릴 수 있으니까. 그러나 일본은 텔레비전을 거저 줄 생각은 없어. 그들은 무언가를 대가로 받길 기대하지. 지금 우리가 다루고 있는 사례의 경우,

미국인과 외국인 중 누가 그 25달러를 갖고 있다가 지출할 것인가가 중요한 문제네. 미국 입장에서는 외국인 대신 미국인이 그 추가된 25달러를 갖는 것이 항상 좋지. 그렇게 되어야 그 25달러어치의 상품이 일본으로 가는 대신 미국에 남게 될 테니까."

"미국 수입업자와 외국 공급업자 중에 누가 그 25달러를 갖게 될지는 어떻게 결정됩니까?"

"그건 쿼터를 조정하는 방식에 따라 다르다네. 기본적인 쿼터에서는 정부가 수입업자들에게 규제 대상인 상품의 일정량을 수입할 면허를 준다네. 이런 경우에 면허를 받은 운 좋은 수입업자들이 더 높아진 가격의 형태로 그 25달러를 갖게 되지."

"운 좋은 수입업자들은 어떻게 결정됩니까?"

"아, 사실 그건 운과는 거의 관련이 없네. 관세 제도하에서는 정부가 수입되는 모든 텔레비전에 대당 25달러를 받아서 정부 예산에서 사용하지. 쿼터 제도하에서도 정부는 수입업자들에게 배부하는 면허 형태로 25달러를 챙겨간다네. 자네도 예상하겠지만, 이 과정이 마구잡이로 진행되는 것은 아닐세."

"수입업자들이 정부 면허를 얻기 위해 공무원들의 비위를 맞추려고 경쟁하겠군요."

"나도 그럴 거라 생각하네. 그러한 경쟁은 경제 전체로 보면 자원 낭비이고 쿼터의 추가 비용이라 할 수 있지. 가끔 정부는 과거에 수입업자였던 사람들에게 면허를 내주곤 한다네. 하지만 이처럼 단순해 보이는 선택조차도 다양한 종류의 압력을 받기 쉽지."

"쿼터가 적용될 때 외국 공급업자들은 어떻게 텔레비전 가격 인상분인 25달러를 가져가게 됩니까?"

"정부가 '자율적' 쿼터를 실시하면 그런 일이 일어난다네."

"자율적 쿼터가 뭔가요?"

"자율적 쿼터란 외국이 자국의 수출량을 일정량으로 제한하는 데 '자율적으로' 합의하는 거라네. '수출자율규제(VERs, Voluntary Export Restraints)' 혹은 '자율규제협정(VRAs, Voluntary Restraint Agreements)'이라고도 부른다네. 이 쿼터에서 유일하게 자율적인 부분은 이름뿐이지. 강압적이어서 불쾌한 요소가 작용하니까. 미국 정부는 일본 정부에게 이렇게 말한다네. '우리는 당신네들이 미국에 수출하는 일본 자동차 대수를 매년 이러이러한 수로 제한해주기 바랍니다.'"

"만약 일본이 그럴 수 없다고 하면요?"

"만약 거부하면, 미국 정부는 '진짜' 쿼터를 부과할 수 있지."

"쿼터를 자율적으로 적용하는 것처럼 보이게 만들면 어떤 점이 유리합니까?"

"일단 미국 정치인들이 공식적으로 쿼터를 지지한다는 기록을 남기지 않아도 된다는 점이 좋지. 또 다른 이점은 원칙적으로 볼 때 이 제도가 더 유연하다는 거야. 이론적으로 미국 대통령은 의회까지 갈 필요 없이 일본 정부에 쿼터를 완화하거나 강화해달라고 요청할 수 있네. 실제로 자율적 쿼터는 입법화된 쿼터와 유사하다네. 하지만 가격 상승으로 인한 이익을 누가 갖는지에 차이가 있지. 기본적인 쿼터, 즉 '비자율적 쿼터'인 경우, 미국의 수입업자들은 희소한 면허를 장악한 다음, 소비자가 지불한 비싼 가격으로부터 높은 이익을 얻어낸다네. 자율적 쿼터의 경우에는 외국 정부가 미국에 상품을 수출할 업체를 결정하지. 따라서 미국의 수입업자가 아니라 외국 정부가 그 희소하고 귀중한 권리를 갖게 되는 거라네. 부족하게 공급되는 외국산 제품을 얻으려고 수입업자들이 경쟁을 벌이면, 가격은 다시 25달러가 인상된다네. 그러나 이번에는 외국인들이 그 돈을 갖게 되지."

"미국이 수입을 제한하기 위해 자율적 쿼터를 사용한 적이 있나요?"

"프랭크 베이츠가 당선된다면 그럴 일은 없겠지. 그가 당선되면 미국은 수입이 없는 완전한 자급자족 국가가 될 테니까. 지금 우리가 있는 이곳이 바로 그러한 세상이네. 스타 시가 과거와 같은 모습을 하고 있고 모든 사람들이 포드 페어레인이나 쉐보레 임팔라를 타고 다니는 세상 말이야. 이 세상에서 쿼터는 아무런 의미도 없네. 제한할 게 없으니까."

"그렇다면 프랭크 베이츠 의원이 당선되지 않을 경우의 미국은 어떨까요?"

"그럴 경우에 미국은 점점 더 자유무역의 길을 가겠지. 우리가 좀 전에 본 곳이 바로 그 세계라네. 하지만 그런 세계에서도 미국 제조업체들은 가끔 관세나 쿼터, 기타 방법을 이용하여 외국과의 경쟁을 줄일 수 있었네. 예를 들어, 1981년에 미국은 일본에 자동차 수출을 '자율적'으로 제한해달라고 요청했어. 자네도 예상할 수 있겠지만, 이러한 제한으로 국산 자동차와 수입 자동차 모두 가격이 올랐지. 경제학자들은 일본 자동차 수입을 '자율적으로' 규제한 결과, 미국 자동차 한 대당 적어도 400달러가 상승했다고 추정했네. 1984년을 예로 들면, 이러한 수입 제한으로 소비자들은 미국 자동차 제조업체들과 그 노동자들에게 추가로 40억 달러를 지불한 거야. 그러나 자율적이든 입법화된 경우든 쿼터는 더욱더 광범위한 영향을 계속해서 미쳤다네."

"예를 들면요?"

"다수의 일본 자동차 제조업체들이 수입 제한을 피해가려고 미국 내에 공장을 세웠어. 겉으로 보기에는 미국의 일자리를 지켜준 것 같지만, 미국 자동차 산업의 일자리만 지켜줬을 뿐이야. 만약 자율적 쿼터가 철회되고 더 많은 외국 자동차가 수입됐다면, 일본이나 다른 국가에 상품을 판매하는 시장에서 일자리가 늘어났겠지. 그렇게 됐다면 미국인들은 일부 분야에서 전문화를 추구할 수 있었을 거야. 전문화로부터 발생하는 이점, 즉 업무 친숙도가 높아지면서 혁신과 성과가 늘어나는 결과를 얻을 수도 있었을걸세. 그게 바로 앞서 얘기한 부유해지는 우회적인 방법이지. 그 외에 일본 업체들이 자기 나라나 다른 곳에 지었으면 더 나았을 공장을 미국에 건설함으로써 비효율이 발생하기도 했네."

"하지만 일본 업체들이 어떻게든 미국에 공장을 세워서 미국 고객들과 더 가까워지길 원한 것은 아니었을까요? 운송비도 줄이고 소비자에 대한 정보를 더 쉽게 얻을 수도 있었으니까요."

"그러한 조치가 경제적으로 의미가 있었다면, 쿼터가 적용되기 전에 벌써 공장을 지었겠지. 일본 자동차 회사들은 1982년부터, 다시 말하면 '자율적' 쿼터가 시행된 바로 다음 해부터 미국에 공장을 짓기 시작했어. 1982년과 1990년 사이에 여섯 개의 일본 자동차 회사가 미국에 공장을 지었다네. 하지만 자동차는 '자율적' 쿼터의 한 가지 예에 불과하네."

"다른 예는 뭡니까?"

"그런 예는 수두룩하네. 텔레비전의 경우가 자네에게 가장 흥미롭겠군. 자네의 미국 경쟁업체들이 텔레비전 생산을 중단했다고 말한 거 기억하나?"

"네."

"그들은 다음과 같은 일을 겪었네. 제니스 사는 외국과의 경쟁 때문에 이익이 줄어드는 것을 알았어. 이런 종류의 압박은 관세의 경우와는 반대되는 압박이지. 외국 경쟁업체들이 가격을 싸게 매기니까 미국 공급업체들도 경쟁을 위해 가격을 내릴 수밖에 없지. 결국 제니스 사는 외국 생산업체들을 덤핑 혐의로 고발하고 경쟁사들을 처벌해달라고 정부에 요청했네."

"제니스 사가 이겼나요?"

"정부가 덤핑의 구성요소를 유연하게 규정했는데도 불구하고 이기지는 못했네. 하지만 그들은 소송이 진행되는 동안에 약간의 입법적 구제를 받았어. 정부가 '시장질서유지협정(Orderly Marketing Arrangement)'을 시행했거든."

"발음하기도 힘드네요."

"자율적 쿼터를 근사하고 모호하게 말한 것뿐이야. 결과적으로 외국 텔레비전 수입을 규제했으니까."

"그 제도가 도움이 되었나요?"

"자동차 산업에서 그랬던 것처럼 외국 제조업체들은 그 법을 피해갈 목적으로 미국 내에 조립공장을 세웠네. 우리가 아까 방문한 자유무역의 세상에서 자네가 자네 회사를 일본인들에게 팔 수 있었던 것도 부분적으로는 바로 그러한 이유 때문이었네. 일본인들이 시카고 외곽에서 계속 조립공장을 가동한 것도 그렇고. '협정' 시효가 만료된 이후에도 외국 제조업체들은 미래에 또 그런 '협정'이 시행될까 두려워서 미국에 계속 공장을 지었네. 그런데 바로 이때부터 아이러니한 일이 생겼지. 외국 업체들이 미국으로 공장을 옮기고 있는 동안, 제니스 사가 대부분의 제조공장을 멕시코로 옮겨갔거든."

"그건 좀 바보 같은 짓 같네요."

"그리 보기는 안 좋았겠지? 제니스 사는 정부를 움직여 자율적 쿼터를 부과하게 만듦으로써 자기 경쟁사들이 돈을 들여 미국 내에 공장을 짓고 비싼 미국 노동자를 쓰게 만들었네. 그러면서 자기들은 임금이 싼 멕시코에서 대부분의 생산을 처리했지."

"근데 잘 안 됐나요?"

"그렇다네. 제니스 사는 덤핑 제소에서 패한 뒤에 완전히 망했네. 법원의 결정은 자유무역 신봉자들의 환영을 받고, 보호무역주의자들로부터는 순진한 결정이라고 비웃음을 샀지. 하지만 그 보호무역주의자들은 우리가 서킷 시티를 방문했을 때 본 것처럼 텔레비전 가격이 임금에 비해 계속 싼 이유를 설명하지 못했네."

"쿼터 때문에 일어난 일이 또 있나요, 데이브?"

"모든 상품과 마찬가지로 에너지와 창의력은 무한히 공급되는 게 아니라네. 자유무역이 시행되는 세계에서 미국의 생산업체들은 외국의 창의력에 뒤떨어지지 않게 따라가거나 앞질러 가야만 하네. 무역규제가 이루어지는 세계에서 생산업체들은 점점 더 규제를 늘리기 위해 정부에 로비하는 데 공을 들인다네. 자네가 텔레비전 산업을 보호하는 문제로 프랭크 베이츠 의원을 만나러 처음으로 워싱턴에 출장 갔던 일을 기억하는가? 그 여행에도 시간과 에너지가 들어갔다네. 자네는 더 나은 텔레비전 생산 방법을 찾기보다는 프랭크 베이츠 의원에게 로비를 해서 경쟁사들을 물리치려 했지. 그리고 자네는 자네 뜻을 관철시켰고 프랭크 베이츠 의원은 자네 회사와 자네 산업을 보호하는 법안을 통과시켰네. 그렇게 외국과의 경쟁이 없어진 후에 자네는 제품 향상에 시간을 더 들였나? 말해보게, 에드. 수입이 금지된 미국에서 사람들이 타고 다니는 자동차가 포드 페어레인이라는 건 어떻게 알았나?"

"데이브, 저도 포드 페어레인이 어떻게 생겼는지는 알아요."

"그래. 그 차는 1960년에나 2005년에나 똑같이 생겼으니까. 그 이유가 궁금하지 않나?"

"아, 무슨 말인지 이해했어요. 경쟁이 줄었다는 말씀이신 거죠? 하지만 모델을 자주 바꾸지 않는 것도 이익이 되지 않나요? 디자인 비용과 기계 교체 비용을 아낄 수 있으니까요."

"아마도 그렇겠지. 하지만 대부분의 소비자들은 다양성을 좋아하네. 다양성을 싫어하는 사람들을 위해 여러 해 동안 모델을 바꾸지 않는 회사들도 일부 있긴 하지. 그렇지만 다양성을 줄임으로써 발생하는 절약이나 손실은 더욱 중요한 효과에 비하면 이차적인 문제라네. 외국과의 경쟁이 없어지면서 미국 자동차 제조업체들이 게을러지고 창의력을 상실했다는 점, 바로 이것이 핵심적인 변화야. 포드 페어레인이 이 경우에 딱 들어맞는 예라네."

"하지만 데이브. 그 차는 아주 좋은 차입니다."

"그렇지. 하지만 우리는 자유무역이 실시되던 2005년의 자동차들을 면밀히 살펴볼 기회가 없었어. 자네가 극장 주차장에서 기댔던 혼다 어코드 기억하나? 그 차에는 CD플레이어와 XM 위성 라디오, 음성인식기능이 있는 GPS시스템이 장착되어 있었네. 그리고……."

"잠깐만요, 데이브. 너무 많네요. 차근차근 설명해주세요."

나는 CD플레이어와 XM 위성 라디오, GPS시스템이 무엇인지 설명했다. 에드는 그런 장치들이 아주 훌륭하다고 인정했다.

"혼다 자동차는 에어백과 미끄럼 방지 제동 장치가 제대로 기능을 안 하더라도 충돌 시에 페어레인보다 구조적으로 훨씬 더 안전하다네. 그리고 1리터의 기름으로 거의 2배를 더 주행할 수 있고. 기름을 태워먹지도 않고 고장도 훨씬 덜 난다네."

"에어백과 미끄럼 방지 제동 장치는 또 뭔가요?"

"포드 페어레인에는 결코 장착되지 않을 안전장치지. 포드 사는 혼다 자동차와 경쟁할 수 있는 토러스라는 자동차를 설계해냈을 때에야 어코드가 갖춘 모든 장치들을 갖출 수 있었네. 한동안 토러스는 미국에서 가장 잘 팔리는 자동차였어. 만약 혼다 어코드가 계속 일본에만 있었다면 포드 사가 토러스를 만들었겠나?"

나는 에드가 경제 얘기에 너무 몰두하다 보니 약간 피곤해 하는 것 같아서 좀 쉬게 해주기로 마음먹었다. 이럴 때는 여행이 딱 좋을 것 같았다. 우리는 2005년의 뉴저지 주를 이미 두 번이나 방문했지만, 이 번에는 에드를 위해 경치를 즐기는 전통적인 여행을 해 보기로 했다. 나는 내심 그에게 뭔가 가르쳐줘야겠다는 마음을 품고는 있었지만, 그걸 겉으로 드러내지는 않았다.

스타 시에서 자란 에드는 미국의 대도시에 자주 가보지 못했다. 그래서 나는 내 능력을 십분 이용하여 수입이 금지된 2005년의 미국 내 관광명소에 그를 데려갔다. 함께 걷다 보니 스타 시에서와 마찬가지로 거리에는 미국 자동차만 보였다. 우리는 뉴욕, 시카고, 보스턴, 샌프란시스코를 방문했다. 뉴욕에 있는 자유의 여신상, 시카고의 메그니피션트 마일(Magnificent Mile, 시카고의 유명한 쇼핑거리-옮긴이), 보스턴의 프리덤 트레일(Freedom Trail), 샌프란시스코의 금문교를 보았다. 그러고는 워싱턴 DC로 가서 많은 관광객들이 다들 방문하는 명소인 워싱턴 기념탑, 링컨 기념관, 제퍼슨 기념관 등을 보았다. 에드는 아주 좋아했다.

우리는 앞으로는 워싱턴 기념탑이 보이고 뒤로는 의회가 있는 내셔널 몰의 벤치에 앉았다.

"이 나라는 외국 상품이 없어도 위대한 나라입니다, 데이브. 정말 자랑스러워요."

"미국이 내 나라는 아니지만, 나 역시 미국에 감탄한다네. 그런데, 에드. 우리가 방문한 여러 곳에서 뭔가 이상한 점을 눈치채지 못했나?"

"별로요. 어렸을 때 이후로는 워싱턴의 관광명소를 방문할 기회가 없었어요. 텔레비전을 만드느라 너무 바쁘게 살았나 봐요. 꼭 집어 말할 수 있을 정도로 변한 건 없어 보입니다."

"관광객들에게서도 이상한 게 없었나?"

"별로요. 예상했던 대로 어린 학생들이 많더군요. 딱히 주의를 끈 것은 없었습니다."

"우리가 줄을 서서 기다리는 동안 외국 억양을 들은 적이 있었나?"

"아니요."

"그럼, 일본 사람들이 사진을 찍는 모습을 봤나?"

"아니요."

"외국 관광객을 전혀 보지 못했나?"

"그런 것 같아요. 그런데 그게 이상한가요?"

"아, 그렇지. 수입이 금지되지 않았던 옛날에는 워싱턴이 전 세계에서 온 사람들로 가득 찼네. 뉴욕의 거리들도 가난하든 부자든 외국 관광객들로 차 있었고. 세계에서 가장 아름다운 도시 중의 하나인 샌프란시스코도 항상 외국 방문객을 끌어들였지. 하지만 이제 더 이상 그렇지 않다네."

"왜죠?"

"외국 관광객은 호텔 요금이나 식당 요금을 어떻게 내겠나?"

"글쎄요. 여행자 수표나 현금이겠죠."

"그런데, 에드. 호텔과 식당은 달러만 받는다네. 도쿄 사람들, 프랑스 사람들, 영국, 독일 사람들은 어떻게 달러를 구하겠나?"

"자기네 은행에 가서……."

"하지만 그 은행은 달러를 어디서 구하겠나? 은행은 미국 달러를 프랑이나 엔, 또는 파운드와 바꾸려는 미국인이 있어야만 달러를 얻을 수 있네. 만약 외국 상품의 미국 수입이 허용되지 않으면, 미국인들은 수출을 위해 달러를 사용하지 않을 거야. 미국인들이 수출하는데 달러를 쓰지 않으면, 외국 은행들은 자기 국가의 돈과 맞바꿀 달러가 없겠지."

"저는 그런 식으로 관광을 생각해본 적이 없는데요."

"관광객이 미국에서 구매한 물건은 사실상 수출품이라 할 수 있네. 어떤 외국인 관광객이 뉴욕 호텔에서 하룻밤을 보내는 것은 운송비를 지불하지 않고 해외에 물건을 보내는 것과 같아. 식당 음식도 마찬가지야. 외국인 관광객이 먹은 식당 음식은 해외에 음식을 보낸 것과 같다네. 외국 관광객의 지출은 상품과 서비스를 재미있는 방식으로 수출한 것이네. 외국으로 음식을 보내는 대신, 외국인이 미국까지 와서 음식을 고른 거라네. 그 관광객이 화물 운임을 지불하는 셈이지."

"서비스를 수출한다는 개념이 낯설게 느껴지네요."

"그렇긴 해도, 상당히 중요한 개념이라네. 대학 교육이 그런 수출의 특이한 예지. 미국에는 세계 최고의 대학들이 있네. 자유무역하에서는 외국 학생들이 그 서비스를 누리기 위해 미국으로 유학을 오지. 무역이 이루어지지 않으면, 그 학생들은 미국 교육을 받기 위해 지불할 달러를 갖지 못하게 돼. 자네 딸 수전이 경영학 석사학위를 딴 세인트루이스 주의 워싱턴대학에서는……."

"수전이 경영학 석사학위를 땄다고요?"

"그렇다네. 워싱턴대학 경영학과에는 해외에서 온 유학생들이 많다네. 사실 수전은 국제사업추진 클럽의 회장이었지. 수전은 일본에서 강연자를 초청한 적도 있고, 1학년에서 2학년으로 올라가는 여름에는 홍콩에서 인턴으로 일하기도 했네."

"수전이 홍콩에서 여름을 보냈다고요?"

"자유무역 세계에서는 그랬네. 자유무역이 없다면, 글쎄……."

"글쎄라뇨?"

"좀 기다려보게. 곧 수전을 보게 될 거야. 중요한 점은, 외국 학생들과 어울리다 보니 수전의 세계관이 풍부해졌고 그 아이의 시야가 중서부 너머로까지 넓어지면서 결국엔 태평양 저편까지 볼 수 있었다는 사실일세. 그 덕분에 수전은 자유무역하에서 매스트 인더스트리스(Mast Industries) 사와 리미티드(The Limited) 사에서 일할 수 있었던 거야. 자네는 외국 학생들과 함께 공부하는 환경이 세상을 얼마나 친밀한 곳으로 만드는지 상상할 수 있을걸세. 그리고 미국을 방문하는 외국 관광객과 외국을 방문하는 미국 관광객들이 어떻게 국가들 간의 관계를 증진시키는지도 말일세."

"이제는 미국을 방문하는 관광객이 없습니까? 외국을 방문하는 미국인들도 없고요?"

"약간 있긴 하지. 여행할 여유가 있는 미국인들이 외국에 머무는 동안 약간의 달러를 공급한다네. 그러면 그 달러가 미국을 방문하고 싶어하는 관광객들에게 자금원이 되어주지. 하지만 그들이 달러를 구할 수 있었다고 해도 정부는 외국인 방문객과 이민자 수를 제한할 수밖에 없었네."

"정부가 왜 그런 일을 해야 했죠?"

"밀수 때문이야. 외국 상품 수입이 금지되면, 상품의 질이 떨어지고 가격은 올라가네. 상품이 점점 비싸지지. 이로 인해 수입품 암시장이 생기게 되는데, 외국인들이 관광객을 가장하여 미국에 온다네. 그들의 실제 목적은 값싼 외국 상품을 미국인들에게 팔아서 미국 달러를 얻고 그 돈으로 미국 상품을 사는 거야."

"이봐요, 데이브. 관광객으로 미국에 들어오는 사람들이 얼마나 많은 물건들을 갖고 들어올 수 있겠어요?"

"자네가 상상하는 것보다 훨씬 많다네. 많은 상품들이 멕시코와 캐나다 국경을 넘어 들어왔네. 그리고 밤에는 미국 해안선을 따라 보트들이 상륙하고. 사람들은 상품을 밀수해서 그 돈으로 미국 상품을 사거나 잠시 관광객으로서 미국 생활을 즐긴다네. 그렇게 해서 이익이 남는다는 것을 기억하게나. 커피를 미국으로 몰래 갖고 들어오면 돈이 될 것 같지 않나? 셔츠를 몇 개 더 입어서 밀수하면? 다이아몬드는 또 어떻겠나? 정부는 밀수 방지를 위해 많은 인력을 투입해야 했네. 그 비용을 절약하기 위해 합법적인 미국 입국을 제한하는 온갖 규제를 동원했지. 그래서 지금 미국에 관광객이 많지 않은 걸세. 그리고 외국에 갖고 갈 외화를 가진 미국인들도 그리 많지 않고. 그러니 미국인들이 워싱턴으로 자주 여행을 갈 수밖에."

"슬픈 일이네요."

"그래. 많은 호텔과 식당들이 망했다네."

"사람들 간에 왕래도 별로 없겠네요. 그건 별로 좋은 일이 아닌데요."

"나도 그렇게 생각하네. 내가 무사히 세관을 통과시켜줬으니 자네는 운이 좋은 거야. 특별 비자를 가진 거지."

우리는 아무 말 없이 앉아 워싱턴의 스카이라인을 형성하고 있는 기념탑들을 쳐다보았다. 그때 좋은 생각이 떠올랐다.

"에드, 본론으로 돌아가기 전에 한 군데 더 들러보세."

"좋죠. 그런데 어디로 가시게요?"

"눈을 감았다 떠보게."

"데이브, 여긴 영국 아니에요? 저기 정말로 영국 술집이 있네요! 늘 영국 술집에서 맥주 한 잔 마시는 게 꿈이었는데. 어떻게 맥주 한 잔 마실 방법이 없을까요?"

"가보게나. 직접 달라고 해."

"돈이 안 될 것 같네요. 저한테는 미국 동전 몇 개밖에 없거든요. 데이브, 당신은 몇 파운드쯤은 갖고 있지 않아요? 그 돈으로 한잔할 수 있을까요?"

"돈은 더 이상 내 전공이 아닐세. 하지만 무슨 일이 일어날지 지켜보자고. '술집으로 직행하자'라는 말 그대로군. 무슨 일이 일어날지 보세나."

우리는 술집 안으로 들어갔다.

"여긴 황량하네요, 데이브. 아무도 없어요. 술통 마개도 다 말랐고……."

"실망시켜서 미안하네, 에드."

"섬뜩한 느낌까지 드는데요? 여기가 런던의 빈민가인가요?"

"일단 밖으로 나가서 둘러보세나. 아마 우리 위치를 확인할 수 있을 거야."

우리는 햇빛이 밝게 비치는 쪽으로 다시 걸어 나왔다. 자갈이 깔린 꾸불꾸불한 거리 위에 있는가 싶었는데 갑자기 공터가 나타났다.

"여긴 어딥니까? 저기 인공 호수 건너편에 웃기게 생긴 저 탑은 또 뭔가요?"

"에펠탑 같은데."

"하지만 에펠탑은 프랑스에 있지 않습니까, 데이브? 저 이상한 건물들은 뭔가요? 무너져 내리고 있네요. 저게 뭐죠?"

"이곳은 엡콧 센터(Epcot Center)라고 알려졌던 곳이네. 월트 디즈니 사에서 지었는데, 엄청난 관광명소였다네. 미국뿐만 아니라 전 세계의 관광객들이 이곳을 보러 몰려왔지. 이쪽은 세계 전시관이라 불렸어. 전 세계 국가들이 자기 국가의 특징을 표현하는 특설 건축물을 세웠다네. 그리고 자네 주위를 둘러싸고 있는 스크린에서는 영화가 상영되었고, 각국의 전통과 예술, 음식, 술을 특별히 전시했지. 미국이 다른 나라들과의 무역을 중단하자, 외국 관광객들의 발길이 끊겼다

네. 처음에는 엡콧 센터가 일종의 르네상스를 맞이한 듯했어. 미국인들이 외국에 나갈 수가 없으니까 이국적인 풍물에 대한 갈증을 해소하기 위해 이곳을 찾았기 때문이었지. 하지만 디즈니 사는 결국 많은 손해를 입고 문을 닫았어. 누구도 이곳에 더 이상 관심을 갖지 않는다네. 그러니 다 무너져 내리는 거지."

"소름이 끼치네요."

"호수에 햇빛이 반짝이던 시절에 자네가 여기 왔었어야 했는데. 일본 건축물 앞에서는 한 일본인 예술가가 유리 같은 것을 입으로 불어서 동물과 물고기 모양을 만들었지. 섬세한 작품이 완성될 때마다 그는 자기 주위에 넋이 빠진 채 모여 있는 아이들에게 그것들을 나눠주곤 했다네. 그런데 사실 그건 유리가 아니라 캐러멜이었어. 그 아이들에게는 얼마나 달콤한 딜레마였겠나. 또 여기 영국 거리에는 가두극장이 있었네. 그리고 따뜻한 영국 맥주가 흘러내렸고. 내가 말하려는 건……."

"그만하세요, 데이브. 다시 스타 시로 돌아가시죠."

"그러지."

우리는 스타 시로 돌아왔다. 에드는 여전히 괴로워하고 있었다.

"데이브, 당신은 너무 흑백논리로 말하는 것 같아요. 관세와 쿼터가 일자리를 만들지 못할 수도 있겠지요. 하지만 외국과의 경쟁으로부터 특정 산업을 보호해야 할 다른 이유도 있습니다."

"예를 들면?"

"국가 안보입니다. 미국은 군사적으로 중요한 것에 대해서는 외국에 의존하기를 원치 않습니다. 그들이 미국을 협박할 수도 있으니까요."

"전시에는 어떤 종류의 제품이 중요한가?"

"철강입니다."

"철강은 예전만큼은 필수적이지 않네. 티타늄이 더 중요하지. 하지만 미국의 철강 생산업체들이 지치지도 않고 보호무역주의를 요구하는 모양새니 일단 철강 문제를 생각해보자고. 미국의 안보가 철강에 달려 있다고 해도, 지금 여러 나라에서 철강이 수입되고 있지. 그들 중 몇 나라가 우리의 우방이라면 값싼 외국산 철강 수입을 금지하는 것은 필요하지 않네. 전시에 모든 철강 생산업체들이 미국의 적이 된다는 것은 상상하기 힘드니까. 그건 그렇다 치고. 자네는 전시에 철강을 문제없이 생산해내려면 어느 정도 규모의 철강 산업이 필요하다고 생각하나? 제2차 세계 대전에 미국은 전시 동원령으로 철강생산을 어마어마하게 증강할 수 있었네. 그리고 그 사이에 미국은 이미 어마어마한 수의 비행기와 탱크를 비축해놓았을 거고."

"데이브, 당신은 우리가 전쟁에서 싸울 수도 있는 적국으로부터 철강을 수입하는 경우라면 관세를 부과하는 것이 정당화될 수 있다고 인정하시는 겁니까?"

"발생 가능성이 높지 않지만, 이론적으로는 그렇다네. 실제로 그런 협박의 위협을 피하려면 국가 전체나 민간 차원에서 전략적으로 비축해두는 게 더 현명할 거야. 하지만 분명 여러 산업의 기업가들이 자신들 제품이 국가 안보에 필수적이라고 국민들을 설득하려고 기를 쓸걸세."

"어떤 산업이 막 시작 단계일 때 보호가 필요하다는 주장은 어떻습니까? 보호가 없으면 그 산업은 외국과의 경쟁 때문에 무너지고 말 것입니다. 그 산업이 성장한 뒤에는 관세나 쿼터를 없앨 수 있겠죠."

"아, 그 유치산업 보호 논쟁(infant industry argument)이군. 실제로 모든 기업과 산업이 처음에는 손해를 보네. 투자라는 게 원래 그런 거지. 내일 더 큰돈을 벌기 위해 오늘 돈을 포기하는 거야. 나중에 번 돈은 시작할 때 잃은 돈을 메워줄 수도 있고 아닐 수도 있네. 번 돈이 많아지면, 보호가 필요 없어지지. 나중에 번 돈이 초기의 손실을 벌충하지 못한다면, 보호는 잘못된 거라네. 애초에 투자하지 말았어야 할 사업을 보호한 셈이니까."

"하지만 외국 경쟁사들이 가격을 낮추는 바람에 초기의 손실을 감당할 수 없게 된다면 어떻게 합니까? 상황을 공정하게 만드는 관세의 도움이 없다면, 그 기업들은 어떻게 시작할 수 있습니까?"

"에드, 외국 경쟁사들이 미국의 창업기업을 기도 못 펴게 만들 작정이라는 것은 이론적인 가능성에 불과하네. 이런 경우라도 외국 경쟁사들은 가격 인하로 인해 늘어난 제품 수요를 모두 흡수하는 데 필요한 막대한 손실을 기꺼이 견뎌내야만 하네. 만약 그렇지 않으면, 그 미국 경쟁사가 더 높은 가격에 제품을 팔 수 있으니까 말이야. 그런데 그런 일이 한 번이라도 일어났다는 증거가 어디 있는가? 미국 기업이 생산을 시작했다가 외국 경쟁사들의 잔인한 가격 인하 전략에 직면하여 결국 포기하고 그 후에 그 외국 경쟁사들이 다시 가격을 올린 적이 있었나? 이런 주장이 실증적으로 지지를 받으려면, 자네는 실험도, 입증도 전혀 불가능한 주장을 해야 하네."

"네?"

"외국 경쟁사들의 위협이 너무 교활하고 음모적이고 효과적이기 때문에 미국 기업들이 애초에 탄생조차 하지 못했다고 주장해야 한다는 얘길세. 밀턴 프리드먼(Milton Friedman)이 지적했듯이, 모든 기업인들은 자유시장을 선호하면서도 자기 산업만은 국익을 위해 정부의 개입이 정당화되는 특별한 상황에 처해 있다고 주장한다네. 하지만 가끔은 학계의 경제학자들조차 적어도 이론적으로는 보호무역주의를 지지하는 사례를 제시하기도 한다네."

"그럼 그중 한 가지를 먼저 들려주시겠어요?"

"미국처럼 거대한 국가를 생각해보게. 어떤 제품에 대한 수요가 세계 시장의 상당한 부분을 차지하고 있는 국가 말일세."

"텔레비전의 경우를 예로 들죠."

"그렇지. 적어도 특정한 시기에는 그랬으니까. 보호무역주의에 대한 논거는 다음과 같이 전개된다네. 만약 미국이 텔레비전에 대한 수요가 아주 큰 국가라면, 미국인들의 텔레비전 수요를 감소시키는 관세가 실제로 텔레비전 가격을 떨어뜨릴 수 있다는 주장이야."

"세금이 가격을 떨어뜨린다고요?"

"소비자에게 제시되는, 관세가 포함된 전체 가격은 아니라네. 그 가격은 여전히 상승하지. 하지만 관세가 부과되기 전의 텔레비전 가격은 실제로 하락할 수 있네. 이번에도 텔레비전이 처음에 250달러에 팔렸다고 해보자고. 25달러의 관세를 부과하면, 대개는 가격이 275달러로 오르겠지. 이것은 다른 나라에서의 텔레비전 가격은 영향을 받지 않고 250달러에 머문다고 가정한 거야. 세계의 다른 모든 곳에서 가격이 250달러로 유지되기 때문에 미국에서의 가격은 25달러의 관세가 부과되면 275달러로 오르는 거야. 그렇지 않으면 외국의 판매업체들은 미국에 텔레비전을 수출할 생각이 없겠지."

"맞는 말이네요."

"하지만 미국이 전 세계 텔레비전 시장에서 충분히 많은 부분을 차지하고 있다면 관세의 총액만큼 가격이 오르지는 않을걸세. 이 경우에 미국이 관세를 부과하면 미국의 텔레비전 판매량은 감소하지. 그러나 미국이 세계시장의 많은 부분을 점유하고 있다고 가정하고 있기 때문에 이러한 감소는 전 세계 판매량의 현저한 감소를 의미하네. 외국 생산업체들은 미국에서 팔던 텔레비전을 다른 나라에서 팔려고 노력할 거야. 미국이 세계시장의 적은 부분을 차지하는 경우에는 가격을 내리지 않고도 다른 나라에서 텔레비전을 판매하기가 쉽지. 하지만 미국에서 줄어든 판매량이 세계시장의 많은 부분을 차지한다면, 외국 업체들은 전과 같은 수의 텔레비전을 팔기 위해 가격을 내릴 수밖에 없을걸세. 따라서 텔레비전은 전 세계적으로 가격이 싸질 거야. 미국의 시장 규모가 줄어들면서 전 세계 텔레비전 수요가 감소함에 따라 텔레비전 가격은 240달러 정도로 하락할 수 있지. 따라서 25달러의 관세를 부과하면, 가격은 275달러 대신 265달러에 불과할 거야.”

“하지만 소비자들은 여전히 궁핍해지는 것이 아닌가요?”

“그렇지. 소비자는 15달러만큼 궁핍해지겠지만, 미국은 관세 부과로 텔레비전 한 대당 25달러의 세입을 얻게 되니까 텔레비전 한 대당 10달러의 순이익을 보게 되네. 기본적으로 미국은 판매업체들 사이에 형성된 전형적인 카르텔(기업담합형태)이 아니라 소비자 카르텔처럼 행동해왔어. 판매업체 카르텔은 가격을 올리기 위해 공급을 억제하지. 이 경우에 미국은 가격을 떨어뜨리기 위해 수요를 억제하는 거야.”

“그럴 듯하게 들리네요.”

“이런 카르텔이 매력적이었기 때문에 프랜시스 에지워스(Francis Edgeworth)라는 위대한 경제학자는 관세를 찬성하는 이러한 논거를 구급상자에 넣되 ‘독약’이라 써 붙여야 한다고 말했네.”

“왜죠, 데이브?”

“이론적으로는 유익하지만, 실제로 그런 이익이 실현되리라는 보장이 없거든.”

“왜 그런가요?”

“여러 가지 이유가 있네. 자네는 전 세계 텔레비전 가격에 자신이 영향을 미칠 수 있다고 생각하겠지만, 실제로 자네의 영향력은 아주 하찮은 수준이라네. 대부분의 국가들, 심지어 미국도 어떤 상품의 세계 수요에 미미한 영향을 미칠 뿐이라네.”

"하지만 한 국가에서 수요가 감소하면, 전 세계적으로 적어도 조금은 가격이 떨어지지 않을까요?"

"아마 아닐걸세. 사과 값이 너무 비싸다고 생각해서 자네가 더 이상 사과를 먹지 않는다고 생각해보세. 슈퍼마켓에서 판매되는 사과 값은 어떻게 되겠나?"

"전혀 변화가 없지요."

"바로 그거야. 세계 사과 시장에서 자네의 수요를 뺀다고 해도 시장은 별로 영향을 받지 않기 때문이지. 이번엔 일리노이 주 주민 모두가 사과를 먹지 않는다고 가정해보게. 사과 가격에 어떤 영향이 미치겠나?"

"모르겠습니다."

"이번에도 답은 전혀 영향이 없다는 거야. 일리노이 주민들이 사과 시장에서 정말로 적은 부분만을 차지하고 있기 때문에 그들의 수요를 빼더라도 가격에는 미미한 영향밖에 미치는 못하는 거야."

"하지만 데이브. 만약 미국사람들이 사과를 안 먹으면, 가격은 내려가지 않을까요?"

"어쩌면 그럴 수도 있지. 하지만 그와는 다른 결과를 보여주는 예를 하나 들어보겠네. 자네는 미국 정부가 정부활동에 쓰기 위해 돈을 빌린다는 사실을 알고 있나?"

"물론이죠. 그 생각을 하면 걱정이 많이 됩니다. 나랏빚이 너무 많아요."

"자네에게 한 가지 알려주자면, 국가 부채는 더 많아질걸세. 실제로 1960년 이후로 미국 정부의 1년 부채가 4천억 달러를 넘은 적이 여러 번 있었네."

"부채 때문에 미국은 불황에 빠졌겠군요!"

"왜 그렇게 생각하지?"

"국민들이 국채를 구입하게 만들려고 금리를 올렸을 겁니다. 그러니 민간투자는 전혀 이루어지지 않았겠죠."

"사람들은 그렇게들 말했지. 하지만 미국 정부의 부채가 많을 때 금리는 대단히 낮았다네."

"어떻게 그럴 수 있습니까?"

"4천억 달러가 상당히 큰 액수처럼 보이지만 세계 차입 금융시장의 맥락에서 보면 그리 큰 액수가 아니기 때문이지. 미국은 그 돈을 빌렸고, 금리는 거의 변하지 않았어. 같은 이유로, 미국에 수출되는 텔레비전에 관세가 부과되어 미국 내 텔레비전 수요가 감소하고 다시 세계 수요가 위축된다고 해도, 전 세계적으로 텔레비전 가격은 250달러에서 변하지 않을 수도 있네."

"하지만 어떤 상품에 대한 미국의 수요가 전 세계 수요에 영향을 미칠 정도로 크다면, 관세는 미국에 좋은 것 아닙니까?"

"그렇게 성급하게 말하지 말게. 그런 경우라도 자네는 정부를 깊이

신뢰해야 하지. 정부는 두 가지 일을 잘해야 하네. 첫째로, 관세가 세계 가격에 미치는 영향을 예상하는 데 능해야 하지. 만약 정부가 너무 과대한 관세를 책정하면 어떻겠나? 높은 관세는 미국 소비자가 지불하는 가격을 급격하게 올려서 미국의 수요를 크게 감소시키고 급기야는 세계 수요까지 격감시킨다네. 텔레비전 가격은 떨어질 것이고 정부는 관세 세입을 얻게 되겠지. 하지만 소비자는 더욱 비싼 가격을 지불하게 되고, 텔레비전 보유량은 줄어들겠지. 결국 소비자가 피해를 보는 거야. 너무 높은 관세를 부과하면 그로 인한 피해가 다른 미국인들이 관세 세입에서 얻는 이익보다 더 클 수 있네."

"그런 일은 쉽게 방지할 수 있을 것 같은데요. 그냥 너무 높은 관세를 부과하는 일이 없게 하면 되지요."

"말이야 쉽지. 만약 '낮은' 관세를 책정했는데도 관세가 미국의 수요에 미치는 영향이 충분히 크다면, 피해는 똑같이 막심할 수 있네."

"그러니 관세의 영향이 어떨지 확실하게 예상할 수 있어야겠군요."

"그렇게 하기는 쉽지 않다네. 그런데 설상가상으로 관세를 높게 책정되게 만들려는 사람들이 있다네. 자네는 그들이 누군지 짐작하겠나?"

"저 같은 국내의 텔레비전 생산업자겠죠."

"그렇지. 국내의 생산업자들은 미국이 높은 관세를 매기고 그 기회를 이용하여 외국인들로부터 세입을 얻어내는 게 얼마나 중요한지 부단히 이야기할 거야."

"그래요. 그러니 로비스트들을 조심해야 합니다."

"유감스럽게도 그것만이 문제가 아니라네."

"그럼 어떤 문제가 또 있습니까?"

"정부는 텔레비전 한 대당 받아낸 25달러를 현명하게 쓰도록 확실히 해야 하네. 그렇지 않으면 미국이 얻은 순이익은 사라질 거야."

"하지만 그 상품에 대한 미국의 수요가 충분히 크고, 관세도 적정 수준에서 책정될 뿐만 아니라, 정부가 현명하게 그 돈을 쓴다면, 그때는 관세가 유익한 효과를 낼 수 있겠네요?"

"그렇지. 한 가지 사소한 세부사항만 빼고는 그렇다네."

"사소한 세부사항이요? 그 항목의 중요성에 대해 빈정대시는 것처럼 들리는데요."

"미안하네. 자네 말이 맞아. 그것은 결코 사소한 사항이 아니니까. 앞서의 논거는 미국이 다른 나라의 어떤 상품에 관세를 부과할 때 그 나라가 어떠한 조치도 취하지 않는다고 가정하고 있어. 외국 생산업체가 미국산 상품에 관세로 보복하지 못하게 만들 방법은 없다네. 미국이 처음에 신중하게 관세를 부과했다고 해도 그 보복으로 인해 미국은 전보다 안 좋은 상태가 될 수 있네."

"어떤 국가의 어떤 상품에 대한 수요가 전 세계 수요에서 상당한 부분을 차지하고 있어서 관세를 찬성하는 주장이 있더라도 그 관세가 역효과를 불러일으킬 수 있다는 얘기시죠? 그렇다면 학자들이 보호무역주의를 찬성하는 다른 논거가 있습니까?"

"일부 학자들은 전략적 무역정책을 주창한다네. 그들은 특별히 시장의 선발주자가 되도록 정부가 반드시 도와주어야 할 중요한 산업이 존재한다고 주장하네."

"시장에 처음으로 진입하는 것은 중요하지요."

"때로는 그렇지. 하지만 가끔은 후발주자가 되는 게 더 나을 때도 있네. 더 정확히 말하면, 때로는 선발주자가 아니라는 점이 불리한 조건이 아니라네. 하지만 특정 산업이나 상품의 경우에는 선발주자가 되는 게 유리하다고 생각할 수는 있지."

"그것이 보호무역주의와 무슨 관계가 있습니까?"

"두 나라에 어떤 기술을 시장에 도입하려고 경쟁 중인 회사가 각각 있다고 가정해보세. 이 경우에 자네는 정부가 자국 내 업체를 지원해주고 보호무역주의 정책으로 외국 업체를 혼내줘야 한다고 주장할 수 있겠지. 그렇게 하면 국내 업체는 경쟁에서 일찌감치 높은 시장점유율을 확보할 수 있을 거야. 특히 첨단기술제품은 다른 많은 제품의 탄생에 도움이 되기 때문에, 다른 나라들이 시장지배를 통해 그 기술에서 파생되는 제품들을 향유하지 못하도록 미국이 첨단기술제품에서 확실히 우위를 지켜야 한다고 주장한다네. 세계시장에 공급자가 하나밖에 존재할 수 없는 첨단기술제품의 경우에 이러한 주장은 특히 더 일리가 있지."

"상당히 이치에 맞는 말인 것 같네요. 이것이 국제 경쟁에서 정부가 해야 할 역할을 옹호하는 타당한 주장입니까?"

"아마도."

"그게 아니면요?"

"몇 가지 따져봐야 할 문제들이 있다네. 그들이 말하는 대로 첨단기술제품이 여러 가지 '파급효과'를 초래할지 어떻게 알 수 있나? 언제 유일한 공급업체만을 위한 기회가 생길지 어떻게 알 수 있나? 선발주자가 되는 것이 그처럼 이익이 되는지 확신할 수 있나? 제품이 어떻게 될지 지켜보는 게 더 낫지 않을까? 그리고 마지막으로, 정부가 자금과 특혜를 제공할 때 정부가 제대로 제품을 선택하여 보호하리라고 어떻게 확신할 수 있는가? 국민의 전체적인 복지에 대한 관심보다 정치적 영향력이 더 중요한 역할을 할지도 모르니 말이야."

"좋습니다. 그럼 그 질문에 대한 답은 있습니까?"

"경제이론에 근거하면 답은 없다네. 그래서 나는 이번에도 실증적인 관찰을 해보는 게 낫겠다고 생각하네. 예를 들어, 1970년대에 프랑스 정부와 영국 정부는 초음속여객기(supersonic transport, SST)라 불리는 엄청난 기술을 개발하기 위해 팀을 구성했어. 자네는 이해하기 힘들 정도의 속도로 뉴욕과 런던을 비행하도록 설계된 비행기였네."

"저는 비행기를 타고 런던에 가본 적이 없습니다."

"이 비행기가 설계 단계에 있을 때, 일반적인 제트기는 뉴욕·런던

간을 7시간 정도에 비행했네. 초음속여객기 프로젝트의 결실은 콩코드라 불리는 비행기였지. 콩코드 비행기는 3시간 반 만에 비행할 수 있었네."

"정말 엄청나군요. 런던과 뉴욕을 오가며 사업하는 사람들에게 얼마나 시간이 절약되고 생산성이 높아질지 생각해보세요. 콩코드 비행기는 정부가 지원한 기술 개발이 성과를 올린 사례 같군요."

"어떤 면에서는 우리가 지금 이야기하고 있는 시장 유형을 보여주는 교과서적인 사례라고 볼 수 있네. 뉴욕과 런던 사이를 3시간 반 만에 비행하길 바라는 사람들을 위한 시장은 상대적으로 작다네. 콩코드 비행기는 아마도 선발주자이기 때문에 시장 전체를 독점하게 됐을 거야."

"독점이요?"

"어느 정도는 독점이었지. 7시간이 꼬박 걸리는 비행기들과 경쟁이 있긴 했지. 하지만 런던이나 뉴욕에 빨리 도착하고 싶은 사람이라면 콩코드를 타야 했어. 그렇지 않으면 자신의 영혼을 구하기 위해 임무를 수행 중인 죽은 영국 경제학자를 알게 되겠지."

"그래서 그게 어떻게 됐습니까, 데이브? 콩코드는 성공했습니까?"

"그 비행기를 타고 여행한 사람들에게만 그런 셈이지. 투자자, 영국 및 프랑스의 납세자들에게는 완전한 재난이었어."

"하지만 콩코드가 시장을 독점했다면서요."

"그렇긴 하지만 콩코드가 비행 비용을 충당하기 위해 부과해야 한 비행기 요금에 비하면 그 시장이 너무 작았어. 콩코드가 독점을 한 것도 맞고, 영국과 프랑스가 다른 어떤 국가보다 앞서 그 기술을 실행한 것도 맞아. 하지만 불행히도 그 투자는 심히 잘못된 경우였어. 선발주자가 되면 보상이 따르지만, 그 보상은 비용을 충당하고 남을 정도로 커야 하네. 그렇지 않으면 형편없는 투자가 되지."

"그 투자가 얼마나 잘못되었습니까?"

"그 비행기는 1962년에 구상되었지만, 1976년이 돼서야 비행을 했네. 1976년까지의 투자액은 43억 달러였어. 1983년이 돼서야 수익이 운영비용을 메웠지만, 그 이전에 발생한 손실을 감안하면 투자액을 되찾을 방법이 없었네. 차라리 그 돈을 은행에 넣어두었으면 더 나았을 거야. 마침내 그들은 2003년에 두 손을 들었어. 콩코드는 이륙할 수 없었어. 이제는 박물관에서 볼 수 있고, 더 이상 비행하지 않지."

"무슨 말씀인지 알겠지만, 그것은 한 가지 예일 뿐인데요."

"다른 예를 들어보지. 하지만 우선 콩코드 사례의 심각한 문제를 주시해야 하네. 콩코드에 들어간 돈은 영국과 프랑스의 납세자들로부터 나왔네. 그들은 암묵적으로 투자를 했고 결국 손해를 보고 말았지. 그 두 나라의 전형적인 납세자의 모습이 어떨 것 같나?"

"잘 모르겠는데요."

"나도 모르네. 하지만 전형적인 납세자들은 중산층에 속할 거야. 그럼 콩코드를 타고 다니는 여행자들은 누구라고 생각하나?"

"프랑스나 영국의 중산층 납세자는 아니겠지요."

"정답이네, 에드. 1999년에 콩코드를 타고 뉴욕과 런던을 왕복하려면 1만 달러 이상을 요금으로 지불해야 했네. 더 느린 비행기를 탈 때보다 일곱 배는 더 비쌌지. 부자들 중에서도 정말 부자인 사람들만이 자기 시간이 아주 가치 있다고 생각하거나 콩코드기를 타보는 게 진기한 일이라고 생각하니까 그런 높은 요금을 낼 수 있는 거야. 그런데 그 비싼 비행기 요금도 그 비행에 드는 실제 비용을 충당하지 못했네. 제대로 가격을 매기려 했다면 운영비용은 물론, 초기 연구비와 개발비용까지 모두 포함했어야 했네. 보통의 납세자가 부자 여행자에게 여비를 보조해주고 있었던 셈이지."

"그 문제를 해결할 수 있었을 텐데요, 아닙니까?"

"어떻게?"

"여행객에게 세금을 부과하는 방법이 있지요. 그리고 그 세수를 납세자를 위해 쓰면⋯⋯."

"우리 대화에서 탄생한 또 다른 우회적인 아이디어구만. 흥미롭네. 물론 사기업에서 가격은 정확히 같은 일을 하지."

"어떻게 그렇습니까?"

"사기업들은 왜 콩코드 기술에 독립적으로 투자하지 않았을까? 왜 정부 보조금을 받아서 투자의 수익성을 확보했을까? 정부 보조금이 없었으면 그 프로젝트는 수익이 나기 힘들었네. 어떤 프로젝트가 수익성이 없다는 것은 무엇을 의미할까? 그 말은 소비자에게 부과할 수 있으리라고 기대하는 가격이 프로젝트 비용을 충당할 만큼 높지 않다는 얘기라네. 가격이 비용을 충당할 정도로 높으면, 돈을 내도록 강요받는 제3자가 아니라 그 상품의 사용자가 자신이 즐기는 이득에 대해 돈을 지불하네."

"하지만 가격이 비용을 충당하지 못하는데 영국과 프랑스 정부는 왜 그 프로젝트에 참여했습니까?"

"냉정하게 말하면, 두 국가의 정부들은 국가 전체에 발생하는 비용과 이득보다는 자국 항공사들의 요구에 더 관심을 기울였던 거지. 그리고 조금 관대하게 설명하면, 비용 및 예상가격에 대한 산정이 사기업들의 산정과 차이가 났거나 두 정부가 그 기술이 초래할 수 있는 국가적 이익을 기대했기 때문이라 할 수 있겠지."

"왜 그 두 정부는 비용과 예상 가격을 그토록 형편없이 산정했을까요?"

"그들이 무엇 때문에 그렇게 정확하게 산정하려 하겠나? 그들에겐 얼굴을 마주할 주주들이 없고 납세자들만 있을 뿐인데. 납세자들은 사기업의 투자자들보다도 의지할 데가 없다네."

"그 기술의 이익들 중에 실현된 것이 있었나요?"

"눈으로 보이는 것은 아무것도 없네. 실제로 자네도 지금쯤은 확실히 알겠지만, 이 프로젝트의 순 효과는 영국과 프랑스 국민들을 더 가난하게 만든 것이라네. 이러한 사례에서 늘 그렇듯이 이익을 본 사람들은 있었네. 하지만 시민들이 얻은 순 효과는 영 신통치 않았네."

"하지만 정부의 기술 투자가 성공한 경우가 분명 있지 않나요?"

"콩코드보다 결과가 더 좋은 경우가 있긴 했지. 유럽 국가들은 에어버스의 창업을 지원했지. 에어버스는 콩코드 비행기보다는 느리지만 수익성은 더 높은, 조금 더 전통적인 비행기를 만들었네."

"그래서 에어버스는 유럽 사람들에게 이익이 되는 투자였나요?"

"그건 대답하기가 더 어려운 질문이네. 확실히 에어버스는 미국의 보잉 사나 맥도넬 더글러스 사와 어깨를 겨눌 유럽 항공기 회사가 되었지."

"그건 유럽에 좋은 일이었겠는데요?"

"항공기 사업 부문의 경쟁은 거의 모든 사람들에게 이익이 되네. 그러나 기술투자에서 발생할 거라던 이익이 에어버스 보조금 때문에 생긴 경우는 거의 없었어. 유럽에 항공기 조립 일자리가 유지되었다는 것이 주요한 영향이었지."

"하지만 경쟁 덕분에 새로운 항공기 가격이 하락하지 않았습니까?"

"물론 그랬지. 하지만 에어버스가 없었어도 경쟁은 있었을 거야. 에어버스가 성공하자, 맥도넬 더글러스 사가 고전을 면치 못하다가 결국 보잉 사에 팔렸네. 2000년에 이르자, 새로운 대형 여객기 공급업체는 보잉 사와 에어버스, 이 둘만 남게 되었어. 만약 에어버스 사가 보조금을 받지 못했다 해도, 경쟁사는 그래도 둘이었을걸세. 에어버스 대신 맥도넬 더글러스였겠지만. 만약 그랬다면 미국에는 항공기 조립 일자리가 수천 개가 더 생겨났을 거고 유럽은 수천 개를 잃어버렸겠지. 유럽의 납세자들이 그러한 보조금을 통한 투자에서 어떤 종류의 이익을 얻었는지 알기는 힘들어. 하지만 항공기 제작이 한 국가의 번영을 좌우하는 열쇠라고 주장하기도 어렵다네. 더 나은 사례로 컴퓨터를 들 수 있네. 1980년대 말에 미국인들은 미국이 반도체, 즉 컴퓨터 칩 분야에서 일본에게 우위를 빼앗길까 봐 걱정했네. 컴퓨터의 핵심요소가 반도체라는 사실은 기억하고 있겠지?"

"그래서 미국 정부가 반도체 산업을 지원했습니까?"

"약간은. 미국 정부는 세마테크(Sematech)라는 연구소를 설립하고는 매년 연구소 운영비용의 절반에 해당하는 1억 달러를 지원했네. 나머지 반은 연구에 참여하는 기업들이 지불했고. 미국 정부는 자국의 반도체칩 공급업체들에게 일본 시장을 열어주려고도 했어."

"잘됐나요?"

"일본인들에게 미국산 칩을 구입하도록 권장했더니 컴퓨터 산업 자체가 피해를 입었다네. 처음에는 미국산 칩이 더 비쌌기 때문에 컴퓨터가 더 비싸졌거든. 1990년대 말에 이르자 미국 업체들, 특히 인텔이라는 업체가 컴퓨터 산업을 다시 지배했네. 결국 미국산 칩 가격은 극적으로 싸졌다네."

"세마테크 연구소가 도움이 됐습니까?"

"아마 아닐걸세. 그들의 노력은 사적 자금으로 이루어진 연구개발에 비하면 미미했네. 세마테크는 전체적인 연구개발을 강화시키기는 커녕 거의 영향을 미치지 못한 듯해. 관련 업체들이 세마테크가 기초연구를 하는 것을 알고는 그 부분의 연구를 부분적으로 축소했거든. 1990년대 말에 세마테크는 외국 연구원들을 받아들였지. 그 연구소는 너 이상 미국 산업정책의 도구가 되지 못했네."

"하지만 그 연구소가 어떤 목적에는 도움이 됐을 수도 있잖아요."

"그랬을 수도 있지. 하지만 그 연구소의 규모는 주창자들이 '산업정책'이나 '전략적 무역정책'이라 부르는 부분에서 진지한 실험이 될 만큼은 아니었네. 정부가 핵심 산업과 기술을 지원하는 것으로 가장 잘 알려진 일본이 1990년대 후반기에 장기적인 경기침체에 빠지자 그러한 개념들은 신뢰를 잃고 말았네. 그것들은 결국 예전의 자리를 되찾을 거야. 하지만 산업정책이나 전략적 정책이라는 개념이 회생하기까지는 한참이 걸릴걸세. 콩코드 비행기 같은 실수를 저지를 가능성, 더 심하게는 특별한 이익집단에 의해 정부가 악용될 가능성이 너무 커. 여기서 특별한 이익집단이란, 국가 전체보다 더 협소한 이익을 도모하는 행위를 정당화하기 위해 보호무역주의의 이론적 논거를 이용하려는 기업들을 말하네."

"잘 모르겠네요, 데이브. 제가 보기에 신기술은 위험이 수반되기 때문에 특별한 사례 같은데요."

"신기술은 본질적으로 위험이 수반된다네, 에드. 누가 그 위험을 가장 효과적으로 버텨낼 것 같은가? 회사인가, 주주인가, 아니면 납세자인가?"

"납세자라고 주장할 수 있는 시기가 분명 있겠지요. 미국 전체가 그 이익 중 많은 것을 갖게 될 때 말입니다."

"하지만 예를 들어 프랑스가 제일 먼저 기술을 차지한다고 해도, 대개의 경우엔 미국 전체가 그 이익을 얻을 수 있네. 미국 소비자들은 여전히 그 제품을 얻으니까. 미국이 그 산업에서 일자리를 얻지 못할 수는 있을 거야. 하지만 일단 산업이 시작된 후라면 그 산업에 미국을 진입하지 못하게 막는 게 무슨 소용이 있겠나?"

"당신이 스스로 답을 주셨네요. 그런데 그 산업에 한 회사가 들어설 자리밖에 없으면 어떻게 합니까? 그 회사가 미국 회사라면 미국에게 더 좋지 않을까요?"

"그 회사 노동자들에게는 더 좋겠지. 하지만 일반적으로 미국인들에게 더 좋다고 주장하기는 힘들어. 나도 그렇게 자주 거론되는 이런 업체가 현실에서 나타나기를 기다리고 있네. 내가 아는 유일한 경우는 콩코드 비행기야. 프랑스와 영국은 고속 세계일주 시장을 함께 통제했지. 하지만 이 시장을 지배하고 있다고 해서 프랑스나 영국이 엄청난 부를 얻은 것은 아니야. 어떤 기술 시장이 정말로 협소해서 하나의 생산업체만 존재할 수 있고 정부가 개입해서 어떤 업체가 시장의 선발주자가 될지 결정하는 사례를 다시 찾으려면 무척 힘들 거야. 그런데도 기업들은 공공선이라는 미명하에 외국과의 경쟁으로부터 자신들을 보호해주고 보조금을 달라고 끊임없이 정부에 요구하고 있네."

"그런데 데이브, 공정한 경쟁기반에 대한 생각은 어떻습니까? 다른 국가가 우리 상품의 수입을 금지하는데, 왜 우리가 그들의 상품을 수입해야 합니까?"

"누가 자네에게 성질을 부려 결국 본인에게 손해나는 짓을 하면, 자네도 공정성을 위해 똑같이 할 생각인가?"

"네? 뭐라고요?"

"다른 나라들이 우리 미국 상품의 수입을 금지하면, 그들은 스스로에게 피해를 주고 있는 거네. 그 나라들은 자기 국민들에게 그들이 소비하는 상품에 필요 이상으로 높은 가격을 지불하도록 강요하는 것이지. 그들은 더 싼값에 수입할 수 있는 상품을 직접 생산하기 위해 불

필요한 자원과 인력, 원료, 자본을 바치고 있는 거야. 미국도 미국 국민들에게 똑같은 희생을 강요해야 하나?"

"아뇨. 하지만 그래도 불공평하잖아요. 외국 회사들이 우리나라에 와서 물건을 팔게 놔둔다면, 그들도 미국 회사들이 그 나라에서 물건을 팔게 놔둬야죠."

"그건 불공평하다기보다는 잘못 생각한 것이라고 말하고 싶네. 그 전에 자네에게 먼저 물어볼 게 있네. 자네는 어떤 나라가 미국산 상품이나 서비스의 수입을 금지하고 있다는 것을 어떻게 알 수 있는가?"

"그들이 쿼터나 관세를 적용한 것을 알 수 있겠지요. 아니면 눈에 잘 보이지 않는 다른 무역장벽을 치던가 할 거고요."

"좋아. 그러면 자네는 전반적으로 그들이 미국 상품을 공정하게 대하고 있는지 여부를 어떻게 알 수 있는가?"

"그건 잘 모르겠습니다. 두 국가 간의 전체적인 무역 방식을 살펴봐야겠지요."

"자네와 내가 공정한 무역 문제를 논의하려 한다면, 우리는 미국이 무언가를 수입하는 세계를 생각해봐야 하네. 예를 들어, 프랭크 베이츠 의원이 대통령이 되지 않은 2005년에 미국은 중국과의 무역에서 2,000억 달러의 적자를 보았네."

"2,000억 달러라고요? 한 나라가 우리나라로부터 수입하는 상품과 서비스보다 2,000억 달러나 더 많게 우리에게 수출했다니요? 그 정도는 미국 경제의 절반에 가깝잖아요, 데이브!"

"2005년과 1960년의 미국 경제가 똑같은 규모였다면 그렇겠지. 1960년에 미국의 GDP는 5,000억 달러 정도였네. 무역이 이루어지는 2005년의 GDP는 12조 달러였고. 그러니 2,000억 달러 정도는 그리 많은 것도 아니지. 2005년에 미국의 총 무역 적자액은 7,260억 달러 였네."

"당신은 어떻게 그리 큰 액수에 태평할 수 있습니까? 거의 1조 달러에 가깝다고요! 이 사실이야말로 제 주장을 증명하는 것 아닙니까? 무언가 불공정한 일이 진행되었던 게 분명하다니까요."

"어쩌면 그럴 수도 있지. 그런데 말이야. 어느 특정한 해에 미네소타 주가 플로리다 주에서 몇 개의 오렌지를 수입할까?"

"잘 모르겠어요. 아마 많겠지요."

"그럼 자네는 플로리다 주가 미네소타 주에서 얼마만큼의 오렌지를 수입한다고 생각하나?"

"전혀 안 하죠."

"그럼 그건 불공평하지 않나, 에드? 플로리다 주도 미네소타 주가 플로리다 주에서 수입하는 만큼의 오렌지를 수입해서 미네소타 주를 도와야 하는 것 아닌가?"

"하지만 그건 말이 안 됩니다, 데이브. 미네소타 주는 오렌지를 전 혀 생산하지 않으니까요."

"자네도 알다시피 미네소타 주도 오렌지를 생산할 수는 있네. 온실을 짓고, 필요하다면 1년 내내 온실에 난방을 하면 상당히 많은 오렌지를 수확할 수 있을 거야. 물론 미네소타 오렌지는 무척 비싸겠지. 플로리다 주 주민들은 더 싼 가격에 자기 주에서 재배된 오렌지를 먹는 게 낫겠지. 그렇다고 해서 미네소타의 오렌지 생산자들이 플로리다 주민들에게 공정성을 내세우면서 미네소타 오렌지를 먹으라고 요구하지 못할 건 없네. 혹은 그보다 더하게 미네소타 주 오렌지 생산자들은 두 주의 오렌지 생산자들이 공정하게 경쟁할 수 있도록 플로리다 오렌지 생산자들에게 오렌지 밭에 에어컨을 설치하라고 요구할 수도 있고."

"그것은 잘못된 예 아닌가요? 단순히 한 제품만 보고 말할 수는 없잖아요."

"그렇지. 하지만 이 예는 불균등한 무역 흐름을 본질적으로 불공정하다고 보는 것이 얼마나 어리석은지 알려주네. 무역흐름은 불균등해야 하네. 미국의 어느 한 주를 선택하여 다른 주들과의 무역 상태를 살펴보면, 많은 적자와 흑자가 눈에 보인다는 점이 바로 내 요지일세. 그런데 주들 간에는 무역 장벽이 없지. 따라서 그 적자와 흑자만 봐서는 어떤 주에서 생산되는 상품이 공정하게 취급받고 있는지에 대해 아무것도 알 수 없다네. 같은 얘기가 국제관계에서도 적용이 되네. 미국이 모든 국가와 모든 상품에서 균등한 무역 흐름을 갖는다는 것은 말도 안 되는 소리네. 무역의 핵심은 전문화니까."

"하지만 다른 국가들이 우리에게 수입하는 것보다 우리가 그들에게서 7,260억 달러만큼 더 수입하고 있다면, 세계의 다른 국가들이 일반적인 의미에서 우리의 상품을 불공정하게 취급하고 있는 게 분명합니다. 그렇지 않다면 우리의 수입액은 수출액과 같을 겁니다."

"어디 보자. 다시 스타 시 얘기를 해보세. 자네는 하워드 윌킨슨이 자네 집 근처에서 운영하는 작은 식료품 가게를 좋아했지, 안 그런가?"

"맞습니다, 데이브. 그는 좋은 사람입니다. 한 가지만 빼고 말이죠. 그는……."

"그 사람은 스텔라 텔레비전을 갖고 있지 않지."

"맞아요. 놀라운데요, 데이브?"

"별거 아니네. 그런데 왜 그가 스텔라 텔레비전을 사지 않았지?"

"아내가 우리 캐비닛 색깔을 좋아하지 않는다고 하더군요. 그 색이 거실 장식과 잘 안 어울린다나요. 그래서 경쟁사의 텔레비전을 샀더라고요. 정말 미칠 노릇이죠."

"그런데도 자네는 계속 그 가게에서 물건을 사지."

"아, 물론이죠. 그가 동네에서 가장 좋은 제품을 갖다 놓으니까요."

"그럼 자네는 하워드를 상대로 무역 적자를 본 거네. 그가 자네에게서 사는 것보다 자네가 그에게서 더 많이 사니까. 그가 가끔 자네 회사 텔레비전을 한 대씩 샀다고 해도 그가 텔레비전에 쓰는 돈보다 자

네 집의 식료품비가 더 많으니 여전히 무역 적자를 보는 거네. 안 그
런가?"

"네, 그렇죠."

"그가 자네에게 쓰는 돈보다 자네가 그에게 쓰는 돈이 더 많기 때문
에 밤잠을 못 잔 적이 있나?"

"아니요."

"그럼 여기서 재미있는 사실을 알 수 있네. 자네는 실제로는 하워드
를 상대로 적자를 보는 게 아니야. 아, 자네가 무역 적자를 보는 게 맞
긴 하지. 그가 자네에게서 사는 것보다 자네가 그에게서 사는 게 더
많으니까. 하지만 하워드와의 전체적인 관계는 밑지는 게 아닐세."

"어째서 그렇습니까?"

"그는 매달 100달러 가치가 있는 식료품을 자네에게 주고 자네는 그
에게 100달러 가치의 상품을 주네. 그런데 정확히 말하면 자네는 그에
게 100달러 가치의 텔레비전을 주는 대신 현금을 주는 거라고 말할 수
있지. 그럼 그는 자네 은행 계좌에서 돈을 찾아 자기가 원하는 물건을
구입할 수 있는데, 이게 바로 자네에게서 100달러짜리 물건을 가져가
는 것이나 다름없네."

"그것이 미국과 무슨 관계가 있습니까?"

"미국인들과 외국인들은 단순히 상품만 무역하는 것이 아니네. 그들
은 자산과 현금도 맞바꾸지. 미국이 다른 나라에서 수입을 할 때, 외국

인들은 우리에게서 받은 달러로 미국 상품을 살 수 있네. 하지만 그 달러로 다른 것도 하고, 어떤 때는 그 돈을 그냥 갖고 있기도 하지."

"글쎄요. 그러면 안 좋을 수도 있겠는데요. 미국 경기가 부양되지 않으니까요."

"에드, 자네 아내는 하워드 식료품점에서 물건을 살 때 수표를 사용하지?"

"네."

"만약 하워드가 자네 수표가 예뻐서 현금으로 바꾸지 않기로 결심한다면 어떻겠는가? 그가 그 수표들을 하나하나 액자에 넣어 자기 사무실 벽에 걸기로 한다면?"

"그럼 미친 거죠."

"그렇지. 하지만 만약 그가 자네에게 지금부터 자네의 수표를 현금으로 바꾸지 않고 그대로 갖고 있겠다고 말한다면, 자네 가정의 재정에 손해를 주는 건가?"

"아니죠. 아주 좋은 일 같네요. 식료품을 공짜로 산 것처럼 들리는데요."

"바로 그거야! 그리고 그가 자네 수표를 현금으로 바꾸지 않는다면, 스타 시의 경제가 손해를 입을까?"

"물론 아니죠, 데이브. 하워드가 우리 수표를 현금으로 바꾸지 않는다면, 우리는 그 돈을 자유롭게 다른 데 쓸 수 있게 되겠죠."

"미국의 경우도 마찬가지일세. 미국인들이 외국에서 수입된 상품을 구입하면, 외국인들이 대가로 받은 그 초록색 지폐는 미국 상품과 서비스에 대한 청구권이 되는 거네. 외국인들이 그 지폐를 쓰는 대신 갖고 있기로 결심한다면, 미국인들이 누릴 수 있는 상품과 서비스가 더 많아진다는 의미가 되네. 그건 경제학자가 상상할 수 있는 공짜 점심과 비슷한 거야. 물론 일부 외국인들은 그 돈을 쓰지만, 그 돈을 항상 상품과 서비스 구입에 쓰는 것은 아니라네. 그래서 미국은 종종 세계의 여러 국가들을 상대로 무역 적자를 보는 거야."

"하지만 헷갈리는데요, 데이브. 왜 그들은 미국 상품에 매력을 느끼지 않을까요?"

"그들은 매력을 느끼긴 한다네. 그런데 가끔은 주식이나 채권, 토지, 건물 같은 미국의 자산을 선호한다는 거지."

"그런 구입도 무역수지에 포함되는 것 아닙니까?"

"아니라네. 소위 자본계정이라는 계정에 별도로 계산되지. 따라서 미국이 무역 적자를 겪을 때, 자본계정에서는 거의 언제나 흑자를 기록하네. 자본계정이 흑자라는 것은 미국인들이 외국 자산을 사는 것보다 외국인들이 투자의 일환으로 미국 자산을 더 많이 산다는 의미네. 그리고 그것이 사실이라면, 미국은 세계의 여러 국가들을 상대로 상품에서만 적자를 보는 거야."

"그렇다면 자본 흑자가 무역 적자를 만회해주나요?"

"국가들 간에 유통되는 외환을 포함하면 계산상으로는 그렇지. 하지만 자네는 그것이 미국에 이익이 될지를 궁금해 하는 것 같은데."

"네, 맞아요."

"간단히 말하면, 둘 중 한 계정에 초점을 맞추는 것은 논점에서 벗어나는 거라네. 단순하게 이것 아니면 저것 때문이라고 할 수 없으니까. 그 둘은 얼마나 저축하고, 어디에 투자하고, 어떤 상품을 구매할지에 대해 수백만 명의 개인들이 내린 수많은 결정에 따라 함께 움직인다네. 예를 들어, 다른 나라들이 각자 국민들에게 미국 상품을 사지 못하게 하는 바람에 미국이 무역 적자를 본다는 주장을 들으면 솔깃하겠지. 하지만 미국인들이 외국의 자산을 구입하고 싶어하는 것보다 외국인들이 미국의 자산을 더 많이 구입하고자 하는 한, 미국은 세계의 모든 국가가 모든 무역 장벽을 없애고 미국 상품을 자국의 상품마냥 자유롭게 환영한다고 해도 무역 적자를 볼 것이네. 미국이 세계의 여러 나라들에 비해 투자하기에 훌륭한 곳이라면, 그리고 외국인들이 미국인들에 비해 충분히 많은 금액을 저축한다면, 미국은 무역 적자를 겪게 될 거야."

"하지만 미국이 해마다 계속 무역 적자를 기록해도 될까요?"

"많은 사람들이 그 문제를 걱정했다네. 그들 주장은 미국의 무역 적자가 차용, 즉 빚에 의해 자금이 조달되고 있다는 거였어. 사실 빚이라는 것은 자기 분수에 넘치게 생활한다는 의미잖나. 그리고 다들 알

다시피 영원히 자기 형편을 무시하고 살 수는 없는 거고. 결국 심판의 날이 오겠지."

"좋은 일은 아닌 것 같네요."

"아마도 그렇겠지. 하지만 그건 결코 사실이 아니었어. 물론 외국인들이 구입한 미국의 자산 중 일부는 미국 정부의 지출에 자금원이 되는 국채였지. 그러나 대다수 자산은 나랏빚이 아니었네. 사세 확장과 혁신에 관심 있는 미국 기업들이 발행한 주식과 부동산이 대부분이었어. 그 자산들 중 일부는 회사채였지만, 그것은 자기 분수에 넘치게 살기 위한 방법이 아니라 미국 기업들이 새로운 활동에 자금을 끌어오는 하나의 방식이었네. 자본 흑자는 실제로 미국의 힘을 나타내는 것이었네. 미국의 자산이 세계 여러 나라의 위험에 비해 훌륭한 투자처라는 표시였지."

"하지만 미국 자산이나 미국 채권을 보유한 외국인들이 갑자기 투자 대상을 매각해버리기로 마음먹으면 어떻게 될까요? 그런 일이 미국에 피해를 주지는 않을까요? 미국의 번영에 위협이 될 것 같은데요."

"그런데 외국인들이 한때는 매력적이라고 생각한 자산을 왜 갑자기 팔려고 하겠나? 미국의 상황이 예상치 못하게 변해서 그들의 투자 대상이 위험하다는 신호가 오는 경우가 유일한 이유가 될 수 있겠지. 하지만 그 경우의 자산 매각은 경제 문제의 원인이라기보다는 결과라고 볼 수 있네. 그리고 그렇게 급매물이 쏟아지는 중에 누가 그 자산을 사려 하겠나? 가격이 급격히 떨어지면 결국 손해를 보는 쪽은 외국인들일걸세. 미국인들은 피해를 입지 않지."

"좋아요, 데이브. 하지만 외국인들이 미국 자산을 모두 사들이고 통제하고 있다는 게 계속 불안한 생각이 드네요."

"자네만 그런 생각을 하는 것은 아니네. 1980년대에 미국이 무역을 개방하고 있을 때, 외국인들이 부동산이나 국채, 미국 기업의 주식 등 미국의 자산을 많이 사들였다네. 사람들은 특히 일본 사람들을 걱정했지. 일본인들이 이러한 자산을 교묘하게 조작해서 미국인들에게 손해를 입히거나 자산 수익을 훔쳐갈까 봐 두려워했지. 일례로 일본인들이 뉴욕의 알곤킨(Algonquin) 호텔을 구입했는데, 그 호텔은 일종의 문화적 기념지 같은 곳이었네. 1930년대의 지식인들이 모여 술을 마시고 재치 넘치는 의견을 주고받던 곳이었으니까."

"그럼 일본인들은 그 호텔을 어떻게 했습니까?"

"그들은 호텔을 허물어서 맨해튼 중심가에 눈에 거슬리는 흉물을 안겨주었네. 그런 식으로 미국인들을 응징하고 주변 지역의 부동산 가격을 떨어뜨린 거지."

"저런."

"농담일세, 에드. 아주 이상하게 들리겠지만, 그들은 엄청난 액수를 지불하여 호텔을 사들인 다음 가능한 한 최고의 수익이 나도록 운영하려고 했네. 그렇다고 그들이 그 호텔을 세계에서 가장 큰 초밥 식당으로 바꾼 것은 아니네. 혹은……."

"초밥이 뭔가요?"

"날 생선을 밥 위에 얹은 음식을 말하네."

"그런 결정을 내려 다행이네요."

"사람들은 일본인들 취향에 어필하는 초현대적인 첨단기술의 끔찍한 모습을 만들어낼까 봐 걱정했지. 하지만 그들은 그 호텔을 1930년대의 웅장한 모습으로 복원했어. 그 자산을 가장 수익성 높게 사용한 거지."

"사람들이 일본인들의 미국 자산 구입을 걱정한 이유를 알겠네요. 전에 그 호텔을 소유했던 미국인들 대신 일본인들이 그 이익을 모두 가져가는 거니까요."

"그런 거 같지만, 사실은 그 반대라네."

"아니, 데이브. 일본 사람들이 그 호텔을 소유한다면, 그들이 이익을 갖는 거죠. 그것보다 더 확실한 게 어디 있겠어요?"

"모르겠네. 나는 자네가 우회적인 방법에 대해 몇 차례 수업을 받은 뒤라 그런 '직설적인' 추론에는 경계심을 가질 거라 생각했었는데."

"아직은 제가 우회적인 추론에 익숙해지지 않은 모양입니다. 하지만 틀리는 것에는 적응이 되어가네요. 무슨 얘긴지 한번 들어보죠."

"자네가 돈이 열리는 나무를 갖고 있다고 생각해보세."

"돈이 열리는 나무요?"

"그래. 해마다 돈을 수확하는 멋진 나무 말일세. 이 예를 더 쉽게 이해하려면, 사과나무를 생각해보게. 어쨌든 사과나무가 돈 나무니까. 자네는 그냥 돈으로 바꾸기 위해 사과를 파는 수고만 하면 된다네."

"네, 그러죠."

"자네는 돈 나무를 한 그루 갖고 있네. 20달러짜리 지폐가 열리는 나무지. 해마다 이 돈 나무에는 20달러 지폐가 다섯 장 정도 열리네. 총 100달러지. 물론 어느 해에는 비가 더 와서 여섯 장이 열리기도 하고, 수확이 나쁜 해에는 네 장이 열리기도 하네. 하지만 평균적으로 이 나무에는 총 100달러에 해당하는 20달러짜리 지폐 다섯 장이 열린다네. 그런데 어느 날 자네는 나무를 팔기로 결심하지. 자네는 얼마에 팔겠나?"

"모르겠어요. 돈 나무 시장에 대해서는 잘 모르니까요."

"아니, 자네는 잘 알고 있네. 입장을 바꿔 보세. 자네가 그런 나무를 사고 싶다고 치면 자네는 얼마를 주고 그 나무를 사겠나?"

"그 나무는 수명이 영원한가요?"

"아주 좋은 질문이네. 그 나무가 10년 살다가 죽는다고 치세."

"그렇다면 제가 지불할 수 있는 최고 금액은 1,000달러가 되겠죠."

"왜?"

"나무가 해마다 100달러씩 10년을 생산한다면, 총 1,000달러가 됩니다. 1,000달러보다 적은 돈으로 그 나무를 살 수 있다면, 제게는 이

익이 남겠죠. 그 나무를 쳐다보기만 해도 좋은 게 아닌 이상, 저는 1,000달러 이상은 절대 지불하지 않겠습니다."

"정답에 근접했군. 분명 자네는 1,000달러 이상은 절대로 지불하지 않을걸세. 하지만 조금 더 생각해보면, 자네는 1,000달러에 가까운 가격도 지불하지 않을 거야. 자네의 선택은 그 나무를 사든가 안 사든가 야. 나무 가격이 1,000달러라고 가정해보세. 그 나무를 사지 않으면, 자네는 그 1,000달러를 계속 갖고 있겠지. 그리고 나무를 사면, 10년 동안 매년 100달러씩 벌 것이고. 해마다 100달러씩 10년을 받는 것과 1,000달러를 갖고 있는 것이 같은가?"

"물론 아닙니다. 아, 이제야 알겠네요. 1년에 100달러씩 10년이면 그 가치는 1,000달러가 안 됩니다. 돈 나무에 내 돈 1,000달러를 투자 하느니 차라리 다른 곳에 투자해서 이자를 받겠어요. 10년 후에 원금 1,000달러는 그대로 갖고 있고 거기에 추가해서 그동안 많은 이자를 받을 테니까요. 그러니 그 돈 나무를 1,000달러에 산다면 손해 보는 짓인 거죠."

"그렇지, 맞아. 방금 전에 설명한 것 같은 돈 나무는 1,000달러 이 하에 판매되어야 할 거야. 1,000달러보다 얼마나 값이 적어지는가는 위험도가 같은 다른 투자대상에서 받을 수 있는 이자율에 따라 좌우 되는 거고."

"좋아요. 무척 흥미로운 얘깁니다, 데이브. 하지만 그것이 알곤퀸 호텔과 무슨 관계가 있습니까?"

"알곤퀸 호텔은 모든 형태의 자본과 마찬가지로 본질적으로 돈 나무라고 할 수 있네. 이 호텔은 그 돈 나무처럼 일정한 기간 동안 계속해서 수입을 안겨주지. 그러한 자산의 판매가격은 미래의 수익성에 의해 좌우된다네. 알곤퀸 호텔을 매물로 내놓은 미국인은 앞으로 호텔에서 나올 수익을 모두 합친 금액을 요구할 것이고, 또 그 가격을 받을 수 있을걸세. 하지만 실제 가격은 그보다는 적을 거야. 구매자는 미래에 수익을 받길 기다리는 반면, 판매자는 지금 그 돈을 누릴 자유를 갖기 때문이지."

"일본인에게 넘어간 알곤퀸 호텔이 수익을 내고 있는 동안, 그 돈은 이미 호텔을 매각한 미국인의 주머니에 있다는 것을 말씀하시려는 겁니까?"

"그래. 불확실한 일이 없다면, 새로운 일본인 소유주들이 얻는 수익은 미국인 소유주가 호텔을 팔고 받은 돈과 그 사이에 그 돈에서 얻는 이자를 합친 것과 같겠지. 실제로 어떤 일이 있었는지 아는가? 어떤 돈 나무든 수확이 불확실하다는 것을 기억하게. 1980년대에 일본인들은 특히 명성이 자자한 미국 부동산을 사들이는 데 많은 돈을 지불했다네. 그들은 페블비치 골프장과 록펠러 센터 같은 부동산들을 사들였어. 정도의 차이는 있지만, 그 부동산들은 판매 가격을 정할 때 예측했던 것보다 훨씬 수익이 적었다네. 따라서 일본인들은 미국 판매자들에게 값을 너무 많이 지불한 거지. 일본인들은 이익을 내는 것처럼 보였지만, 실제로 모든 것을 고려하면 미국 판매자들이 이익을 본 거라네."

"그렇다면 일본인들이 돈을 많이 지불했기 때문에 우리가 그 모든 자산을 그들에게 팔아도 괜찮았다는 건가요?"

"아니지. 그건 단지 뒤얽힌 운명이었을 뿐이라는 점을 얘기한 거야. 요지는 이렇다네. 누가 무언가의 주인인가는 그것을 현명하게 이용하는 한 그리 중요하지 않다는 거야. 일본이나 중국, 혹은 영국이나 네덜란드 투자가가 미국 기업의 주식에 미국인보다 더 많은 돈을 지불한다고 해도, 미국인들이 뭣 땜에 거기에 신경을 써야 하나? 미국은 외국자본에서 이익을 얻네. 그건 미국이 창의성과 혁신에 투입할 수 있는 자원을 더 많이 갖게 된다는 뜻이야."

"그렇긴 해도 일본인들이 록펠러 센터의 주인이 되는 것을 싫어하는 일부 미국인들의 심정은 이해할 수 있습니다. 그곳은 정말로 미국적인 곳이잖아요. 저도 스티븐과 수전을 데리고 그곳에 스케이트를 타러 간 적이 있습니다."

"내 생각에 록펠러 센터를 매각한 미국인은 외국인이건 미국인이건 최고의 입찰자가 그 센터를 살 수 있게 되기를 간절히 바랐을 거야. 실제로 일본인들은 센터를 사들인 후에도 여전히 스케이트장을 완벽하게 관리했네. 1980년대에 미국이 일본인들의 센터 매입에 대해 반대의 목소리를 높였을 때, 일본은 영국, 네덜란드에 이어 세 번째로 미국 자산에 많이 투자한 국가에 불과했네. 아무도 영국이나 네덜란드의 구매에 대해서는 불쾌감을 느끼지 않았어. 뭔가 이상하다고 생각하지 않나?"

"좋아요, 데이브. 하지만 단지 무역 적자가 자본 흑자의 이면이라고 해서 무역 적자가 해롭지 않다는 얘기는 아닙니다. 무역 흑자와 자본계정 적자가 더 낫지 않나요?"

"왜 그렇시, 에드?"

"만약 우리가 무역에서 균형을 이루거나 흑자를 낸다면, 그것은 미국이 수출을 더 많이 하고 미국 상품에 대한 수요가 더 높아지고 일자리가 더 많아진다는 의미 아닙니까?"

"난 그 질문에 대답하지 않겠네."

"너무 쉬워서요?"

"그래. 잠깐 생각해보게."

"제가 경제학자가 아니라 사업가처럼 생각한 거군요. 가만있어 보세요. 수출이 늘어나면, 수출 산업에서만 일자리가 늘어나는 거죠. 그 오래된 부유해지는 우회적인 방법이군요. 그것이 전반적인 일자리의 증가를 의미하지는 않겠네요."

"훌륭하네, 에드. 하지만 자유무역을 반대하는 사람들은 무역 적자가 미국의 일자리를 파괴한다고 늘 주장했네. 1976년부터 2005년 사이에 해마다 미국은 수출보다 수입을 더 많이 했네. 30년 연속으로 무역 적자가 발생한 거지! 그 기간 동안 미국의 수입액은 수출액보다 5조 달러가 많았네. 무려 5조 달러라고! 하지만 어찌된 일인지 그 기간 동안 미국 경제의 일자리는 5,000만 개가 넘게 생겨났네. 1960년에서 2005년까지 미국의 식품 수출액은 수입액보다 더 많았네. 농업 무역 부문에서 46년 동안 흑자가 발생한 거야. 적자가 일자리를 만들어낸다면, 흑자도 당연히 일자리를 만들어내야 하지 않겠나? 그런데 1960년부터 2005년 사이에 농업 부문의 일자리는 550만 개에서 210만 개로 줄어들었어. 그 기간 동안 농업 부문의 일자리는 줄어들고 있었지만, 전체 경제의 총 일자리 수는 두 배로 늘어났네. 확실히 적자와 흑자는 일자리와 관련이 없는 거지."

"무역 적자가 고용에 피해를 입힌다고 주장하기는 어렵겠군요."

"자네가 무역 적자를 걱정한다고 해도 무역 적자를 없애는 확실한 방법들은 대부분이 국가에 대단히 해롭다네. 경기 침체는 외국 제품에 대한 수요를 감소시키기 때문에 미국의 무역수지를 '개선'하겠지. 좋지 않은 투자환경은 미국에 대한 외국의 투자를 감소시킬 것이고 미국의 무역 적자를 0에 가깝게 만들 것이네. 그리고 수입이 금지되면, 무역수지가 균형을 이루겠지. 0에 가까운 균형 말이야. 앞에서 이야기한 것처럼 아무것도 수입하지 않으면, 수출하기가 매우 어려워지네. 그렇게 되면 물가가 오르고, 혁신이 줄어들고, 미국인들은 모든 것을 직접 만들어 써야 할 거야. 적자든 흑자든 무역수지에 대해 기억해야 할 가장 중요한 것은 그것이 경제 요인들의 결과이지 원인이 아니라는 사실이네. 다음에 미국이 경기 침체를 겪게 되어 미국의 무역수지가 다시 '개선'될 때, 전문가들은 미국의 무역수지 '개선'이 경기 침체에 가려진 희망의 전조라고 말할걸세. 하지만 그건 당치도 않은 얘기라네. 무역수지 '개선'은 경기 침체의 이면일 뿐, 그 이상도 그 이하도 아니네. 그런데 무역 적자 논쟁에는 아이러니한 점이 하나 있지."

"그게 뭡니까, 데이브?"

"일부 자유무역 비판자들이 내가 시대에 뒤떨어졌다고 비웃는다고 한 말 기억하나?"

"네. 당신이 현대 경제를 예견하지 못했다고 했다면서요. 자본이 이동 가능하다는 등의 얘기를 하면서 말이죠."

"그래. 그것이 바로 아이러니한 점이야. 무역 적자에 대한 우려는 14세기부터 시작되었네. 그 시대의 '경제학자들'은 국부가 수입을 능가하는 수출에 달려 있다고 믿었네. 그래야 금을 확보할 수 있으니까. 스미스 씨는 국부의 원천이 금이라는 그릇된 생각을 바로잡아주었네. 중요한 건 어떤 이론의 시대가 아니네. 논리일 뿐이지."

"그러면 무역 적자에 대해 너무 걱정할 필요가 없겠군요. 그리고 미국인들이 수출보다 수입을 더 많이 한다고 해도, 미국 제품이 반드시 불공정하게 취급되고 있는 것도 아니고요."

"그렇다네, 에드. 하지만 외국 상품이 미국 시장에 접근하는 것과 똑같이 미국 상품이 외국 시장에 접근할 수 있는 것도 아니라네."

"그러면 결국 공평하지 않을 수 있겠군요. 공정한 무역은 자유무역 만큼이나 중요한 것 아닙니까? 미국 정부는 공정한 경쟁기반을 만들기 위해 조치를 취해야 하는 것 아닙니까?"

"자네 생각에 정부가 실제로 긍정적인 조치를 취할 수 있다면 자네 는 공정성을 근거로 정부의 개입이 타당함을 입증하는 논거를 펼칠 수 있을 듯싶네. '공정무역' 혹은 '공정한 경쟁기반'은 소비자를 공격 하겠다고 선언하는 암호 같은 것이지. 덤핑을 예로 한번 들어보자고."

"덤핑이 뭔가요?"

"원가 이하로 판매하는 거라네."

"제조업자가 왜 원가 이하로 판매를 하죠?"

"양으로 차이를 메우려는 거지. 아, 미안하네. 150년이나 된 진부한 농담을 했군. 왜 판매자가 손해를 보면서 판매를 하냐고? 좋은 질문 이네. 미국 시장에 침투하여 미국 경쟁업체들을 약화시키거나 무너뜨리고 그 결과를 이용하여 가격을 인상함으로써 미국 소비자를 착취하기 위해서라는 것이 한 가지 답이 될 수 있지."

"하지만 그건 말이 안 돼요, 데이브. 미국 시장에 침투한 판매업체는 이전의 손실을 만회하기 위해 가격을 원래 수준보다 더 높이 올려야 할 겁니다. 그렇게 하면 소비자들은 마음을 돌리겠지요. 미국의 생산업체들은 비록 이전의 가격 할인에 맞서지는 못했더라도 다시 시장에 진입하는 것이 이익이 된다는 것을 알게 될 겁니다. 가격이 원래대로 돌아간다면, 덤핑업체는 이전의 손실을 벌충하지 못할 거예요. 그 전략은 재앙과도 같아 보입니다."

"아주 좋아, 에드. 하지만 그와는 다른 주장도 있다네. 어떤 일본 회사가 원가 이하로 가격을 내리고 같은 산업에서 활동하는 미국 업체들이 가격 인하에 맞춰 함께 가격을 내렸다고 생각해보세. 이 일본 업체가 끈기가 있다면, 결국엔 미국 업체를 그 사업에서 몰아낼 수 있을 거야. 그리고 공장 문을 닫았다가 다시 가동하는 데 비용이 아주 많이 든다면, 그 미국 회사는 잠시 접었던 사업에 재진입하기보다는 공장을 영구히 폐쇄하는 쪽을 택할 수도 있네."

"하지만 공장을 폐쇄할 필요는 없습니다. 그냥 일본 회사의 가격 인하에 맞대응하지 않으면 되는 거죠."

"미국 업체의 가격이 더 높다면 누가 그 물건을 사겠나, 에드?"

"그건 상황에 따라 다르겠지요. 아무도 미국 회사의 물건을 사지 않는다면, 일본 업체는 밑지는 가격으로 미국의 시장 전체에 봉사하는 꼴이 될 겁니다. 그들은 미국 회사들의 생산량을 모두 떠맡아야 할 뿐 아니라 가격 인하로 수요를 자극했기 때문에 생산을 더 늘려야만 합니다. 이로 인해 그들은 아주 힘이 들겠죠. 일본 회사는 어마어마한 손실을 피하기 위해 낮은 가격에 판매하려는 상품 수를 제한해야 할 겁니다. 이렇게 되면 미국 회사는 이전 가격에 상품을 판매하고도 이익을 남길 수 있을 겁니다."

"다시 한 번 자네를 칭찬해야겠군. 그런데 안타깝게도 자네의 논리는 모든 사람들을 설득하는 데는 실패했다네. 결국 이 문제는 덤핑 혐의를 받은 외국 회사들이 결국엔 가격 인상에 성공했는가와 같은 실증적인 문제로 설명되었지."

"그래서요?"

"낮은 가격 때문에 상당수 산업이 외국 회사들에게 장악되었네. 미국 업체들은 망하거나 다른 상품으로 눈을 돌렸지. 하지만 미국 경쟁 업체들이 사라진 다음에도 가격은 낮게 유지되었네. 손목시계, 계산기, 카메라 등 해외에서 제조된 온갖 종류의 소비자 제품들이 저렴해졌고 가격은 그 수준을 계속 유지했네. 우리가 서킷 시티에서 본 텔레비전이 바로 그 예라네. 전하는 바에 따르면, 전자 제품을 덤핑했다고 비난 받은 아시아 업체들은 원가 이하라고 추정되던 수준에서 원가 이하 수준으로 가격을 영원히 유지하는 것 같았네."

"그건 불가능한 일이에요!"

"그렇지. 어쩌면 외국 업체들은 자선단체처럼 사업을 하면서 미국 소비자에게 원가 이하로 상품을 판매했을지도 모르지. 그런데 그런 것 같지는 않아. 그렇다면 그들은 애초에 덤핑을 한 것이 아니었을지도 몰라."

"그들이 덤핑을 한 것이 아니라면, 도대체 무슨 일이 있었던 겁니까?"

"모르겠나?"

"그럼 그들은 어떤 형태든지 비용 면에서 유리한 점을 갖고 있었던 거군요."

"바로 그걸세."

"두 가지 유형의 비용이점을 생각할 수 있겠군요. 하나는 그들이 텔레비전이나 다른 상품을 만드는 데 우리보다 더 나았다는 것이죠. 하지만 두 번째 이점은 불공정한 것입니다. 아마도 그들의 정부가 제품 생산에 보조금을 지급했을 겁니다."

"그 두 번째 주장은 외국 업체들과 경쟁하려는 미국 생산업자들이 내세운 공통된 주장이었네. 그러나 그들의 주장은 대부분 타당하지 않아. 극단적인 예를 하나 들어보지. 일본 정부가 텔레비전이나 자동차에 상당히 많은 보조금을 지급하는 바람에 일본 업체들이 그 상품들을 미국 국민들에게 거저 주는 셈인 경우 말이야. 외국 국가가 희소한 자본과 노동력을 이용하여 자네에게 돈 한 푼 받지 않고 자네를 위해 필요한 물건들을 만들어주는 것보다 더 큰 혜택을 생각해낼 수 있겠나? 그런 세상은 미국인들에게는 기가 막히게 좋은 세상이겠지."

"하지만 데이브. 만약 일본 정부가 일본 생산업체들에게 보조금을 주어 미국 생산업체들을 파산하게 만든다면, 우리는 일본인들에 의해 좌우되는 신세가 되는 겁니다. 이미 미국의 자동차 공장이나 텔레비전 공장은 문을 닫았기 때문에 일본인들은 마음대로 가격을 올릴 수 있다고요."

"그 주장은 자네가 방금 전에 반대한 주장처럼 들리는데?"

"저는 미국 회사들이 시장에 재진입하지 않기를 바라는 마음에 외국 회사가 가격 인하로 엄청난 단기 손실을 초래한 후 미래에 훨씬 더 높은 가격을 매겨서 초기의 손실을 벌충하려 한다는 주장을 반대했습니다. 하지만 정부 보조금의 경우에는 정부가 그 손실을 흡수합니다. 일본 기업은 가격 인하를 고려할 때 손실을 걱정할 필요가 없는 거죠."

"이 문제를 태평양 반대편에서 생각해보세. 일본의 쌀값은 미국의 쌀값보다 5배 넘게 비싸네. 외국산 쌀 수입을 규제하기 때문이지. 그런데 일본이 미국 쌀 수입을 허가했다고 해보게. 그리고 논점을 명확히 하기 위해, 미국 농부들이 일본 농부가 쌀을 재배해봤자 돈이 되지 않는다고 느낄 만큼 낮은 가격으로 일본에 필요한 모든 쌀을 공급할 수 있다고 가정해보게. 이런 경우에 무슨 일이 일어나겠나?"

"일본은 결국에는 논을 엎어버릴 것이고 미국은 일본의 쌀 시장을 독점하겠죠. 미국은 가격을 올려서 일본을 이용할 수도 있습니다. 일본이 어떻게 그 논들을 다시 경작할 수 있겠습니까? 비용이 너무 많이 들 게 빤하죠. 설사 처음부터 다시 시작해보려고 해도 미국이 다시 쌀값을 내려서 막대한 손해를 안기지 않는다는 보장도 없고요. 제가 일본쌀을 정말로 좋아하는 사람이라면 크게 두려울 겁니다."

"그런데, 에드. 자네는 텔레비전 캐비닛에 들어가는 목재를 어디에서 사나?"

"시카고 외곽에 있는 목재 보급상에서 삽니다."

"자네는 그 목재상이 밤새 가격을 두 배로 올리든가 아니면 25퍼센트라도 올릴까 봐 걱정해본 적이 있나?"

"아니요."

"왜 그런가?"

"그렇게 하면 제가 다른 거래처로 옮겨갈 것이 아닐까요."

"새로운 목재상이 예전 목재상이 원한 만큼 가격을 올리지 않을 거라는 걸 자네는 어떻게 아나?"

"저는 그냥 안 된다고 말하고 다른 거래처에 전화할 겁니다. 게다가 그 새 목재상은 나와의 거래를 원할 겁니다. 그 사람은 자기 목재를 써보라고 되레 가격을 깎아줄 수도 있습니다."

"목재상들 사이에서 작용하는 경쟁의 힘이 미국 쌀 재배업자들에게

도 똑같이 작용해서 일본이 미국 쌀에 '의존하게' 되더라도 미국 쌀 재배업자들이 일본인들을 착취하지 못할 거라는 생각은 들지 않나? 미국에는 일본 고객을 확보하려고 경쟁하는 수많은 쌀 재배업자들이 있다네. 미국 정부가 쌀 시장을 장악해서 거대한 독점가로서 일본을 착취하려 해도 일본인들은 여전히 다른 나라 공급자들에게 의지할 수 있다네. 쌀이 극소수의 장소에서 생산되지 않는 한, 일본인들은 걱정할 게 전혀 없지."

"그렇다면 왜 일본은 미국 쌀 수입을 막습니까?"

"미국 텔레비전 제조업체들은 왜 일본산 텔레비전을 못 들어오게 하는가? 그들은 분명 미국 소비자를 저질의 외국 상품으로부터 보호한다고 말하겠지. 하지만 그건 사실이 아니야. 그렇지 않은가?"

"좋아요, 좋아. 이제 알겠습니다. 당신 말은 일본이 더 싸게 상품을 만들 수 있었기 때문에 미국 업체들이 망했다는 거죠? 일본 회사들이나 다른 나라 회사들 간의 경쟁 때문에 가격은 낮게 유지되었던 거고요. 그래서 일본과 미국 모두 더 잘살게 되었고요. 그렇다면 덤핑은 수익성 있는 전략은 아닌 것 같습니다."

"그렇지. 그런데 불행히도 우리가 좀 전에 방문한, 수입이 허용된 미국에서는 상무부가 덤핑을 원가 이하로 판매하는 것이라 규정하지 않았네. 미 상무부는 외국 생산업체가 미국에서 판매하는 가격이 자기 본국 시장에서 판매하는 가격보다 낮을 때 덤핑이라고 규정했지.

그 의미는 미국에서 원가 이하로 판매하고 있다는 거였다네.”

“그건 맞는 말 아닌가요, 데이브?”

“그렇게 생각할 수도 있지만, 앞서 이야기한 이유들 때문에 그럴 것 같지 않네. 가격은 단순한 이유로 두 시장에서 다를 수 있네. 단기적인 환율 변동이나 서로 다른 시장조건 때문에 그럴 수 있지. 가격이 다르게 측정된다고 해서 약탈하려는 동기가 있다는 의미는 아니야. 하지만 상무부는 그러한 문제점에 대해서는 관심이 없었네. 외국 경쟁업체들을 불리하게 만들려는 미국 회사들의 끈질긴 요청에 따라 단순히 두 가격만을 비교했지.”

“그게 문제가 되는 것 같지는 않은데요.”

“그렇지 않네. 상무부는 외국 업체의 본국 시장에서 이전 6개월간의 평균가격을 취합했어. 미국에서 그 평균가격 이하로 거래가 이루어진 일이 있다면, 미국에서의 평균가격이 외국에서의 평균 가격보다 높더라도 외국 업체의 덤핑 혐의는 인정되었어. 시장에서 나타나는 상품가격의 통상적인 변동이나 외환환율 변동 등이 쉽게 덤핑 판정으로 이어질 수 있었던 거지. 상무부는 상품의 품질과 기타 여러 가지 면을 평가할 때도 수없이 자의적인 결정을 내렸어. 실제로는 전혀 덤핑이 아니었는데도 상무부는 정치에 떠밀려 덤핑을 찾아냈네.”

“데이브, 당신은 그들이 편견을 갖고 덤핑 사례를 찾아냈다는 것을 증명할 수 있습니까?”

"일례로, 상무부는 1986년부터 1992년 사이에 251건의 덤핑 판정을 내렸네. 그중 97퍼센트의 경우에서 덤핑 증거를 찾아냈고."

"꽤 비율이 높은 것 같네요. 상무부가 외국 생산업체의 유죄를 파악한 후에 무슨 일이 일어났습니까?"

"미국 국제무역위원회, 즉 ITC(International Trade Commission)는 그 낮은 가격 때문에 미국의 경쟁업체들이 피해를 입었는지를 결정했어. ITC는 상무부가 덤핑 판정을 내린 사건들 중 68퍼센트에서 그러한 피해를 발견했다네."

"그럼 덤핑 판정을 받은 생산업체는 어떻게 됐습니까?"

"판매된 물건 하나하나에 반덤핑 벌금이 부과되었지. 벌금 액수는 상무부가 계산한 '공정'가격과 미국에서 판매된 가격의 차액이었지."

"관세와 비슷하군요."

"꽤 비슷하지. 일례로, 만약 '공정'가격이 8달러로 판정받고 그 상품이 미국에서 6달러에 판매되었다면, 외국 생산업체는 미국에서 판매된 모든 상품에 각각 2달러씩 벌금을 내야 했어. 33퍼센트의 관세를 물린 것과 같은 효과가 났지. 1980년대 말에 평균 벌금은 미국 가격의 50퍼센트를 넘어섰어. 반덤핑법 때문에 외국 업체들은 벌금을 물지 않으려고 상품 가격을 올릴 수밖에 없었겠지. 소비자들은 '공정성'이라는 명분하에 피해를 봤네. 1985년부터 1989년까지 50개가 넘는 상품이 반덤핑 벌금이나 이와 비슷한 벌금인 상쇄관세를 물었어. 당시 보통의 미국 시민들은 덤핑이 흔한 경제현상이라고 결론 내렸겠지만, 실제로 덤핑은 일어나지도 않았네."

"하지만 그중 몇 개는 실제로 덤핑일 수도 있었을 텐데요, 데이브."

"그럴 가능성은 거의 없었을 거야. 내가 좋아하는 예를 들어보지. 덤핑 판정에는 어떤 정해진 틀이 없다네. 공산국가로부터 수입된 상품인 경우에는 특히 그랬지. 폴란드는 미국 시장에서 전동 골프 카트를 덤핑 판매했다는 혐의를 받은 적이 있었네. 폴란드에서는 골프 카트가 판매되지 않았어. 그러니 덤핑이 이루어졌다고 믿기 어려울 수밖에. 하지만 상무부는 판결을 내려야 했어. 그래서 그들은 어떻게 했을까? 폴란드에는 '공정' 가격으로 사용할 만한 가격이 형성되지 않았지. 그런 경우에 상무부는 폴란드와 비슷한 경제 규모를 가진 나라를 찾네. 상무부는 캐나다를 선택했어. 그들은 캐나다에서 판매되는 캐나다제 골프 카트의 가격을 미국에서 판매되는 폴란드제 골프 카트 가격과 비교했다네."

"폴란드 생산업체가 캐나다에서 판매할 때 매긴 가격이 아니고요?"

"그렇다니까. 상무부는 캐나다 제조업자가 캐나다에서 판매하는 가격을 사용했고, 그 가격이 폴란드 업체가 폴란드에서 매겼을 가격과 같다고 가정했지."

"무리하게 갖다 붙인 것 같군요."

"나도 그렇게 생각하네. 그런데 말이야, 이 창의적인 개념 규정에 따라 덤핑 혐의가 발견되었다네. 몇 년 뒤에 그 결정은 다시 재개되었는데, 이번에는 캐나다 가격을 사용하지 않았네."

"왜 그랬죠?"

"그걸 누가 알겠나? 만약 캐나다를 사용하면 위반 사례가 안 나올 테니까 그랬을까? 어쨌든 상무부는 이번에는 다른 접근방법을 취했네. 법에 허용된 '구성가격(constructed value)'이라는 개념을 이용했지. 이 방법은 원가를 어림잡은 다음, 거기에 8퍼센트의 이익을 추가하는 방법으로 외국 업체가 본국 시장에서 매겼을 가격을 얻어냈지."

"원가는 어떻게 어림잡았나요?"

"자네도 상상할 수 있듯이, 간접비용과 같은 기타 무수한 문제들을 어떻게 다루느냐에 따라 산정 가격은 크게 달라질 수 있네. 그리고 그 8퍼센트라는 이익도 순전히 자의적인 것이라서 원가 이하에 판매한다는 개념을 바꾸어놓는다네. 공산국가에서 수입되는 상품들의 경우에는 더욱 창의적인 개념이 적용되었지. 폴란드는 공산주의 국가였기 때문에 임금과 기타 가격들이 시장에 의해서가 아니라 인위적으로 결정되었네. 폴란드의 임금률을 사용하면 원가와 함께 폴란드 가격 역시 낮게 산정되기 때문에 덤핑이 없다는 결론이 나올 수 있었지. 그래서 상무부는 스페인의 임금률을 사용했네."

"스페인이라고요? 왜 하필 스페인이었죠?"

"믿기 어려운 건 알겠지만, 이번에도 순전히 자의적인 결정이었네.

외국 제조업체는 영어로 된 100페이지짜리 질문지를 작성하고, 막대한 벌금을 물을 수도 있는 덤핑 혐의를 피하고 싶어하겠지. 하지만 아무리 조심스러운 생산업체라도 덤핑 여부를 결정하는 데 어떤 나라가 선택될지 미리 알 수는 없어. 그러한 절차가 가격경쟁에 나서려는 외국 공급업자의 동기에 어떤 결과를 초래할지는 상상할 수 있을걸세."

"하지만 상무부가 외국 공급업자의 덤핑 혐의를 제대로 밝혀내서 가격이 실제로 원가 이하였음을 발견한 사례는 틀림없이 있을 겁니다."

"그럴 수도 있지. 그게 사실이라면 소비자는 이득을 본 거야. 하지만 자네가 정말로 그러한 행동을 막아보겠다는 생각을 가졌다고 가정해보세. 아무리 의도가 좋아도 덤핑을 막으려는 법이 역효과를 낼 가능성이 높은 이유를 자네는 알겠나? 그러한 법을 집행하는 일은 정치인의 손에 달려 있네. 자네는 공정성을 얻는 게 아니라 상무부가 자의적인 절차를 이용하여 전체의 97퍼센트에서 덤핑 혐의를 발견하는 세상에 살게 되는 거야. 정부가 진짜 덤핑을 막고 있다고 해도 결국 손해는 소비자가 보는 거지. 그런데 말이야. 미국의 반덤핑법에는 경계해야 할 또 다른 효과가 있었네."

"그게 무엇이었는데요?"

"보복이 정당한 행위가 된 것이지. 다른 나라들이 각자 미국 법을 모델로 삼아 반덤핑법을 제정하여 미국에 대항했네. 예를 들어보지. 몬산토(Monsanto, 미국의 다국적 농업생물공학 기업-옮긴이) 사는 유럽과 미국에서 뉴트라스위트(Nutrasweet)라는 저칼로리 감미료를 판매했네. 뉴트라스위트는 특허에 의해 보호를 받았는데, 그 특허가 미국에서보다 유럽에서 먼저 유효 기간이 끝났다네. 몬산토 사는 유럽에서 경쟁에 직면했지. 뉴트라스위트 가격이 어디에서 더 쌌을 것 같나?"

"유럽이겠죠. 거기에는 경쟁사들이 있었으니까요."

"맞아. 하지만 유럽에서의 판매 가격이 미국에서보다 쌌기 때문에 유럽인들은 유럽에서 판매되는 뉴트라스위트에 75퍼센트의 반덤핑 수수료, 혹은 관세를 부과했네. 몬산토 사가 유럽과 미국 양쪽에서 원가보다 훨씬 높은 가격에 뉴트라스위트를 판매하고 있었는데도 말이야. 몬산토 사는 유럽에 뉴트라스위트 공장을 지었네. 경제적으로 필요해서가 아니라 단순히 75퍼센트의 수수료를 피하기 위해서였어. 뉴트라스위트의 대체품을 생산하는 유럽 업체들은 유럽 소비자들을 희생시키면서 부자가 되었네. 그리고 세계는 무역이 줄어들면서 더 가난해졌지."

"좋아요, 데이브. 반덤핑법들이 '공정한 경쟁기반을 조성하는' 방법으로서는 상당히 비용이 많이 드는 방법이라는 것은 알겠습니다. 그렇다면 더 많은 무역을 장려하면서 공정한 경쟁기반을 조성하는 방법은 없을까요?"

"무역 장벽을 낮추지 않으면 일종의 보복을 가하겠다고 외국을 협박하는 방법이 자주 이용된다네."

"효과가 있나요?"

"그런 사례는 한 건도 생각해낼 수 없네. 무역장벽은 그 장벽이 국가에 이익이 된다고 주장하는 설득력 있는 경제이론 때문에 존재하는 게 아니야. 장벽은 국내 생산자들을 부자로 만들기 위해 있는 거라네. 일본 쌀의 경우를 기억하겠지? 일본의 정치체제는 농촌 지역의 표를 과도할 정도로 중시하네. 그래서 일본의 쌀 생산업자들은 막대한 힘을 갖고 있지. 일본 자동차에 관세를 부과하겠다고 위협하면 일본 정부가 미국 쌀 수입을 허용할 것 같나? 그렇게 위협한다고 해서 일본 국회에서 일본 쌀 생산업자들이 갖는 정치력이 줄어들지는 않네. 자네 자신에게 물어보게. 일본인들이 비슷한 방식으로 미국을 위협한다면 미국인들이 어떻게 느낄 것 같은가?"

"하지만 관세나 쿼터를 부과하겠다는 위협이 통하지 않으면 국경선 밖의 무역 장벽을 낮추기 위해 국가가 무엇을 할 수 있을까요?"

"국민들을 위해 최선을 다하고 전 세계 곳곳의 상품에 대해 시장을 개방해야지. 전해지는 얘기대로 일본이 미국산 쌀은커녕 미국산 자동차 수입도 허용하지 않는다면, 그냥 일본인들을 무시해버리면 된다네. 일본 자동차를 제한 없이 무관세로 수입하고 미국 소비자에게 값싼 자동차를 안겨주면 되니까. 미국은 부유해질 것이고, 전 세계 국가들은 결국 이 사실을 알게 될 거야. 바로 이 정책이 나의 조국 영국이 19세기에 채택해서 크게 성공한 정책이라네."

"하지만 왜 다른 국가들에게 관세를 부과하겠다고 협박해서 관세를 내리게 하지 않습니까?"

"그 협박이 효과가 있다면 그럴 수도 있겠지. 하지만 시간이 지난 뒤에도 실행에 옮겨지지 않는 협박은 누구도 믿으려하지 않을걸세. 따라서 계속 믿게 만들려면, 결국엔 그 협박을 실행에 옮겨서 상대 무역국의 시장을 개방한다는 명목으로 관세를 부과해야 하네."

"그게 그렇게 나쁩니까?"

"외국의 무역장벽에 영향을 미치지 못하고 미국 소비자에게 피해만 안겨주고 만다면 그렇지. 게다가 그 동기를 진지하게 받아들이기는 어렵다네. 보호무역주의 정치인들은 관세가 외국인들로 하여금 무역장벽을 낮추게 만들 수 있다는 그 가능성 덕분에 꿩 먹고 알 먹는 입장이 될 수 있어. 미시건 주나 미주리 주처럼 자동차 공장이 많은 지역구의 국회의원을 생각해보게. 그 의원들은 하나같이 모두 보호무역주의자라네. 자기 지역구에 있는, 작지만 목소리 높은 노동자 집단의 임금이 올라가도록 노력을 기울이지."

"그게 그들의 일 아닌가요?"

"그렇게 말할 수는 없지. 그는 자기 선거구 유권자들 중에서 한 집단만 돕기 때문에, 자동차를 구입하고 여러 산업에 분산되어 종사하는 더 많은 유권자들에게 피해를 입히네. 이 정치인들이 좀 더 솔직하다면 덜 거슬리겠지. 그들은 자신에게 보호무역주의자라고 하는 사람을 의아하고 불쾌한 눈길로 바라볼 거야. '제가 보호무역주의자라고요? 저를 잘못 보신 겁니다. 저는 자유무역을 찬성합니다. 하지만 공정한 무역도 찬성하지요. 세계의 다른 나라들이 자유무역을 실행하게 하세요. 그럼 우리도 합세하겠습니다. 사실 우리는 그 나라들이 자유무역의 길을 가도록 장려할 것입니다. 우리는 그들이 관세를 없앨 때까지 관세로 그들을 벌 줄 겁니다. 나에게 투표해주고 내 선거운동에 돈을 기부하는 제조업자와 자동차 노동자들의 특별한 이익을 위해서 이러는 게 아닙니다. 그건 정말 아니지요. 제 동기는 애국심입니다. 그리고 다른 나라들이 이치를 깨우치도록 장려하기 위해섭니다.' 그렇게 이기심은 선전 목적을 위해 애국심과 이타주의로 둔갑하네. 그러한 계획이 다른 국가들의 장벽을 낮추는 데 효과가 있다는 증거는 없네. 그것은 주로 미주리 주와 미시간 주의 임금을 관세가 부과되지 않았을 때보다 높게 유지해주지."

"항상 관세를 지지하는 쪽에 표를 던지면서 자신을 자유무역주의자라고 부르다니, 『이상한 나라의 앨리스』처럼 허황되게 들리네요."

"그런 의원들은 자신의 대중적 이미지를 보호하기 위해 다른 변명들을 늘어놓는다네. 그들은 자유무역이 '이론적'으로는 효과가 있다고 말하거나 다른 나라들이 자유무역을 추구하는 경우에만 자유무역이 효과가 있다고 말할걸세. 이런 말은 편협한 사리사욕의 악취를 감추기 위한 말장난일 뿐이야."

"모든 나라가 자유무역을 추구하는 경우에만 자유무역이 효과가 있다는 생각 말입니다. 조금이라도 진실한 부분이 있지 않을까요?"

"왜 그런 것이 있어야 하지? 미국이 자유무역으로부터 이익을 얻는데 왜 모든 국가가 자유무역을 추구해야 한다는 가정이 필요한가? 간단히 말해보겠네. 유럽 농민들이 자신들의 정치력을 이용하여 미국 농산물 수입을 금지한다고 가정해보세. 미국은 유럽산 상품을 받아들일 수도 있고, 거절할 수도 있네. 어떻게 하는 것이 미국에게 더 이익일까? 우리가 유럽산 상품의 수입을 금지했는데도 그들이 정책을 바꾸지 않는다면, 미국 국민들만 피해를 입을 뿐이네. 이미 유럽 정부들은 자기네 국민들에게 피해를 입혀도 괜찮다고 생각했기 때문이지."

"그렇다면 최고의 전략은 일방적으로 자유무역을 추진하는 것입니까?"

"그렇지. 그렇지만 20세기 후반기 내내 미국은 다자간 협상방식을 택했고 다른 나라들의 관세 장벽을 집단적으로 낮추게 만들려고 노력했네."

"당신은 그런 조치에 찬성했겠군요."

"원칙적으로는 그렇지. 세계가 더 자유로운 무역을 향해 움직인다는 것은 좋은 생각이야. 하지만 궁극적으로 나는 미국이 그냥 우리는 장벽을 개방하겠다고 말하고 세계의 다른 나라들을 무역으로 초대하는 게 더 좋았을 거라고 생각하네."

"하지만 다른 나라들이 미국과 손을 잡도록 하는 게 더 낫지 않았을까요?"

"그렇지. 그리고 가끔은 그런 때도 있었네. 하지만 악마는 사소한 부분에 숨어 있었어. 소위 자유무역협정이라는 것들은 관리무역협정으로 부르는 게 더 어울릴 때가 많았지. 이 협정들은 이런저런 상품을 특별하게 취급하라는 부록과 추가협약 등으로 가득 차 있었네. 이 상품은 자유롭게 수입되면 안 되니 계속 특별한 관세율이 적용될 것이고, 저 상품은 원래대로 쿼터 보호를 계속해서 받을 것이라는 조항이 포함되었던 거지. 이러한 협정들은 하나도 빠짐없이 정치적인 난투극이 되고 말았네. 특별대우를 받을 수 있는 가능성이 존재했기 때문에 모든 산업이 각자 받던 보호조치를 지키려고 했지. 그리고 더 이상 보호를 받지 못하는 산업에서도 관세와 쿼터가 종종 지속되는 단계적 도입 시기가 존재했네."

"그건 공정한 조치처럼 보이네요, 데이브. 그렇게 되면 그 산업에 종사하는 사람들이 다른 계획을 세우고 자유 시장에서 경쟁으로부터 보호받지 못하는 상태로 살아남아야 하는 상황을 준비할 수 있을 테니까요."

"그건 맞는 말이네. 하지만 그건 정치인들이 마음을 바꿀 수 있다는 의미기도 했어. 정치와 관련된 것은 어떤 것도 확정된 게 없으니까. 또한 이렇게 특별한 예외조항이나 단계적 도입 조항을 두면, 결국엔 국경의 양쪽에서 제대로 협정을 준수하는지 감시하는 관료집단이 형성될 수밖에 없다는 문제가 생기네. 이 관료집단이 성장함에 따라 그 집단에 속한 사람들은 자유무역에 대해서는 무관심해지는 반면, 다음 무역협상의 이런저런 면면을 조정하는 데는 더 많은 관심을 갖게 되지. 하지만 이러한 결과들보다 더욱 좋지 않은 것은 이 다자간 협정이 가져온 교육적인 결과였을지도 몰라."

"교육적인 결과라고요?"

"어떤 미국 대통령이 자유무역을 옹호하는 주장을 하면, 그는 불가피하게 중상주의자가 되고 말 거야. 그는……."

"중상 뭐라고요?"

"아, 미안하네. 중상주의자는 우리가 종전에 말한 대로 한 국가의 경제 상태가 무역흑자를 내는 데 달려 있다고 믿는 사람이라네. 중상주의자는 수입이 나쁘다고 생각하지. 수입이 일자리를 없애버리니까. 반대로 수출은 일자리를 창출하니까 좋은 거라고 생각하지. 중상주의자들은 무역이 한 국가가 갖게 되는 일자리의 수가 아니라 일자리의 종류에 영향을 미친다는 사실을 간파하지 못하네. 그들은 수출을 수입과는 별개인 듯 따로 통제할 수 없다는 것을 모르네. 그들은 무역적자가 자본 흑자의 이면이라는 것을 알지 못해."

"그래서 그게 교육과 무슨 관계가 있습니까?"

"미국 대통령은 누가 됐든 이른바 자유무역협정이라는 것을 고려할 때마다 협정에 대한 대중의 지지를 얻어내려고 애를 썼네. 미국 대통령은 자유무역협정이 미국 상품에 해외 시장을 열어줄 것이기 때문에 정말로 좋은 것이라고 말하곤 했네."

"뭐 잘못된 말은 없는데요."

"그렇지. 미국 회사들이 다른 나라에 자신들의 상품을 판매할 수 있다는 점에서는 문제가 없지. 하지만 무역의 목적은 그런 게 아니야. 그러한 주장 때문에 사람들은 다른 나라 시장을 미국 상품에 개방하게 만든 대가로 미국이 시장을 개방해야 했다고 생각하게 되었네. 무역의 진정한 의미는, 세계 각국의 국민들이 서로 협력하고 서로의 기술을 공유하고 각 개인과 더 나아가서는 각 국가를 위해 가장 현명한 일을 하도록 기회를 준다는 데 있지. 하지만 대통령이 중상주의적 논거를 펼치는 바람에 사람들은 무역이 제로섬 게임이라고 생각하게 되었네. 이익을 얻으려면 무언가를 포기해야 하는 그런 게임 말일세. 미국은 답례로 '무언가를 얻지' 않고도 국경을 개방하여 이익을 얻었을 것이네. 다른 국가들이 자기네 국경을 개방했을 때 이득을 본 주요 수혜자는 미국이 아니라 미국산 상품과 서비스에 접근할 수 있게 된 그 나라 국민들이었어."

"그래서 그 다자간 협정들은 실제로 어떻게 됐습니까?"

"관세 및 무역에 관한 일반협정, 즉 GATT는 제2차 세계 대전이 끝난 직후에 출범했네. 전체적으로 GATT는 성공작이었어. 이 협정이 지속되는 동안에 무역장벽이 낮아졌고 또 세계무역이 여러 배 늘어났으니까. 하지만 문제도 있었네. 자유무역을 약속한 국가들도 앞에서 다룬 반덤핑 벌금을 이용해 여전히 보호무역주의를 추구할 수 있던 거니까. 그리고 가입 국가들은 협정을 피해갈 수 있는 창의적인 방법들도 찾아냈지. 결국 세계 여러 나라들은 분쟁을 판결할 기구를 세우고 자유무역을 더욱 확대해나갈 협상포럼을 설치했네. 그런데 그들은 세계무역기구, 즉 'WTO'라는 불운한 이름을 선택하고 말았어. 기구 명칭에 '세계'가 들어가는 바람에 자유무역을 반대하는 자들이 WTO를 국가의 주권을 위협하는 사악한 세계정부라고 비난할 수 있었거든."

"정말 WTO가 각국의 주권을 위협했나요?"

"만일 자네가 자유무역을 따르겠다고 어떤 협정에 서명하고 세계의 다른 나라들도 똑같이 해주기를 기대한다면, 그 협정에서 탈퇴하기를 원하지 않는 한 외국 상품의 수입을 금지하는 권리는 어느 정도 포기해야 하네. 하지만 WTO는 경찰력이나 강제 집행 능력이 없었네. WTO의 실질적인 문제는 이 기구가 다자간 협상 방식과 함께 무역을 협상하고 감독하는 관료조직을 찬양했다는 것이었네. 미국은 자유무역을 옹호했다기보다는 협상과 다자간 협정을 옹호했지. 하지만 WTO를 비판하는 대부분의 사람들은 다른 문제에 불만을 품고 있었네. 내가 흥미로운 이야기를 하나 해줄까? 20세기 말쯤에 미국인들은 점점 환경에 관심을 갖게 되었네."

"환경이요?"

"환경은 자연보호와 관련된 것으로, 깨끗한 공기, 물, 자연과 야생 생물의 보전에 관한 관심을 말하는 거라네."

"괜찮군요."

"그렇지. 미국은 기업들이 너무 많은 유해 화학물질을 대기에 배출 하지 못하게 규제하는 대기정화법(Clean Air Act)을 통과시켰네. 이 법 률에는 미국에서 판매되는 휘발유의 '청정'에 관한 내용이 포함되어 있었네. 다른 휘발유보다 유해물질을 더 많이 배출하는 휘발유는 있 기 마련이니까. 1990년에 그 법률이 개정되었을 때, 외국 정유사들은 미국 회사들보다 더 엄격한 기준을 적용받게 되었다네. 미국 회사들 이 외국 경쟁사들의 진출을 막기 위해 로비를 벌인 게 분명했어."

"그래서 어떻게 됐나요?"

"WTO가 설립된 이후였으니까 외국 경쟁사들은 WTO에 제소했네. 그 법이 자국 회사들에게 더 느슨한 기준을 적용했기 때문에 WTO 규 정을 위반한 것이라고 주장했지. 외국 경쟁사들의 주장은 옳았네. 그 래서 그들은 WTO 제소에서 이겼다네."

"이겼다는 것이 무슨 뜻입니까? WTO가 미국의 법을 고칠 수 있습 니까?"

"아니. 말했다시피 WTO에는 강제 집행 기구가 없었네. WTO 판결에서 패한 미국에게는 두 가지 선택권이 있었지. 첫째는 판결을 무시하는 거라네. 이렇게 되면 차별대우를 받은 다른 나라들은 미국 수출품에 대해 관세를 부과하면서도 GATT협정을 준수할 수 있었네. 다소 기이하고도 비효율적으로 미국을 처벌하는 방법이었지. 그런 정책은 결국 피해자를 처벌하는 셈이니까. 두 번째는 미국이 자국의 환경 법규를 새로 제정하여 외국 공급업체들에게도 미국 업체들과 똑같은 규정을 적용하는 것이었네. 미국은 외국 공급업체들에게도 똑같은 법규를 적용하는 쪽을 택했네."

"합리적인 것 같네요. 그런데 WTO에 대해 왜 그리 말이 많습니까?"

"미국이 환경 법규를 정할 때 외국 생산품을 차별할 권리가 있다고 생각한 사람들이 있었네. WTO에게 어떤 권한이 있어서 미국의 환경 법규에 대해 왈가왈부할 수 있느냐는 거지. 어찌 보면 합리적인 주장처럼 들리지만, 그건 국내 생산업체들이 외국 경쟁사들의 진출을 막는 방법으로 환경 법규를 이용할 수 있다는 의미였네. 더 깨끗한 공기를 원한다면, 미국 업체들에게는 관대하면서 외국 업체들에게는 엄격하기보다는 양쪽 모두에게 똑같이 높은 기준을 적용하는 것이 훨씬 더 나을 거야. 하지만 실제로 20세기말과 21세기 초에 체결된 모든 자유무역 협정은 논란이 많았다네."

"이해는 갑니다."

"나도 그렇다네. 변화가 두려울 수 있지. 흥미로운 점은 무역을 비판하는 사람들이 그 문제의 양쪽 측면에서 활약한다는 것이었네."

"그게 무슨 뜻입니까?"

"그들은 무역이 미국에 나쁘다고 말했네. 그리고 가난한 국가들에게도 나쁘다고 했지."

"저는 무역이 미국에 피해를 줄까 봐 걱정했는데, 왜 미국 밖의 가난한 사람들에게 피해를 입히는 겁니까?"

"비판자들은 세계 무역체제가 빈곤 국가들에게 불이익을 주고 있다고 주장했네. 세계은행(World Bank)이나 국제통화기금, 즉 IMF 같은 국제기구들이 빈곤 국가들에게 불이익을 안겼다고 주장했지."

"진짜 그랬나요?"

"두 기구, 특히 세계은행은 정반대의 임무를 맡고 있었네. 전 세계의 가난한 사람들을 도와주는 임무였지."

"그들이 어떻게 한 건가요?"

"IMF에서 일하는 사람들은 IMF는 일을 잘했는데 세계은행이 끔찍했다고 말했네. 반대로 세계은행에서 일하는 사람들은 세계은행은 일을 잘했는데 IMF가 끔찍했다고 말했지."

"어느 쪽이 맞는 말을 한 건가요?"

"불행히도 나는 양쪽 모두 옳았다고 생각하네. 비판자들이 제시하는 이유 때문에 항상 그런 것은 아니지만, 어떤 기구도 아주 일을 잘한 건 아니었어. 결론만 말하면 이렇다네. 국민들이 빈곤에서 탈출하면서 큰 성공을 거둔 국가들은 세계은행이나 IMF와는 전혀 혹은 거의 관계가 없었다는 거지. 가장 성공한 국가는 중국이나 인도, 그리고 한 세대 이전의 일본처럼 무역과 해외투자, 더욱 개방된 국내시장을 이용하여 국민들의 생활을 개선시킨 국가들이었네. 중국이 해외투자와 무역, 민간 기업에 국경을 개방하자 1980년부터 2000년 사이에 중국의 생활수준은 네 배나 향상되었지. 같은 기간 동안 인도의 생활수준은 두 배가 향상되었고. 그러한 주목할 만한 성과가 수억 명의 사람들을 지독한 가난으로부터 해방시켰네. 자유무역과 해외투자를 받아들인 국가들은 번창했지. 반대로 세상과의 관계를 끊은 국가들은 힘겨운 시간을 보냈고. 세계은행과 IMF의 도움을 받은 국가들은 대체로 빈곤 상태를 벗어나지 못했어."

"세계은행과 IMF는 그 일을 해내는 데 충분한 자금을 갖고 있었나요?"

"아아, 너무 많이 갖고 있었다고 하는 사람들이 있을 정도지."

"그게 무슨 뜻입니까?"

"세계은행과 IMF가 빈곤 타파에 크게 영향을 미치지 못했다는 것은 심오한 사실 하나를 입증한다네. 돈을 얼마나 쓰느냐가 돈을 어떻게 쓰느냐만큼 중요하지 않을 때가 많다는 거지. 1950년부터 2005년까지, 부유한 국가들은 가난한 국가들을 도우려고 수천 억 달러를 쓰고 또 빌려주었네. 의도한 대로 결과가 발생했다면, 세계의 빈곤은 사라졌거나 적어도 감소되었어야 하지. 하지만 의도한 대로 결과가 발생하지는 않았네. 그 돈은 거의 혹은 전혀 효과가 없었어."

"하지만 데이브. 너무 과장해서 말하는 것 같은데요. 수천 억 달러라면 뭔 일이라도 했겠지요."

"그래, 하기는 했지. 다만 전 세계의 가난한 사람들을 아주 많이 돕지는 않았던 거지. 특히 세계은행과 IMF가 주거나 빌려준 돈은 헛된 곳에 사용되었네."

"도대체 이유가 무엇입니까? 분명 그 정도 돈이라면 어떤 변화를 일으켰어야 했는데요."

"그중 많은 돈이 처음 주려고 했던 사람들, 즉 가난한 사람들 손에 들어가지 않았어. 다수의 빈곤 국가들은 국제 기금을 자기들 호주머니에 챙겨 넣어 배를 더 불린 부유한 악당들의 지배를 받고 있었네."

"그들이 그 기금을 훔쳤나요?"

"가끔은 그런 경우처럼 간단하기도 했고, 가끔은 무능한 친구들을 고용하는 데 그 돈을 쓰기도 했네. 아니면 그냥 그 돈으로 약속했던 일을 해내지 못하면서 내버린 꼴이 된 경우도 있었고. 독재정권에서는 그 돈이 제대로 사용되는지 감시하기가 어렵다네. 하지만 가끔은 기획자들의 바람만큼 생산적이지 않은 댐이나 발전소, 공장을 건설하는 특정 프로젝트에 원조가 집중되면서 실패한 경우도 있었지. 어쩌면 비극이라는 표현이 적절해 보이는데, 세계은행과 IMF가 자유무역의 보루로 간주되었다는 점이 아이러니한 거지. 이 기구들이 각자의 목표를 달성하는 데 실패하자, 자유무역과 자유시장의 명성에 해를 입혔네."

"세계은행과 IMF가 자유무역을 찬성했나요?"

"어느 정도는 그랬지. 그 두 기구는 자유무역을 찬성한다고 말했네. 하지만 자유무역과 자유시장은 개인들에게 각자 선택을 내리도록 허용하는 것이라네. 세계은행과 IMF는 각국 정부들을 상대로 어떻게 하라고 말하는 데 초점을 맞췄지. 이 댐을 건설해라, 이 돈은 교육에 써라, 또 이런저런 정부 공장을 지으라고 말일세. 그러한 프로젝트 중 다수가 기대한 대로 잘되지 않았다는 것은 그리 놀랍지도 않다네."

"하지만 학교가 많지 않은 국가의 가난한 사람들이 학교를 짓는 데는 확실히 도움을 줬겠는데요."

"자네는 정말 그렇게 생각하나? 그보다 더 간단한 것이 어디 있겠는가? 사람들이 가난한 이유 중의 하나는 충분한 교육을 받지 못해서라네. 따라서 좋은 학교와 교실을 짓고, 좋은 책과 가끔은 컴퓨터까지 줘야 하지."

"그래서 그 학교들을 전혀 짓지 않았습니까? 부패 정권이 그 돈을 교육에 사용하지 못하게 막았나요?"

"가끔은 그런 일이 있었다네. 하지만 학교가 자주 지어지긴 했어. 그런데 학생들이 오지 않았지. 부모들이 아이들을 학교에 보낼 형편이 안 되었으니까. 혹은 그 국가에는 훌륭한 교육을 필요로 하는 일자리가 없었던 거지. 그러니 학교에 다니거나 공부를 해야 할 동기가 생기지 않았네. 아주 훌륭한 의도를 가진 관료들조차 충분한 정보를 갖추지 못하는 바람에 자신들이 결국 이루어낼 성과가 어떤 영향을 미칠지 제대로 이해하지 못하는 경우도 흔했어."

"그렇다면 사람들이 세계은행이나 IMF를 자유무역 기구로 생각한 이유는 무엇이었나요?"

"세계은행과 IMF는 댐이나 발전소의 건설자금을 지원하거나 교육과 같은 특정한 목표에만 돈을 쓴 것은 아니었네. 때때로 그 두 기구는 국가들을 상대로 관세를 낮추고 자본시장을 개방하라고 권했지. 경우에 따라서는 금융위기에 빠진 어떤 정부가 자국의 금융 문제를 제대로 해결한다는 조건으로 그들에게 구제 금융을 지원하기도 했네. 두 기구는 자금지원을 받은 정부에게 수지 균형을 맞추거나 인플레이션을 낮추고, 아니면 특정 국영 기업의 실적을 개선하라고 요구했네.

사실 그러한 변화는 자유 무역과는 크게 관계가 없었지."

"그러한 개혁이 효과가 있었나요?"

"상황이 무시되는 경우가 자주 있었네. 워싱턴의 국제기구는 책임도 거의 없고, 또 자신들이 도우려 하는 국가들에 대해서도 제한된 정보만 갖고 있으면서 거시경제의 섬세한 부분까지 관리하려 들지. 그들이 표방하는 이러한 전반적인 이념은 자유 시장의 해법에 관한 것이 아니라네. 그리고 요구사항을 준수하는 문제가 있었네. 세계은행이나 IMF는 특별한 개혁을 요구했지. 하지만 그 개혁이 실제로 실행되었는지 여부를 어떻게 확인할 수 있었겠나? 또 만약 그들이 자금을 지원받는 국가가 지원조건을 지키지 못했다는 결론을 냈더라도, 지원을 보류하겠다는 협박을 행동으로 옮기기가 어렵다는 것을 종종 깨달았다네. 아무튼 그들은 이번에는 더 잘하겠다는 지도자들의 새로운 약속을 받아낸 뒤에 다시 돈을 내주곤 했지. 믿기 어렵지만, 이런 일은 해를 거듭하고 수십 년에 걸쳐 반복적으로 일어났네."

"왜죠? 그냥 안 된다고 말할 수는 없었나요?"

"요즘 말로 '사랑의 매'라는 것, 다시 말하면 부정행위가 드러나면 돈과 선물을 보류하는 조치가 종종 필요했지. 하지만 관료집단은 엄격하든 아니든 아주 훌륭한 부모는 되지 못한다네. 이기심이 너무 강한 데다가 사랑이 충분하지 않으니까. 피는 물보다 진하잖나. 결국 세계은행과 IMF는 돈을 빌려주고 돈을 지출하는 기관이 되었네. 그게 그들이 한 일이야. 그들은 가난한 국가들에게 돈을 빌려줬네. 그리고 가난한 국가들에게 돈을 썼고. 그들은 융자금을 회수하거나 돈을 현명하게 쓰는 데는 관심이 없었네. 그들이 그렇게 한 동기는 선의 말고는 없었지. 또 그들은 돈을 현명하게 쓸 생각이 없는 지도자들에게 돈을 거저 주고 있었어. 그러니 좋은 결과를 기대할 수 있겠나?"

"당신 말을 들으면 아무것도 성공한 게 없는 것 같네요. 과장이 아니라고 확신하시나요?"

"나도 과장이었으면 좋겠네. 물론 몇몇 경우에는 세계은행의 프로젝트나 IMF의 융자금에 의해 실질적인 경제 성장이 이루어진 경우도 있었지. 그러나 안타깝게도 실패의 기록이 더 방대하고 지속적이었네. 예를 하나 들어보지. 1980년부터 1994년 사이에 해마다 적어도 세계은행이나 IMF 중 한 곳에서 융자를 받은 빈곤국은 평균 12개국에 달했네. 그 융자금 지원에는 그 국가들이 자국 내 정책을 개선한다는 조건이 붙어 있었어. 그 12개국의 평균 성장률은 0이었네. 제로였다고! 뭔가가 잘못된 거지. 기이하게도 IMF와 세계은행에 대한 비판들 중에는 두 기구가 지나치게 요구를 많이 한다거나 지나치게 시장 지향적이라는 비판이 있었네. 비판자들은 세계은행과 IMF가 더 많은 돈을 거저 주거나 과거에 지원된 융자금을 면제해주기를 원했네. 하지만 가장 큰 문제는 세계은행이나 IMF의 요구가 아니었지. 소위 시장 지향적이라는 두 기구의 성향도 문제가 아니었고. 최선의 의도에도 불구하고 결국엔 두 기구가 돈을 빌려준 부패하고 무능력한 정부들이 문제였지. 이 두 기구를 비판하는 사람들은 대개 두 기구가 미국 때문에 실패했다고 비난했네."

"그런데 세계은행과 IMF는 국제기구라고 하지 않으셨나요?"

"그랬지. 실제로도 그렇고. 하지만 두 기구의 본부가 미국에 있었네. 두 기구의 많은 기금이 미국에서 낸 돈이었고. 사람들은 세계은행과 IMF가 다국적 기업의 이해관계를 대변하는 앞잡이이며 그들의 실제 임무는 사람들을 가난한 상태에서 벗어나지 못하게 하거나 미국의 힘과 영향력을 키우는 것이라고 주장했네. 비판자들은 전 세계 무역 체제가 세계의 가난한 사람들을 희생시키면서 미국을 부자로 만들기 위해 구상되었다고 주장했네."

"그게 사실이라면, 정말 우울한 일이네요."

"기업들은 돈을 벌기를 좋아하지. 그게 기업들의 존재 이유니까. 그리고 기업들은 할 수만 있다면 그 목표에 기관들을 굴복시키려고 할 게 분명해. 세계은행과 IMF, 그리고 세계 무역체제에 대한 기업들의 지배력은 과장되었네. 세계은행과 IMF가 미국의 어떤 거대한 계획의 앞잡이였다는 주장은 세계은행과 IMF에게 실질적인 권한이 없다는 데 실질적인 문제가 있네. 두 기구의 원조와 조건을 받아들인 국가들은 그 조건을 따랐든 무시했든 관계없이 자유롭게 그렇게 했다네. 비판자들은 내가 자네에게 설명했던 바로 그 형편없는 성과를 지적하면서 세계은행이나 IMF, 혹은 미국을 탓했네. 하지만 실제 책임은 세계은행의 원조나 IMF의 융자를 계속해서 받아간 그 빈곤 국가들의 정부와 지도자들에게 있었지. 그들은 왜 계속 돈을 받아갔을까? 왜 계속 융자를 받았을까? 그 국가들의 가난한 국민들에게 도움이 되지 않은 것은 세계은행이나 IMF, 미국, 혹은 다국적 기업이 아니라 그 국가들의 정부와 지도자들이었네. 그렇긴 해도 유력한 특정 이익집단이 자신들에게 유리하게 무역 규정을 왜곡한 사례가 있는 건 분명했네."

"예를 들면요?"

"2005년에 미국은 중미자유무역협정, 즉 CAFTA를 체결했네. 이 협정은 미국을 포함하여 온두라스, 엘살바도르, 코스타리카, 과테말라, 니카라과, 도미니카공화국간에 자유무역을 하자는 것이었지. 하지만 우리가 소위 자유무역협정에 대해 이야기할 때 내가 언급했던 것처럼, 이 협정은 특정 산업들을 위한 온갖 예외조항과 단계적 도입조항, 특별조항들로 가득 차 있었네. 가장 기이한 조항들 중의 하나는 미국으로 수입되는 중미 국가들의 설탕을 제한하는 것이었지."

"저도 이상하게 생각되네요. 수입을 제한한 자유무역협정이라니요."

"사실은 그보다 더 이상했다네. 이 협정이 설탕의 자유무역을 허용하지 않았지만, 실제로는 수입 확대를 허용했거든. 미국 설탕 소비량의 1퍼센트에 해당하는 엄청난 양이 수입되었네."

"1퍼센트인데, 엄청나다니요?"

"그래. '엄청나다'는 표현은 다소 빈정대는 말투였네. 하지만 미국의 설탕산업은 이 협정의 주요한 반대세력이 되었어. 그 1퍼센트조차도 그들이 감수하기에는 너무 많은 양이었거든. 협정에 찬성표를 던지는 데 드는 정치적 비용을 줄이기 위해 협정이 발효되었을 때 무역을 다소 규제하는 다른 조항들이 추가되었네. 마침내 이 협정이 통과되었을 때는 CAMTA, 즉 중미관리무역협정이라 부르는 게 맞았을 거야. 그렇게 했어도 이상했겠지만, 협정에 가입한 도미니카공화국 등의 중미 국가들에게 이 협정이 얼마나 이상했을지 생각해보게나. 그 국가의 가난한 국민들은 설탕을 재배하고 수확해서 부유한 미국인들에게 판매하고 싶어했으니까. 하지만 본질적으로 미국은 몇몇 주에서 사탕수수 및 사탕무를 재배하는 소수 농민들의 정치력 때문에 자유무역에서 생기는 이익을 얻지 못할 것이라고 그 가난한 사람들에게 말하고 있었던 셈일세. 그리고 물론 미국 소비자들은 그들이 부유해지는 데 돈을 지불한 거였지. 설탕 가격은 진정한 자유무역이 시행되었을 경우의 두 배 정도였으니까. 이로 인해 미국에서 판매되는 모든 종류의 음식물은 더 비싸졌어. 진정한 자유무역을 옹호하는 논거에 타격을 주고 미국이 세계의 빈민들에게 피해를 입히고 있다고 비난받게 만든 것은 바로 미국이 옹호한 그런 정책이었네. 하지만 미국과 세계 빈민들에 대한 주장들 중에는 이치에 맞지 않는 것도 있지."

"예를 들면요?"

"사람들은 미국이 세계 인구의 5퍼센트를 차지하고 있으면서도 세계 소득의 25퍼센트를 누린다는 점을 지적하기를 좋아했지. 이를 부당하다고 생각하는 사람들은 세계를 제로섬 게임으로 보고 있었어. 미국이 부유하다면, 미국의 부는 다른 곳에서 생긴 게 분명하다는 거지. 비판자들은 그 부가 세계의 가난한 국가들에게서 비롯된 게 분명하다고 말했네. 어쨌든 그들이 가난한 건 맞지 않은가? 하지만 미국은 다른 나라들이 가난하기 때문에 부유한 건 아니었네."

"하지만 당신은 미국이 중국, 멕시코, 인도네시아로부터 저렴한 제품을 살 수 있었기 때문에 부유해졌다고 말하지 않았나요?"

"그랬지. 그러한 수입으로 미국의 소비자들이 이득을 봤지. 미국 소비자들은 돈을 더 많이 갖게 되었고, 돈이 없었다면 살 여유가 없었을 다른 상품들도 즐길 수 있었네. 그리고 그 상품을 생산하는 산업의 노동자와 고용주, 주주들 역시도 이득을 봤지. 하지만 멕시코, 인도네시아, 중국에 사는 사람들도 이득을 봤어. 그 가난한 국가에 사는 수백만 명은 생활수준이 향상되었지. 미국 기준으로 보면 높지 않지만 전보다는 높아졌네. 자네는 중국 사람들이나 인도 사람들, 멕시코 사람들이 미국과의 무역을 거부했다면 더 부유해졌으리라고 생각하나? 그 사람들은 물론 가난했네. 하지만 그들이 글로벌 경제의 일원이 되지 않는다면 더 가난했을 거야. 이 문제를 다른 방법으로 살펴보세나. 미국인들이 갑자기 지금의 절반 정도로만 일하고 책을 읽거나 가족들과 어울리는 데 더 많은 시간을 보내기로 결심했다고 가정해보세."

"그럼 미국은 훨씬 더 가난해지겠죠."

"금전적인 관점에서 보면 그렇지. 하지만 금전과 관계없는 다른 면에서 보면 미국인들은 더 부유해질 것이네. 아마 그들은 더 열심히 일함으로써 누릴 수 있었던 상품과 서비스보다는 가족들과 더 많은 시간을 보내는 쪽을 즐거워할걸세. 그것이야말로 그들이 덜 일하고 더 많은 여가를 즐기기로 결정한 이유일 테니까. 하지만 미국인들의 소득은 줄어들겠지. 미국인들은 더 이상 전 세계 소득의 25퍼센트를 누릴 수 없을걸세. 그러나 마법처럼 그 소득과 그 돈이 다른 나라의 더 가난한 사람들에게로 가지는 않는다네. 미국인들이 더 열심히 일할 때 만든 상품과 서비스만 존재하지 않는 거지. 세계의 다른 나라들은 세계 소득에서 더 높은 비율을 차지할 거고. 하지만 그러한 결과는 단지 분모가 작아졌기 때문에 생긴 거야. 오히려 미국과 무역할 기회가 줄어들기 때문에 세계의 다른 나라들은 더 가난해질걸세. 미국인들이 그 소득을 갖지 못한다고 해서 세계의 가난한 사람들이 미국에서 사라진 소득을 쓸 수 있는 건 아니야. 하지만 미국인들이 부유해지는 바람에 세계의 다른 나라들이 더 가난해지는 경우가 한 가지 있긴 하네."

"어떤 경우죠?"

"미국인들은 자신들이 번 돈을 즐기기를 좋아하네. 그들은 열심히 일하고 돈을 받아서 그 돈으로 얻을 수 있는 모든 상품과 서비스를 즐기지. 그런데 그들은 그렇게 하지 않고 그 돈을 거저 줄 수도 있네. 그들은 전 세계 가난한 사람들에게 돈을 줄 수 있지. 미국인들이 더 적은 돈을 가지면, 다른 사람들이 더 많이 가질 수 있지."

"그건 간단한 계산같이 들리네요."

"그렇게 보이지. 하지만 대부분의 미국인들이 해외로 돈을 보내기 위해 열심히 일하는 것은 아니라네. 그들은 자신의 생활과 가족들의 생활을 더 낫게 만들려고 열심히 일하는 거지. 따라서 미국인들이 자신들이 번 돈을 즐기기 좋아하기 때문에 다른 나라들이 가난하다고 주장하는 것은 다소 이상한 것 같네. 하지만 나는 미국인들이 자기가 힘들게 번 돈을 기부하는 행동이 진정한 변화를 일으킨다고 생각한다면 더 많은 돈을 미국 밖의 가난한 사람들에게 줄 거라고 생각하네. 사실 부유한 국가들을 상대로 더욱더 관대해지라고 촉구하는 전문가들은 늘 있었네. 그러나 과거에는 그런 노력이 성공한 적이 결코 없었지. 그 모든 해외원조는 빈곤에 변변찮은 영향을 미쳤네. 비의도적 결과의 법칙이 기부국의 선한 의도를 이긴 것이지."

"하지만 그런 얘기는 아무것도 안 하겠다는 핑계처럼 들리는데요. 당신이 해외 원조가 실패했다고 말하는 건, 당신은 아무것도 할 수 없고, 또 어떤 것도 해서는 안 된다고 말하는 겁니까?"

"자신이 구멍에 빠진 것을 알았으면 구멍 파는 일을 멈추라는 얘기일세. 더 빨리 구멍을 파거나 더 비싼 삽을 사서는 절대로 안 되네."

"그렇다면 무엇을 해야 합니까?"

"세계의 부유한 국가들은 세계의 가난한 사람들의 상품과 기술에 국경을 개방해야 하네. 부유한 국가들은 자국 내 소수의 부농들에게 보조금을 지급하는 일을 중단해야 하지. 그 때문에 미국 납세자들과 세계 곳곳의 가난한 사람들이 힘들어지니까. 그 가난한 사람들은 대개 농업에서 자기 기술을 가장 훌륭하게 이용하는데, 보조금을 받는 미국이나 유럽의 농작물과 경쟁할 능력이 안 되네. 부유한 국가의 정부는 부도덕한 국가에 훌륭한 경제기반을 조성해주는 일을 그만둬야 하네. 효과가 없기 때문이지. 세계의 부유한 국가들은 지도자들이 자기 배만 불리는 부패한 독재 국가에게 자금을 지원하는 일을 멈춰야 하네. 그러한 자금지원 때문에 그 지도자들이 가난한 자국 국민들을 계속 가난하게 살게 만들려는 동기를 가지니까. 만약 부유한 국가들이 돈을 거저 주고자 한다면, 결코 이루어지지 않을 개혁을 조건으로 내세울 게 아니라 개혁이 이루어진 뒤에 돈을 줘야 하네. 부유한 국가들은 가난한 자국 국민들을 계속 가난하게 만드는 국가들에게 보상을 주기보다는, 경제를 개방하고 빈곤 상태를 개선시키는 국가들에게 돈을 줘야 하네. 이러한 방침들은 모두 정치적인 성격을 띠고 있지. 부유한 국가의 부유한 사람들은 자기네 정부에게 그러한 방침을 따르라고 촉구해야 하네. 그러나 개인적으로는 빈곤 국가의 의욕적이고 창의적인 사람들이 경제적 번영을 이루는 데 필요한 자금을 얻을 수 있게 도와주는 소액 대출 기관에 기부해야 하지. 그리고 마지막으로, 부유한 국가들과 그 국가의 부유한 국민들은 가난한 사람들을 더 잘살게 만들기는커녕 더 못살게 만드는 선의의 정책들을 멀리해야 하네."

"예를 들면요?"

"자유무역 비판자들은 빈곤국의 노동자들에게 미국 노동자들과 동일한 근로 기준을 적용하기를 원했네. 최저임금, 안전기준, 시간외 근무규정, 깨끗한 공기와 물에 대한 기준 등이 미국과 동일하기를 바랐다네."

"좋은 생각 같은데요."

"그럴 수도 있지. 가장 큰 목소리로 근로기준을 옹호하는 사람들 중에는 미국 노조들이 있었네. 그들은 가난한 사람들에게 관심이 있다고 말했지만, 대체로 이기심 때문에 그렇게 행동한 것으로 생각되네. 20세기 말 미국에서 노동조합에 가입한 사기업 노동자들의 비율은 10퍼센트가 안 되었지. 국경과 무역을 개방했다는 것은 다수의 외국인 노동자들이 과거 노조운동의 근간이었던 산업의 일자리를 맡고 있었다는 의미네. 다른 나라에게 더욱더 엄격한 환경 규정과 더 높은 안전기준, 더 높은 임금을 요구했다면, 세계의 가장 가난한 노동자들을 희생시키면서 미국 노동자들을 도와주는 꼴이 됐을걸세. 그래서 나는 미국의 노조 지도자들이 이타적이지 않았다고 생각하네."

"하지만 결과적으로는 가난한 노동자들의 근무 조건이 더 좋아진

건데, 당신은 왜 그들의 동기에 신경을 쓰십니까?"

"진짜 중요한 문제는 가난한 노동자들이 더 잘살게 되는지라네."

"데이브, 지금 농담하세요? 임금도 인상되고 근무조건도 더 안전해지고 또 공기도 더 깨끗해지는데, 어떻게 노동자들 형편이 더 나빠질 수 있습니까?"

"멕시코, 케냐 등 빈곤국들의 비극은, 그 나라 국민들이 교육을 거의 받지 못했고 기술도 거의 없다는 것일세. 만약 우리가 미국 기업들을 상대로 멕시코와 케냐 사람들에게 미국 수준의 임금과 수당을 지급하라고 말한다면, 그 기업들은 세계의 빈곤 국가들에서 공장을 세울 동기를 갖지 못할걸세. 나는 저임금을 지불하는 외국 고용주들을 못 들어오게 하는 것이 미국 밖의 가난한 사람들에게 도움이 된다고 생각하지 않네. 자국의 기업들로부터 그보다 훨씬 더 낮은 임금을 받는 길밖에 대안이 없다면 말이야. 자네가 원한다면 내가 천상의 사람들에게 말해서 우리가 1850년의 미국으로 돌아갈 수 있도록 주선해줄 수도 있네. 그 시절에 미국의 임금과 근무조건들은 끔찍한 수준이었지. 만약 1850년에 미국이 오늘날의 근무기준을 채택했다면, 미국 경제는 제대로 성장하지 못했을 거야. 오늘날의 미국이 1850년의 미국과 아주 비슷하게 보였을지도 모르지."

"그럼, 공기와 물은요? 멕시코나 해외에서 가동하는 미국 공장들은 깨끗한 공기와 물에 대한 미국 기준을 지켜야 하는 것 아닙니까? 멕시코의 노동자들은 깨끗한 공기와 물이 있는 곳에서 살고 또 일하고 싶어하지 않을까요?"

"아마도 그렇겠지. 그런데 그것은 그 결과에 좌우될 거야. 생각을 좀 해보게. 멕시코 같은 나라가 왜 처음부터 미국과 같은 기준을 채택하지 않았을까. 그리고 그 문제를 무역 문제와 연관 짓는 것이 좋을까, 아니면 멕시코가 처리해야 하는 국내 문제로 따로 떼어 생각하는 것이 좋을까?"

"왜 멕시코는 깨끗한 공기와 물에 대해 동일한 기준을 택하지 않았습니까?"

"그런 기준은 돈이 많이 들기 때문이지. 무역이 이루어진 20세기 말에 미국은 세계에서 가장 부유한 나라였네. 미국은 더 깨끗한 공기와 물을 생각할 여유가 있었지. 하지만 빈곤국의 국민들은 살아남기 위해 몸부림치고 있었네. 미국이 모든 국가에게 공기와 수질에 대해 미국과 동일한 높은 기준을 채택하라고 요구한다면, 그거야말로 놀라운 오만일세. 그건 마치 세계의 각국 국민들에게 미국인들이 모는 사치스러운 자동차를 똑같이 몰고 매일 밤 등심 스테이크를 먹고, 또 미국의 집들처럼 큰 집과 정원을 가지라고 요구하는 것과 같네. 그것은 마치……."

"무슨 얘긴지 이제 알겠어요. 하지만 깨끗한 공기와 물은 그래도 상당히 중요한 것 같네요."

"특히 자네가 부유하다면 그렇지. 하지만 전 세계의 모든 나라가 미국과 동일한 공기 및 수질 기준을 채택한다면 얻을 수 있는 일자리의 임금이 아주 적어지기 때문에, 그 노동자들의 아이들은 굶어 죽고 말 거야. 이 역시 중요한 얘기라네. 아무래도 1800년대로 돌아가야 할 것 같군. 우리는 그을음과 연기로 가득 찬 어두운 하늘의 산업도시 런던 을 가볼 수도 있고, 미시시피 강을 가볼 수도 있지.”

“미시시피 강은 왜요?”

“우리는 각종 쓰레기와 폐기물 같은 오염물질로 가득 찬 강을 보게 될걸세. 1800년대 사람들도 깨끗한 강을 더 좋아했겠지. 하지만 깨끗 한 강을 가지려면 돈이 너무 많이 들었네. 당시 사람들이 강이 더러워 도 참았기 때문에 미국은 결국 더 부유해지고 최고의 생활수준을 유 지할 수 있었지. 만약 멕시코 국민들이 굶어 죽는 일 없이 멕시코의 공기와 물이 더 깨끗해지기를 미국인들이 바란다면, 미국이 그렇게 되기까지 가져야 했던 그런 인내심을 보여주어야 하네. 멕시코가 경 제적으로 성장하고 더 부유해지도록 놔두면 결국 멕시코 국민들 스스 로가 더 깨끗한 공기와 물을 선택할 거야. 미국에서도, 또 경제적으로 성공한 다른 나라에서도 그런 일이 일어났다네.”

“하지만 더러운 멕시코 공기가 텍사스나 애리조나, 캘리포니아 주 로 날아오면 어떻게 합니까? 그 경우에 미국인들은 그 멕시코 공장들 에 대해 불평할 권리가 있는 것 아닙니까?”

“당연히 그렇지. 하지만 그 경우에는 미국이 어떤 최선의 방법으로

멕시코 사람들로 하여금 그들의 공기를 깨끗하게 만들 것인지가 문제가 되지. 만약 미국이 이타주의 때문이든 이기심 때문이든 멕시코 사람들이 깨끗한 공기를 갖기를 원한다면, 미국인들이 그 비용을 지불해야 할까, 아니면 멕시코 국민들이 지불해야 할까? 그러한 관심을 무역 법안에 반영해야 할까, 아니면 환경을 집중적으로 다루는 별개의 협정에서 다뤄야 할까? 미국인들이 무역 법안의 일부로 멕시코 사람들에게 공기를 정화하라고 요구한다면, 그들은 멕시코의 성장을 저해하는 것이라네. 멕시코 국민들이 그들의 생활수준을 낮춰서 공기 정화 비용을 지불하게 만드는 거니까."

"그런데 멕시코 공장보다 미국 공장에 더 높은 기준을 부과하는 것은 미국 노동자들에게 공정한 겁니까? 다시 불공정한 경쟁기반이 되지는 않을까요?"

"그건 그렇지. 그런데 그건 멕시코나 인도네시아에서 사업을 하는 경우와 미국에서 사업을 하는 경우에서 나타나는 100만 가지 차이들 중의 하나라네. 멕시코 노동자들은 미국인들이 더 좋은 교육을 받았고, 일할 때 사용하는 컴퓨터와 장비도 더 많이 갖고 있고, 또 미국 노동자들이 이런저런 혜택을 받는 상황에 대해 공정하다고 생각할까? 무역정책의 목표는 국민들에게 흥미롭고 보람 있는 방식으로 삶을 살아갈 기회를 주는 것이지, 모두에게 한 치의 오차도 없이 똑같은 기회를 보장해주는 것은 아니라네. 멕시코의 기준이 더 낮은 것이 아주 유리한 이점이라고 생각하는 미국 노동자들은 멕시코에 가서 살면 되는 거지. 하지만 실제로 사람들의 이동 경로는 그 반대잖나."

"그러니까 자유무역이 미국과 무역을 하는 국가, 그리고 그 국가의 국민들뿐만 아니라 미국에게도 이익이 된다, 그게 핵심이지요?"

"그렇지. 내 비교우위론은 빈곤 국가들도 무역에서 이익을 얻는다는 사실을 증명했다는 점에서 기여한 바가 크네. 한 국가가 부를 얻는 방법은 아주 간단하지. 자기 나라 자원을 현명하게 사용하는 거라네. 자원이라고 해서 비옥한 토지나 석유, 광물 같은 전통적인 천연자원만 말하는 게 아니네. 국민들의 기술, 교육, 창의력, 의지도 포함되지. 자원을 현명하게 사용한다는 것은 국민들에게 열심히 일하고 혁신을 이루고 모험을 감수할 동기를 부여하는 것을 말하네. 또 무역 시장을 개방하여 자국 국민들이 다른 나라 국민들의 기술을 이용할 수 있게 하는 것을 뜻하지. 부자 나라에서는 가장 가난한 사람들도 상대적으로 부유하다고 할 수 있는데, 그러한 나라는 법치주의와 사유재산보장제도, 무역에 비교적 개방된 국경선, 비교적 자유로운 국내 시장을 갖고 있네."

"아주 간단하게 말씀하시네요."

"실제로도 간단하네. 하지만 법치주의를 수립하고 사유재산을 보장하는 일은 그리 간단하지 않지. 그리고 정부와 문화마다 미묘한 차이가 있는데, 그것이 경제적 자유의 힘을 촉발시키는 데 도움을 준다네.

만약 그러한 부분들이 없다면, 번영이 반드시 따라오지는 않을 거야. 경제학자들은 문화와 정부가 빈곤 국가들의 시장을 잘 돌아가게 만드는 데 어떤 역할을 하는지 아직도 모르는 게 많다네. 하지만 세계에 문을 연 국가들은 그렇지 않은 국가들보다 더 잘해내지. 우리가 전 세계의 가난한 사람들을 돕고자 한다면, 우리에겐 더 개방된 정부와 더 개방된 무역이 필요하네."

에드는 생각에 빠진 듯 보였다. 나는 내가 바라는 대로 될 것 같은 좋은 신호라고 생각했다. 마침내 그는 혼란스러운 표정으로 나를 쳐다보았다.

"데이브, 왜 모든 사람들이 포드 페어레인과 쉐보레 임팔라를 타고 다니는지 다시 한 번 설명해줄 수 있습니까?"

"지금은 프랭크 베이츠가 1960년에 대통령에 당선되고 법안을 통과시켜서 미국이 아무것도 수입하지 못하는 세상이네. 자네는 45년 동안 자급자족한 미국을 보고 있는 거야. 사건을 순서대로 다시 상기시켜보세. 먼저 일본산 텔레비전 수입에 쿼터를 부과한 일부터 시작했지. 사람들은 자네 노동자들이 잘사는 것을 보고는 자기네 산업도 보호받기를 원했네. 대개 그러한 노력은 실패하는데, 나는 그러한 노력이 성공해 모든 외국 상품의 수입이 금지되었을 때 어떤 일이 일어나는지 자네에게 보여줄 능력을 부여받았다네."

"데이브, 저도 이제는 자유무역의 힘을 이해합니다. 제가 이해하지 못하는 것은 무역이 없는 나라의 형편이 왜 그렇게 나쁜가 하는 것입니다. 어쨌든 자급자족은 미덕 아닙니까? 남에게 의지하는 것보다 자급자족하는 것이 더 낫잖아요."

"그렇게 보일 수도 있지. 하지만 자급자족은 가난해지는 길이네. 자네는 옥수수를 직접 키우지 않는다고 내게 말했네. 하지만 최소한 옥수수를 기른다고 상상할 수는 있지. 셔츠를 직접 만드는 일은 어떤가? 목화를 재배해서 실을 뽑아내고 직접 천을 짜기까지 시간이 얼마나 걸릴 것 같나? 자네는 자급자족할 수도 있어. 하지만 목화 농부와 방적공, 그리고 방직공에게 의존하는 것이 낫지 않을까? 셔츠와 신발을 직접 만들고 자기 먹을 것을 재배하는 일이 비참한 빈곤으로 이어지리라는 것이 분명하지 않나?"

"그래요. 그런데 당신은 상당히 좋은 생각을 말도 안 되게 극단적으로 몰고 가고 있네요. 단순히 자급자족을 완벽하게 이루기 어렵다고 해서, 조금씩 자급자족하며 사는 것이 꼭 나쁘다고 말할 수는 없으니까요."

"나도 같은 생각이네, 에드. 대개 조금씩 자급자족하는 것은 좋지.

그런데 다른 사람들에게 '의지하는' 것도 좋네. 자네가 그 개념을 정확히 규정하는 한, 둘 다 그 자체로 미덕은 아닐세. 자네가 백화점에서 셔츠를 하나 사면, 자네는 아마도 목화를 기르는 이집트의 농부에서 시작해 백화점 사장에 이르는 긴 사슬의 사람들에게 의존하게 되지. 하지만 이렇게 의존한다고 해서 뭐 나쁜 일이라도 있는가? 자네가 셔츠를 구입한 덕분에 그 사슬에 존재하는 다른 사람들과 자네는 이득을 얻지. 이렇게 하는 것이 자네가 직접 목화를 기르고 나머지 모든 단계를 직접 처리하는 것보다 더 나은 게 확실하네."

"개인의 경우에는 그렇다고 생각합니다. 하지만 왜 그것이 국가에도 적용되어야 하나요? 그리고 그것이 모든 사람들이 타고 다니는 포드 페어레인과 무슨 관계가 있습니까?"

"자네가 일본산 텔레비전 수입을 금지하는 법안을 통과시켰을 때를 기억해보게."

"제 생각에 그 경우는 극단적으로 쿼터를 부과한 것이지요."

"그렇지. 그럼 자네 공장에서 일하는 노동자들 전부가 어떻게 부자가 됐는지 기억하나?"

"물론이죠. 그때 얻은 부의 일부는 환상이었다는 것을 이제야 깨달았습니다."

"그들에게는 환상이 아니었지. 그들의 부는 실재했으니까. 그들은 실제로 자동차를 살 수 있었고, 실제로 휴가를 떠날 수 있었지. 그들은 다른 사람들이 잃어버린 부에 대해서는 몰랐다네. 자네 직원들이 경험한 이득이 쿼터 제도의 모든 효과라고 가정한 것이 환상이었지. 텔레비전 소비자와 다른 사람들이 입은 피해를 포함시키면 미국에 끼친 전반적인 영향은 부정적이었으니까."

"하지만 데이브. 당신은 아까 그들이 콜벳과 캐딜락을 탔다고 말했잖아요. 그 고급 자동차들이 어떻게 포드 페어레인으로 바뀐 거죠?"

"다른 산업들도 자네 텔레비전 산업처럼 외국의 경쟁으로부터 보호해달라고 요청했네. 텔레비전 노동자들에게 좋은 것은 자동차, 섬유 같은 모든 생산품 노동자들에게도 좋은 일이었으니까. 베이즈 대통령은 모든 수입을 금지하는 법안을 제안했다네."

"그 법안에 반대하는 사람들이 있었나요?"

"물론 있었지. 다수의 경제학자들이 『뉴욕 타임스』에 그 법안이 재앙이라는 광고를 냈네. 그러나 사람들은 항상 경제학자들을 비웃어왔어. 그들을 '믿을 수 없는 사람'이나 '허풍쟁이' 같은 온갖 다양한 이름으로 부르면서 말이야. 그런 모욕을 당해도 마땅한 경제학자들이 있긴 하네. 하지만 경제학자들은 자유무역에 대해서는 거의 만장일치였다네. 그래도 사람들은 듣지 않았어. 의회가 그 법안을 통과시켰고, 베이즈 대통령이 그 법안에 서명했지. 그 법안은 미국 역사의 획기적인 사건으로 환영받았다네. 실제로도 획기적인 사건이었고."

"그래서 어떤 일이 일어났습니까?"

"처음에는 별다른 일이 없었지. 하지만 서서히 변화가 일어났네. 외국인들에게 달러를 공급하던 수입이 없어지자, 수출에 의존하던 산업들이 휘청거리거나 붕괴했지. 자네 손자가 보던 영화 〈토이 스토리〉 기억하나?"

"그럼요. 꽤 재미있던데요."

"그 영화는 제작되지 못했네. 디즈니가 1980년대 초에 신규 영화 제작을 중단했거든."

"왜요?"

"수출이 그들 이익의 상당 부분을 차지하고 있었는데, 그 수출 이익이 없어지니까 디즈니는 새로운 영화를 제작하는 데 필요한 만화가와 디자이너들을 고용할 동기를 상실한 거지. 요즘 디즈니 사는 옛날 영화만 보여준다네."

"안타깝네요. 그 영화 참 괜찮던데."

"디즈니 사는 자신들이 가진 최대한의 잠재력만큼 성장하지 못한 수많은 회사들 중의 하나라네. 아예 생기지 못한 회사들도 있지. 예를 들면, 빌 게이츠는 자동차 수리공이 되었네. 그는……."

"빌 게이츠가 누구입니까?"

"미안하네. 빌 게이츠는 자유무역이 시행되는 세상에서는 억만장자가 되었을 사람이야. 하지만 자유무역이 시행되지 않는 세상에서 그는 자동차나 만지작거리면서 소박하게 살고 있네."

"우리가 억만장자를 잃는 대신 소박하게 살아가는 평범한 사람을 얻는 게 그리 나쁜 일입니까?"

"그것 때문에 빌 게이츠가 흥분하지는 않겠지. 하지만 진짜 심각한 것은 미국이 입은 손실이네. 자네는 한 사람의 수입이 줄어든 것만 보고 있지. 진정한 손실은 그가 변화시키는 데 기여한 산업, 즉 컴퓨터 소프트웨어 산업과 그가 시장에 내놓은 상품들일세. 그 상품들은 그를 부자로 만든 동시에 다른 수백만 명의 삶도 풍요롭게 만들었다네. 그는 '마이크로소프트'라는 회사를 세웠지. 자유무역이 이루어졌다면, 그 회사 상품들은 미국 전역과 전 세계에서 사용되었을 거네."

"하지만 데이브, 그는 여전히 미국 내에서 그 상품들을 팔 수 있는 것 아닙니까? 혁신적인 상품을 구입할 수 있는 미국인들이 충분히 있었을 텐데요?"

"그의 상품을 살 미국 사람들은 많지. 하지만 수입과 우회적인 생산 방법이 없으면, 미국은 자유무역 체제 하에서 즐기던 모든 것을 가질 수는 없다네. 빌 게이츠가 마이크로소프트를 위대한 회사로 만들기 위해서는 수많은 프로그래머의 기술과 마케터, 그의 상품을 판매해주는 배급업자들이 필요했네. 하지만 그런 능력 있는 사람들의 수는 제한되어 있어. 모토로라, 보잉, 디즈니, 애플, 구글은 모두 그러한 재능 있는 사람들을 고용하기 위해 경쟁을 벌였네."

"왜 자유무역 세상에는 그런 재능 있는 사람들이 많고 자급자족하는 세상에는 충분하지 않습니까? 두 경우 모두 인구는 같지 않나요?"

"인구는 같지. 하지만 그 인구 중에서 노동 연령 인구가 하는 일자리의 수는 같지 않다네."

"만약 모토로라와 다른 회사들이 임금을 많이 준다면, 왜 자급자족 체제에서는 그 재능 있는 사람들이 그곳에서 일을 하지 않는 겁니까?"

"미국이 수입을 중단했을 때, 일부 필수적인 상품들이 더 이상 해외에서 들어올 수 없게 되었어."

"예를 들면요?"

"석유, 섬유, 자동차, 철강 등이지. 이후 소비자들은 이러한 물건들을 미국 생산업체들로부터 구입했네."

"미국 생산업체들에게는 좋았겠군요."

"그렇게 생각할 수도 있지. 미국인들에게 일본 텔레비전을 선택하는 대신 자네 회사 텔레비전을 사게 했을 때 자네 공장의 노동자들과 자네 회사가 번창했던 것과 똑같이 생각하면 그렇지. 하지만 모든 산업이 똑같은 처지가 되어 보호받는다면, 똑같은 효과를 얻지 못한다네."

"왜 그렇죠? 그리고 왜 경제에 미친 전반적인 효과가 그토록 부정적이었습니까?"

"그것을 부가 복수하는 우회적인 방법이라고 생각해보게. 우리는 자네 산업이 무역 규제 덕분에 번창했을 때, 어째서 텔레비전 회사가 이득을 얻은 것보다 소비자가 더 많은 고통을 받았는지 이야기한 적이 있네. 그 이유가 무엇이었나?"

"텔레비전이 더 비싸졌으니까요."

"그래. 소비자들은 텔레비전 값을 더 많이 지불해야 했어. 하지만 다른 효과도 있었네. 텔레비전 산업은 그렇게 성장하는 과정에서 다른 산업으로부터 노동자와 자본, 원자재를 끌어왔네. 미국은 그 산업들이 그러한 자원을 이용하여 생산했을 상품들을 잃었다네. 단일 산업이 다른 산업과 소비자들을 희생하여 번창하고 부자가 될 수는 있지만, 모든 산업이 동시에 성장할 수는 없지. 그렇게 하기에는 노동자와 자본, 원자재가 충분하지 못하니까."

"데이브, 저도 그 원리는 이해할 수 있는데요. 다만 왜 그렇게 되어야만 하는지는 모르겠습니다. 모든 산업에 다 돌아갈 노동자가 충분하지 않다고 하시는데, 수출용 상품 생산에 고용되었던 노동자들을 이제는 수입품을 생산하는 데 투입하면 되지 않나요?"

"그렇지. 하지만 상품을 직접적인 방법으로 생산하기보다 우회적인 방법으로 생산하는 데는 이유가 있다네. 모든 것을 직접적인 방법으로 생산하면 미국은 점점 더 가난해지지. 텔레비전 산업이 다른 산업들을 희생하여 이득을 얻었을 때, 국가 전체가 입은 피해는 전체적으로 얇게 분산되었기 때문에 효과적으로 감춰졌지. 하지만 모든 산업이 보호를 추구하자, 미국이 빈곤해진다는 사실이 확실히 드러나고 말았어."

"왜 그런 일이 일어나는지 모르겠어요, 데이브."

"미국이 과거에는 수입했지만 지금은 국내에서 생산해야 하는 모든 상품들을 생각해보게. 철강, 자동차, 손목시계, 계산기, 모직물, 면화, 설탕, 커피, 장난감, 의류 등의 상품들을 죄다 가져와서 쌓으면 하늘에 닿을걸세. 자유무역하에서 미국은 어떻게 그 모든 상품들을 얻을 수 있었나?"

"우회적인 방법으로요?"

"그래, 우회적인 방법이었지. 자유무역하에서는 미국 전역에서 노동자와 기계들이 우회적인 방법으로 상품들을 만들지. 브라질 사람들이 원하는 것을 만들어 커피, 신발과 바꾸고, 약품과 비행기를 일본에 팔아 자동차, 계산기, 비디오 플레이어와 바꾸지. 마음의 눈을 이용하여 그 노동자들과 기계들을 모두 한곳에 모아보게. 어떤 거대한 산업 공원에 모든 화학자, 항공기 기술자, 시장 상인, 유통업자, 그리고 그들이 일하는 공장과 사무실이 있다고 생각해보게. 그들은 미국이 수입품을 얻는 데 이용하는 진정한 자원이지. 이제 그들이 모두 한데 모였다고 상상해보게."

"네, 그리고요?"

"미국이 수입을 중단하면, 그 모든 사람들은 미국이 수입해오던 손목시계, 신발 등의 모든 상품들을 직접 만들어야 할걸세. 그들은 일본 회사들이 미국에 공장을 지은 이후에도 일본에서 들여오던 200만 대에 달하는 자동차를 생산해야 하고, 면화와 커피도 재배해야 하네. 또 예전에 외국에서 수입해오던 석유도 직접 파내야 할걸세."

"네, 그렇겠죠."

"이 거대한 산업공원 입구로 가서 주문 담당 직원에게 말하게. '나는 200만 대의 자동차와 몇 파운드의 설탕과 커피, 이렇게 많은 컴퓨터와 손목시계 등등이 필요합니다'라고 말일세. 미국의 1년 치 수입품을 몽땅 주문하는 거지. 자네는 그 직원에게 1년 뒤에 그 상품들을 가지러 오겠다고 하게. 직원은 산업공원 안으로 주문서를 갖고 들어가지. 자네는 그들이 그 주문량을 다 만들어낼 수 있을 거라고 생각하나?"

"물론 아니겠죠. 머크 사의 화학자들이 석유를 발견하고 보잉 사의 조립공이 비행기 공장에서 자동차를 만들 수 있다고 기대하기는 힘들지요."

"그렇지. 그들에게 기회를 한 번 주게. 기적이 일어난 거지. 비행기 공장의 기계들이 자동차 조립라인으로 변하고, 기존의 모든 공장들이 지금 만들어야 하는 물건에 필요한 공장으로 바뀌었네."

"그렇더라도 여전히 불가능합니다. 노동자들이 적합한 기술을 갖고 있지 않으니까요."

"그럼 다시 한 번 기적이 일어났다고 하세. 이제는 석유사업에서 일해야만 하는 머크 사의 화학자들이 순식간에 석유공학 학위를 따고 학교에서 습득했을 모든 지식을 갖게 되었다네. 그리고 모든 노동자들에게 본인이 손목시계 산업이나 텔레비전 산업에서 근무하게 될 것을 처음부터 알았다면 습득했을 지식을 갖게 해주자고. 자네는 그들이 주문량을 모두 채울 수 있다고 생각하나?"

"잘 모르겠지만, 해낼 수 있을 것 같네요."

"그들은 해내지 못하네. 불가능한 일이야. 공원 책임자는 어떤 식으로든 새로이 기술을 습득한 노동자들을 동원하더라도 주문을 채우지 못한다는 것을 알게 될 거야. 그는 산업공원에 새로 노동자들을 데려오고 공장을 더 건설하고 새 공장에서 사용할 기계들도 더 들여와야 할걸세. 그 공원은 호황을 누리겠지. 하지만 미국이 예전에 수입하던 손목시계와 자동차 같은 상품을 생산해낼 정도로만 붐이 일어날 거야. 그 사이에 공원 밖에서는 모든 것을 생산해내는 데 이용할 수 있는 노동자와 기계가 줄어들겠지. 그러니 미국이 누릴 수 있는 상품의 총량은 줄어들 게 분명하다네."

"추가로 인력과 자원을 투입하지 않으면 공원 안의 노동자들이 그 주문량을 채우지 못한다는 것을 어떻게 압니까? 왜 그 공원에는 토지나 공장, 기계가 충분하지 않은가요?"

"부유해지는 우회적인 방법 때문이지. 보잉 사가 1년에 일본에서 비행기 25대를 판다고 생각해보세. 보잉사가 그 비행기들을 만드는 데는 노동자 1만 명과 일정량의 원자재가 필요하지. 그렇게 비행기를 판 돈으로 미국인들이 일본산 자동차를 20만 대 살 수 있다고 가정해보게. 그런데 그 자동차 20만대를 우회적인 방법 대신 직접적인 방법으로 생산하려면 1만 명 이상의 노동자와 원자재가 필요할 거야."

"그걸 어떻게 아십니까?"

"만일 1만 명 이하의 노동자가 필요했다면, 보잉사나 다른 회사가 더 적은 자원을 사용하여 자동차 20만 대를 생산할 수 있었을 거야. 그들은 원가를 절감했을 것이고, 비행기 대신 자동차를 만들어서 더 많은 이익을 낼 수 있었겠지. 미국인들이 비행기를 만드는 이유는, 자동차를 만드는 기술이 일본인들보다 떨어져서가 아니라 비행기를 훨씬 더 잘 만들기 때문이라네. 그것이 자동차를 만드는 더 효율적인 방법이라네."

"하지만 미국 자동차들은 외국 자동차만큼 성능이 좋고 쌉니다. 미국 자동차들은 왜 더 싸고 더 효율적인 외국 자동차를 대신할 수 없나요?"

"미국 자동차들도 외국 자동차만큼 성능이 좋고 싸지. 하지만 이렇게 비교하는 것은 오해를 부를 수 있네. 자네 아내 마사는 가끔 빵을 직접 굽지?"

"네. 마사가 굽는 빵이 가게에서 사온 빵보다 더 나아요."

"그 빵이 가게에서 사는 빵보다 더 좋으면, 마사는 빵을 더 자주 구워야겠군. 마사가 가게에서 빵을 사 오기도 하나?"

"그럼요, 데이브. 빵을 구우려면 시간이 많이 걸리니까요. 그러니 매번 직접 구워 먹을 것까지는 없죠. 그래서 마사는 시간이 날 때만 빵을 구워요."

"그렇다면 마사는 집에서 빵을 만드는 동시에 자네 집으로 빵을 수입해오는군."

"그렇다고 할 수 있겠죠."

"에드, 자네 눈에는 어떤 모순 같은 게 보이지 않나? 자네 아내 빵이 가게에서 사온 빵보다 더 낫다면, 가게에서 빵을 사오는 게 비합리적이지 않은가? 방금 전에 마사 빵이 더 낫다고 말했잖아."

"그렇긴 하지만 어떤 날은 마사가 피곤하거나 바쁘니까요."

"자네 식구들이 먹을 빵 중 일부를 직접 굽는 것은 이치에 맞지. 그렇다고 해도 모든 빵을 굽는 것이 좋은 생각은 아니라는 것이네. 가끔은 집에서 구운 빵이 가게에서 산 빵보다 더 좋고 더 싸더라도 말일세."

"왜 그렇죠?"

"정부가 빵 판매를 금지해서 가게라는 경제체제 내로 빵을 '수입'할 수 없게 되었다면 마사와 자네가 어떻게 느낄지 생각해보게. 마사는 그냥 어깨를 으쓱하며 말하겠지. '상관없어요. 내 빵이 가게에서 산 빵만큼 훌륭하니까. 그리고 돈도 덜 들고. 게다가 나는 빵 굽는 것을 좋아하니까요.' 그런데 가족 모두가 먹을 빵을 만들려면 마사가 빵을 여러 번 구워야 한다고 생각해보게. 마사는 자신이 추가로 굽는 빵이 과거에 가게에서 사던 빵보다 훨씬 더 비싸다는 것을 알게 될걸세.

추가로 빵을 만드는 데 들어간 돈은 가게에서 산 빵 값보다 여전히 적네. 하지만 그 돈은 원가의 일부일 뿐이지. 만일 마사가 식구들이 먹을 모든 빵을 굽는다면, 가끔 빵을 구울 때보다 시간이 훨씬 더 많이 들걸세. 그 추가로 들어간 시간의 비용 역시, 훨씬 더 비싸다네."

"어떻게 그렇게 될 수 있죠?"

"빵을 굽는 데 드는 시간의 진짜 비용은 금전적인 것이 아니기 때문이지. 그것은 마사가 빵을 굽느라고 바빠서 더 이상 즐길 수 없는 잃어버린 활동이지."

"근데요, 데이브. 마사는 아마 가게에서 파는 빵 한 덩어리와 직접 구운 빵 한 덩어리를 맞바꾸지는 않을 겁니다."

"왜 그런가, 에드?"

"마사가 가게에서 빵을 살 때는 매번 추가로 한 덩어리를 사더라도 항상 빵 값은 똑같으니까요. 하지만 당신 말이 맞습니다. 빵을 더 구우려면 집 안팎에서 했던 추가적인 활동을 포기해야 하기 때문에, 집에서 빵을 한 덩어리 더 만들 때마다 비용은 점점 더 들게 됩니다. 처음에 마사는 비교적 중요하지 않은 활동을 포기하겠죠. 하지만 빵 굽는 데 소비하는 시간이 늘어날수록, 마사는 점점 더 가치 있는 일을 중단해야 할 겁니다. 그렇게 되면 우리는 예전만큼 빵을 먹지 않기로 선택할 수도 있겠죠. 빵의 양이 줄어들고 공동으로 하는 활동도 줄어들기 때문에 우리 상태는 더 나빠질 것입니다."

"바로 그거야, 에드. 훌륭하네. 그것이 방금 전에 얘기한 대로, 쿼터제 하에서 국내 생산이 상실된 수입량을 메울 정도로 충분히 늘어나지 않는 것과 같은 원리야."

"이제 이해가 가네요."

"이쯤 됐으면 미국 상품과 외국 상품의 가격이나 품질이 같아도 미국이 비용을 지불하지 않고는 외국 수입품을 대체할 수 없다는 것을 이해했으면 좋겠네."

"하지만 국가가 왜 가정과 비슷한 건가요? 왜 자동차를 만들기가 더 어려워집니까?"

"미국이 과거에 수입하던 200만 대의 자동차를 만들려면 공장을 새로이 짓고 노동자도 새로이 고용해야 한다고 생각해보게. 그렇게 한다는 것은 다른 산업들로부터 생산 능력과 노동자를 끌어와야 한다는 것을 의미하네. 그 경우에 미국은 그 노동자들이 과거에 만들던 상품을 더 이상 즐길 수 없게 되지. 게다가 그 신설 공장에서 200만 대의 자동차를 추가로 생산하는 노동자들은 미국에서 처음에 200만 대를 생산한 노동자들만큼 생산성이 높지도 않다네."

"왜 그렇죠? 똑같은 기술을 사용하는 것 아닙니까?"

"아마 똑같은 기술을 적용하겠지. 하지만 그 노동자들과 관리자들은 이미 자동차를 생산해본 사람들만큼 능숙하고 효율적이고 값싸게 기술을 사용하지 못하네. 처음의 그 200만 대는 자동차 공장에서 일해보겠다는 강한 호기심과 기술을 갖춘 미국인들이 만들었지. 그리고 그런 공장의 관리자들은 노동자들에게 동기를 부여하고 그들을 잘 지도해 생산성을 높일 수 있는 최고의 적임자였을 거야. 더 많은 노동자와 관리자를 고용해 더 많은 공장을 가동하게 되면, 더 이상 최고의 인력을 확보하지 못한다네. 따라서 처음에 그 산업에 채용된 사람들보다 덜 효율적인 노동자와 관리자들을 끌어올 수밖에 없지. 그래서 자동차 생산 비용이 점점 더 비싸지는 거야. 결국 미국 입장에서는 자동차 공장을 개설해 더 많은 자동차를 생산하기보다는 수입을 통해 우회적인 방법으로 자동차를 만드는 것이 더 유리한 일이지.”

“모르겠습니다, 데이브. 그저 자동차를 생산하는 일에 불과한 것 같은데요. 조립라인에서의 작업 과정을 이해하지 못하는 사람이라도 있습니까?”

“미국에서는 모든 사람이 야구공 던지는 법을 알고 있지 않나?”

“물론이죠.”

“그럼 자네는 최악의 프로야구 투수 10명이 최고의 투수 10명만큼 실력이 좋다고 생각하나?”

“아니요.”

“자동차 공장에서 일하거나 그 공장을 운영하는 일도 똑같다네. 다른 사람들보다 일을 잘하는 사람들이 있기 마련이지. 지시대로 따르기를 더 잘하는 사람들도 있고, 남을 지도하고 관리하는 것을 더 잘하는 사람들도 있네. 스타 시에 있는 자네의 텔레비전 공장을 예로 들어보세. 자네는 누구든 텔레비전 조립법을 이해할 수 있을 테니까 그냥 닥치는 대로 사람을 채용했나? 자네 공장의 관리자들은 노동자들에게 동기를 부여하는 일을 모두 똑같이 잘했나?"

"그렇진 않았죠. 그래도 여전히 이해하기가 쉽지 않네요."

"이런 식으로 생각해보게. 수입이 허용된 세계에서 품질이 비슷한 일본산 자동차와 미국산 자동차가 비슷한 가격에 팔리고 있다고 말이야. 이 사실로 인해 미국 자동차가 일본 자동차만큼 좋다는 결론을 내리게 됐다네. 하지만 이것은 미국이 수입되는 자동차 덕분에 모든 내수용 자동차를 국내에서 생산할 필요가 없는 현재의 생산단계에서만 그렇다네. 수입 자동차를 없애버리면 국산 자동차 가격은 올라가겠지. 공급이 줄면 가격이 올라가니까. 다른 각도에서 보면, 늘어난 미국 자동차의 수요는 가격 인상 없이는 충족되지 않을걸세. 이제 자네는 그 이유를 이해해야 하네. 공장을 더 크고 더 새롭게 짓는 데 비용이 더 많이 들어가기 때문에 포드, GM, 크라이슬러는 가격을 올리지 않고는 중단된 수입 물량을 메울 수가 없지."

"이해가 되네요, 데이브."

"하지만 이것은 이야기의 일부에 지나지 않아. 미국에 외국의 공급이 필요 없다고 가정하는 주장의 또 다른 오류는 혁신이 계속되리라고 믿는 데 있지. 수입이 없었다면 포드 페어레인은 토러스가 되지 못했을 것이고, 미국 자동차 제조업체를 자극할 외국 자동차가 없었다면 미국 자동차는 앞으로 40년 동안 발전할 그 수준까지 절대로 발전하지 못할걸세."

"그래도 수입 금지의 모든 효과가 어떻게 전반적인 생활수준의 하락을 야기하는지는 잘 모르겠네요. 그 모든 연관성을 이해하기가 무척 힘들어요."

"마사가 가족들이 먹을 빵을 모두 굽거나 그 일부라도 굽는다고 생각해보게. 자네가 직접 모든 것을 만들어야만 한다면 자네 인생이 어떨지 생각해보게. 마사와 자네의 시간은 유한하기 때문에 자네 집에는 모든 것이 부족해질 거야. 어쩔 수 없이 자네가 직접 모든 것을 만들어 써야 한다면, 상품과 서비스에 대한 자네의 통제력은 줄어들겠지. 수입이 없으면 미국의 집은 모두 그런 식이 될 거야."

"그래도 일어나는 일들을 모두 이해하기는 어렵네요, 데이브."

"다른 방식으로 한번 생각해보세. 국제분쟁에 휘말린 국가는 적국을 상대로 금수조치를 내리려 할 거야. 이유가 뭘까? 적을 빈곤에 빠뜨리기 위해서이지. 또 어떻게 할까? 세계의 다른 국가들과 교류하는 능력을 차단하는 방법을 이용하겠지. 관세와 쿼터를 부과하는 조치나 자급자족을 결정하는 극단적인 조치는 자기 스스로에게 금수조치를 내리는 것과 다를 게 없네. 이런 정책이 이득이 될 것 같나?"

"그럴 것 같지는 않네요. 하지만 제가 2005년에 살고 있는데 일본 자동차를 구입한 미국인들 중의 하나가 된다면, 죄책감이 들 것 같습니다."

"그렇다면 자네는 오늘 밤에 아무것도 배우지 못한 걸세. 자네가 미국 자동차를 산다면, 자네는 미국 자동차 회사의 미국인 노동자와 주주들을 돕는 것이네. 그리고 일본 자동차를 산다면, 자네는 머크 사와 보잉 사의 노동자들과 주주들, 그리고 그 회사 임원들을 돕고 있는 거지. 개방무역의 세계에서 '일본' 자동차나 '미국' 자동차라는 개념은, 단지 구매자들을 속여 그들이 '미국' 상품을 구입할 때 무언가 애국적인 일을 하고 있다고 생각하게 만들려는 시도에 불과하네. 앞에서 얘기했던 것처럼, 많은 일본 브랜드가 미국에서 자리를 잡았어. 그리고 많은 미국 브랜드가 미국 밖에서 자리를 잡았고. 양쪽 자동차는 전 세계에서 들여온 부품을 사용하지. 하지만 모든 미국산 자동차가 미국인들에 의해 미국 부품만으로 만들어졌고 모든 외국 자동차가 미국 밖에서 외국산 부품으로 만들어졌다고 해도, 자네는 자네 자신에게 가장 효용성이 큰 자동차를 사야 하네. 미국 자동차 제조업체는 자네에게 미국이 외국인들에게 의존하는 일이 없도록 미국산 자동차를 구입해달라고 하지. 그러나 미국인들이 외국 자동차를 못 사게 만들기는 쉽다네. 품질이 더 좋은 상품을 더 싼 가격에 만들면 되지. 시장에서 성공할 수 없는 미국 제조업체는 정부에게 일본 자동차 수입을 금지하거나 '자발적인' 쿼터를 부과해달라고 요청하지. 앞에서 말한 것처럼 공급이 감소되면 미국 자동차는 가격이 올라가네. 그 가격 인상분은 사실상 복지 지출금이야. 자동차 구입자에게 자동차 제조업체를 도우라고 부과된 분담금 같은 거지. 자, 이제부턴 자급자족의 실패에 대해 말해보자고."

"진정하세요, 데이브. 흥분한 것 같은데요?"

"지금 상태에서는 심장마비도 걱정되지 않는다네. 왜 소비자의 결정에 죄책감이 개입되어야 하나? 만약 스텔라 텔레비전 회사가 질이 낮거나 가격이 너무 비싼 텔레비전을 생산한다고 해도, 사람들이 자네를 안쓰럽게 생각해서 자네 회사 제품을 계속 사줄 거라고 기대하나? 그게 진정한 자급자족에 이르는 길인가? 진정한 자급자족은 다른 사람들에게 자의적인 규칙으로 요구할 것이 아니라 노력해서 얻어야 하는 거네. 어떤 노동자나 회사가 아무리 조잡하고 질 낮은 상품을 생산하더라도 사람들이 죄책감이나 동정 때문에 자기네 제품을 사주리라는 것을 알고 있다면, 생산성이 어떻게 될 거라고 생각하는가? 사람들은 그 가격에서 가장 높은 가치를 안겨주는 상품을 구입해야 하네."

"하지만 데이브, 만약 미국이 수입 금지로 그렇게 가난해진다면, 왜 사람들은 외국 상품 수입을 금지하는 법을 없애지 않습니까? 사람들은 자신들이 점점 더 가난해지고 있다는 사실을 알지 못하나요?"

"아니, 물론 알고 있지만, 겁을 먹은 거라네. 사람들은 보호무역주의 때문에 가난해졌다고 하지는 않아. 경제학자들이 미국을 세계에 다시 개방하자고 제안하면, 사람들은 자기들 일자리를 걱정하지. 외국인들에게 경쟁을 허용하면, 그들이 이미 갖고 있는 일자리는 무엇으로 대체되겠나? 자네가 루이지애나 주의 석유산업에서 일하는 기술자거나 혹은 매사추세츠 주에서 손목시계를 만들거나 캐롤라이나 주의 방직공장에서 일하는 노동자라면 어떻게 투표하겠나? 쿼터제를 없애면 자네 일자리가 없어진다는데.”

“하지만 그 일자리들 대신 다른 일자리가 생길 거라고 하셨잖아요.”

“사람들은 그것을 모른다네. 그들은 구세계가 신세계로 바뀌는 것을 두려워할 뿐 아니라 컴퓨터 칩, 휴대용 컴퓨터, 앞으로 발견될 질병 퇴치용 약품도 상상하지 못하네. 상상하려고 해도 그런 산업은 존재하지도 않지. 사람들은 자기가 갖고 있는 것을 지키는 데 만족한다네.”

"데이브, 당신 때문에 정말 지치네요. 무역이 없는 미국에서 제 아이들이 어떻게 되었는지 볼 수 있을까요?"

"물론이지. 내가 가끔 장황하게 이야기하는 버릇이 있지. 그건 나한테 정치인 기질이 있어서야. 자네 아이들의 삶은 자유무역하에서의 삶과 아주 다를 거라는 점을 명심하게. 우리가 전에 봤을 때, 스티븐은 컴퓨터 소프트웨어 회사를 운영하고 있었고 수전은 인터넷에서 사업체를 운영하고 있었지. 자유무역이 없다면 두 아이의 삶은 무척 다를 거네."

"왜죠?"

"우리가 지금 있는 이 세계는 미국이 자급자족하는 세계니까. 그러니 자네 아이들이 이용할 수 있는 기회는 같지 않다네."

"그러면 수전은 어떻게 지냅니까?"

"수전은 잘 지내고 있네. 아이가 셋이야. 딸 둘에 아들 하나. 좋은 남자와 결혼해서 스타 시에서 살고 있네."

나는 에드를 수전의 집으로 데려갔다. 수전은 대학원에도, 홍콩에도 가지 못했다. 가족을 돌보는 데 시간을 보내고 있었다. 우리는 수전이 아이들을 재우고 부엌을 치우는 모습을 지켜보았다.

"행복해 보이네요."

"그렇군. 외국 상품 없이 지내는 것이 사람들을 불행하게 만든다고 주장할 생각은 추호도 없네. 그저 그렇지 않을 때보다 조금 더 가난해질 뿐이지."

"가족을 보살피는 것이 잘못된 것은 아니지요."

"물론 그렇지. 문제는 수전이 다른 삶을 선택할 기회를 가져야 하는가 여부야. 수입이 금지된 세계에서는 수전이 마주할 선택의 폭이 더욱 제한되어 있으니까."

"스티븐은 어떤가요?"

"스티븐도 스타 시에 사네. 스텔라 텔레비전 회사를 운영하고 있지."

스티븐은 중심가에서 벗어난 조용한 거리의 좋은 집에서 살고 있었다. 우리는 스티븐이 아들인 저스틴의 수학 숙제를 도와주는 모습을 지켜보았다. 대형 화면의 텔레비전도, 음성으로 작동되는 컴퓨터도 없었다. 그냥 수학책과 누런 종이로 된 공책, 그리고 식탁만 있을 뿐이었다.

"근데 저스틴이 왜 저렇게 두꺼운 안경을 쓰고 있는 겁니까?"

"저번에 저스틴을 방문했을 때, 스티븐이 영화를 오랫동안 보지 못하게 한 것 기억하나? 저스틴은 아직도 텔레비전을 많이 볼 수 없네. 눈에 너무 안 좋기 때문이야. 자유무역의 세계에서는 머크 사가 개발한 약으로 눈을 치료할 수 있었지. 머크 사는 무역이 없는 세계에서는 그 약을 개발할 수 없었네. 그래서 저스틴이 안경을 쓰고 있는 거지. 안경도 비슷하게 효과는 있네."

에드에게는 말하지 않았지만, 사실 천상의 사람들이 그를 약간 봐주었다. 그 머크 약이 없었다면, 저스틴은 시력을 완전히 잃었을 것이다. 하지만 천상의 사람들은 에드의 손자가 수입이 금지된 세계에서 장님이 되었다면, 에드가 프랭크 베이츠 의원을 지지할지 말지 선택할 때 자유의지가 작동하지 않을 것이라고 생각했다. 자유무역 덕분에 자기 손자가 장님이 되지 않을 수 있다면, 그는 당연히 자유무역을 좋아할 것이다.

"스티븐도 상당히 행복해 보이네요."

"정말 그런 것 같군. 그런데 스티븐에게 말을 걸게 해줄 수는 없네. 자네가 말을 걸 수 있다면, 자기 아버지와 할아버지가 일했던 회사에서 일하는 게 어떤지 물어볼 수 있을 텐데 말이야."

"저는 그 정도면 만족합니다."

"알고 있네. 하지만 스티븐에게도 그렇게 좋을지는 좀 더 복잡한 문제라네. 그 아이가 꿈을 갖고 있던 1960년을 되돌아보게. 지금은 성인이 된 스티븐만 보고 있는 거니까."

"어른이 된 스티븐은 행복해 보입니다. 그런데 확실히 스타 시는 자유무역하에서만큼 활기차지는 않네요. 주스 가게도 없고 서킷 시티나 아이팟도 없고요. 하지만 저는 늘 그대로의 모습을 지닌 스타 시가 마음에 듭니다."

"글쎄, 정말 그럴까? 자네가 1960년의 스타 시는 좋아하지만, 100년 전의 스타 시를 좋아할지는 모르겠군. 그때는 거리에 말똥이 널려 있었고, 아이들은 구루병에 잘 걸렸지. 그리고 여자들이 아이를 낳다 사망하는 일도 아주 흔했네. 자네는 자네에게 익숙한 것을 좋아하는 거지. 그래도 나는 자네 말을 부분적으로는 인정한다네. 돈과 부가 전부는 아니니까. 자유무역하의 미국이 천국인 것도 아니고. 자유무역은 더 많은 기회와 더 많은 부, 더 역동적인 세상으로 이어지지. 하지만 더 역동적인 세상이 모든 사람에게 이득을 주는 것은 아니라네."

"그러면 창의력이 떨어지고, 대학에 갈 수 없고, 세상을 바꾸겠다는 꿈이 없는 사람들은 어떻게 될까요? 그들은 무엇을 할까요, 데이브?"

"대학을 졸업하지 못한 사람들이 일할 일자리는 여전히 존재하네. 예전보다 제조업 일자리가 적을 뿐이지. 하룻밤 만에 소포를 배달하는 페덱스 사가 미국에서 22만 5천 개의 일자리를 창출했을 때, 모든 일자리가 MBA 출신들을 위한 자리는 아니었네. 다양한 기술을 필요로 하는 모든 종류의 일자리가 존재하지. 인터넷 소매업자들도 여전히 창고에서 지게차를 운전하는 사람들을 고용하지. 하지만 자유무역은 어떤 사람들에게는 피해를 주네. 보호무역주의도 마찬가지고. 자네 눈으로 미국이 자급자족하면서 모든 일자리들을 유지하고 있을 때 미국이 어땠는지 봤잖은가."

"하지만 프랭크 베이츠 의원은 실수를 한 것 같아요. 그는 모든 상품의 수입을 금지할 게 아니라 고임금 상품의 수입만 금지했어야 했어요. 커피, 면화, 원유 수입은 허락하면서 미국 내의 첨단 기술, 고숙련, 고임금 일자리는 지켰어야 했죠."

"에드. 일자리를 보지 말고 사람을 보게. 미국인들이 기술이 미천해서 햄버거 굽는 일을 잘한다면, 결국 그들은 평생 햄버거나 구우며 살게 될 거야. 컴퓨터 소프트웨어 수입을 금지하고 그 일자리를 햄버거 굽는 사람들을 위해 '남겨준다고' 해서 그들을 컴퓨터 소프트웨어 디자이너로 바꾸어놓을 수는 없네. 그래, 할 수는 있겠지. 하지만 그렇게 해도 결국 미국은 더 부유해지는 게 아니라 더 가난해질걸세. 자네는 보호무역주의를 통해 높은 임금을 받는 미국인들에게 피해를 입힘으로써 기술이 별로 없는 사람들을 도와줄 수는 있겠지. 그런데 그게 공정한가?"

"모르겠습니다."

"그렇게 하는 게 현명한 일인지 스스로에게 물어보게. 만일 미국인들로 이루어진 한 집단의 기술이 전 세계적으로 쉽게 얻을 수 있는 것이어서 세계 시장에서 경쟁을 잘하지 못한다면, 미국은 어떻게 대응해야 할까? 그들을 보호하고 그들이 직면한 경쟁에서 그들을 지켜야 할까, 아니면 그들과 그들의 아이들에게 기술을 향상시키라고 격려해야 할까? 오늘밤에 나는 미국이 직면한 선택이 더 많은 일자리냐 더 적은 일자리냐가 아님을 자네가 배웠기를 바라네. 제대로 된 선택은 역동적인 세계냐 정적인 세계냐인 거라네. 다시 말하면, 사람들이 꿈을 꾸고 그 꿈을 실현시킬 기술을 획득하도록 격려하는 세계와, 사람들에게 자신이 가진 것에 만족하고 꿈도 덜 꾸라고 권하는 세계 중에서 선택해야 하는 거네."

"어느 쪽이 더 좋습니까, 데이브?"

"그건 자네가 결정할 문제지. 하지만 한 가지 해주고 싶은 말이 있네. 성경을 보면, 신명기에서 하느님은 이스라엘 사람들에게 이렇게 말씀하시네. '내가 너희들 앞에 생명과 죽음, 축복과 저주를 두었다. 생명을 선택하라.' 많은 성경 해설자들은 왜 하느님이 이스라엘 사람들에게 생명을 선택하라고 간청 혹은 명령을 하셨는지 물었네. 생과 사 중에서 과연 어떤 선택을 할 수 있겠나? 그것은 선택이 아니지. 생명을 선택할 것이 분명하니까. 그렇다면 왜 하느님은 그토록 분명한 것을 요구하실까? 아마도 하느님은 문자 그대로의 생사의 선택을 말씀하신 게 아닐 것이네. 하느님은 삶을 경험할 것인가 아니면 삶의 경험을 두려워하고 그것에서 도망칠 것인가 하는 영적인 선택을 말씀하신 것이지. 에드, 자네도 생을 선택하게나."

"하지만 어떤 생이요, 데이브? 두 가지 모두 좋아 보이는데요. 나는……. 이봐요, 데이브! 데이브! 데이브!"

나는 떠났다. 내 시간은 다 됐다.

에드는 1960년, 일리노이 주 스타 시의 그의 서재에 홀로 돌아와 있었다. 프랭크 시나트라는 아직도 전축에서 가슴 절절한 노래를 쏟아내고 있었다. 마사는 옆방에서 자고 있었고, 아이들인 스티븐과 수전은 복도 끝 쪽 방에서 자고 있었다. 길 아래 스텔라 텔레비전 회사는 문을 잠그고 다음 날의 생산을 기다리고 있었다.

미국에서는 텔레비전만이 외국과의 경쟁이 완전히 금지된 상품이었다. 엡콧 센터와 디즈니 월드는 월트 디즈니의 눈 속에 희미한 빛으로 자리 잡고 있었다. 퍼스널 컴퓨터는 없었고, VCR, 〈토이 스토리〉, 페덱스 사, 구글도 없었다. 그것들은 실현되지 않은 상태로 시간의 저울대에 매달려 있었다.

에드는 우리가 아주 오래전에 서재를 떠날 때만큼 신선한 상태로 책상 위에 놓여 있는 초콜릿 케이크 조각과 우유 한 잔을 뚫어져라 쳐다보며 한참을 멍하니 앉아 있었다. 그러다가 마침내 잠이 들었다.

"여보, 일어나요! 로스앤젤레스에 가서 베이츠 의원을 위해 연설을 해야 하잖아요. 비행기 놓치겠어요."

"마사!"

"에드, 왜 여기서 잤어요? 짐 싸는 걸 도와줄게요. 어서 씻어요."

에드는 별로 말을 하지 않았다. 하지만 마사는 놀라지 않았다. 에드가 생각이 많다는 것을 알고 있었기 때문이다. 그저 얼마나 많은 생각을 하고 있는지 모를 뿐이었다.

에드는 전당대회에 참석하기 위해 로스앤젤레스행 비행기에 올랐다. 그는 프랭크 베이츠 의원이 보내준 대통령 지명 연설문을 가져갔다. 천상에서 그 모습을 지켜보던 나는 가슴이 철렁했지만, 절망하지는 않았다. 아직 시간이 남아 있음을 알고 있었다.

1960년 7월 14일 오전 11시, 미풍이 부는 로스앤젤레스의 비벌리힐스 호텔 정문에 택시 한 대가 멈춰 섰다. 그리고 에드 존슨이 그 택시에서 내렸다. 그는 투숙 수속을 밟은 뒤에 자기 방으로 가서, 호텔 교환원에게 전화가 와도 연결하지 말고 오후 4시에 깨워달라고 했다. 그는 깊은 잠을 잤다. 나는 그것이 좋은 징조인지 나쁜 징조인지 알수 없었다.

에드는 일어나 샤워를 하고 깨끗한 셔츠와 양복을 입었다. 그러고는 택시를 잡아타고 산타모니카 해변으로 갔다. 그는 한 시간 동안 해변을 따라 걸었다. 그리고 잔디가 난 공원의 벤치에 앉더니 아시아의 경제대국들과 미국을 갈라놓고 있는 태평양 너머를 바라보았다. 그는 한동안 그곳에 앉아서 지구가 앞으로 돌아 태양을 바다로 끌어내리는 모습을 지켜보았다. 그러고는 다시 택시를 잡아타고 전당대회가 열리고 있는 경기장으로 갔다. 그는 아직도 연설문을 갖고 있었다. 나는 기운이 나지 않았다.

에드에게도 나에게도 시간은 느리게 지나갔다. 관중석은 각종 깃발과 배지, 플래카드를 든 사람들로 물결치는 듯 보였다. 프랭크 베이츠 의원의 지지자들은 다들 현수막을 들고 있었다. '미국을 최우선으로 생각하자' '자유무역은 불공정 무역이다' '미국의 일자리를 보호하라' '외국 상품을 못 들어오게 하라', 그리고 내가 좋아하는 구호인 '미국인들이 외국 상품을 사면, 우리 자식들은 어디서 일하게 되나?'도 있었다. 마침내 에드 차례가 왔다. 그는 프랭크 베이츠 의원을 지명하는 핵심 연설을 하기로 되어 있었다. 기자들과 텔레비전 카메라는 준비를 마친 상태였다. 이제 에드도 준비가 되어 연설을 시작했다.

그는 그가 가져온, 프랭크 베이츠 의원의 참모들이 써준 연설문을 읽었다. 그는 프랭크 베이츠 의원에 대해, 스텔라 텔레비전 회사의 성공에 대해 이야기했다. 그리고 그의 고향인 스타 시와 스타 시가 특별한 이유를 이야기했다. 그야말로 미국의 모든 작은 도시가 특별한 이유에 대한 이야기였다. 그 작은 도시에 사는 사람들의 개방적인 마음, 단순성, 그리고 삶의 불변성. 그것은 훌륭한 삶이 분명했고, 에드는 그 사실을 잘 설명했다. 연설을 듣는 사람들이 자부심을 느끼고 있음을 알 수 있을 정도였다. 많은 사람들이 시카고, 로스앤젤레스, 뉴욕처럼 대도시에서 왔지만, 작은 도시에 대한 그들의 자부심은 진실했다.

"제 고향 스타 시에서는 삶의 거친 칼날들이 익숙한 것들에 의해 무뎌집니다. 우리는 여러 해 동안 그곳에 살았기 때문에 이웃들을 잘 압니다. 친구들은 평생의 친구입니다. 가족은 좋은 일이든 궂은일이든 늘 함께합니다. 제 아버지는 스타 시에서 태어나셨고, 스텔라 텔레비전 회사를 설립하셨고, 또 스타 시에서 돌아가셨습니다. 저도 스타 시에서 태어났고, 죽을 때까지 거기서 살 것입니다. 제 아이들도 거기서 태어났고, 그들 또한 거기서 죽을 것입니다."

이 대목에서 에드는 주저하더니 잠시 심란한 표정을 보였다. 나는 그가 그 말을 혼잣말하듯 다시 말하는 것을 들을 수 있었다.

"제 아이들도 거기서 태어났고, 그들 또한 거기서 죽을 것입니다."

나는 그가 홍콩에 있는 수전이나 캘리포니아에서 회사를 운영하고 있는 스티븐을 떠올리고 있는 게 아닐까 궁금했다.

에드는 깊은 숨을 쉬었다. 나도 그랬다. 시간이 얼마 남지 않았다. 에드가 다시 연설하기 시작했을 때, 그는 연설문을 옆으로 밀어놓고 대회장에 모인 사람들을 바라보았다.

"저는 로스앤젤레스에 자주 오지는 않습니다. 이곳에 도착하기 전에 저는 항상 불안감을 느낍니다. 이곳은 시끄럽고 더 빠릅니다. 스타

시와는 다른 곳입니다. 그리고 항상 변화가 위협합니다. 하지만 며칠 지나면, 로스앤젤레스든 시카고든 뉴욕 시든 대개는 편안해집니다. 여기 살고 싶을 정도는 아니지만, 여러분 중 많은 분들이 왜 이런 대도시에 사는 쪽을 선택하는지 이해할 수 있을 정도로 편안해집니다. 더 시끄럽고 더 빠르지만, 그 밖에 다른 것이 있으니까요. 여기에는 더 많은 삶이 있습니다.

물론 스타 시에도 사람들이 즐길 수 있는 흥밋거리가 있습니다. 비주 극장에는 매달 새로운 영화가 들어옵니다. 스타 시와 미국 전역의 소도시에도 꿈을 꾸는 사람들과 성공하는 사람들, 그리고 세상을 다시 만들고 싶어하는 사람들이 있습니다. 스타 시에는 커서 공장 주인이 되려는 꿈을 가진 소년이 있을 수 있습니다. 또 다른 도시에서는 외로운 기차 기적 소리를 들으며 위대한 소설가가 되려는 꿈을 품은 소년이 있을 수 있습니다.

미국은 크고 작은 도시들 없이는 미국이 아닙니다. 최근에 저는 외국 여행을 다녀왔습니다."

에드는 잠시 쉬었다. 그의 눈은 그의 속내를 밝혀줄 말을 기다리고 있는 거대한 경기장의 청중을 훑어보았다.

"집에서 멀리 떠나면, 자신이 알고 있는 삶을 구성하는 익숙한 패턴이 그리워집니다. 아내와 함께 먹던 아침 식사, 저녁 식사 후에 아이들을 데리고 산책을 하고 아이들에게 별자리를 가르쳐주던 일이 그리워집니다. 고향의 신문, 마을의 이발사, 직장에 도착해서 사람들이 건네는 인사말 등등이 그리워지죠. 이런 것들은 사소한 것들입니다. 하지만 미국에서는 이 사소한 순간들이야말로 다른 곳에는 없는 풍요로움과 활력을 띠고 있습니다.

왜 그런지 아십니까? 미국은 여전히 모든 것이 가능한 땅이기 때문입니다. 미국에서는 부모가 자식에게 현재에 대해 말할 때도 미래가 약속처럼 그 말 주위를 맴돌고 있습니다.

내가 사랑하는 미국으로 돌아오면서 나는 미국의 위대함과 독특함을 떠올리게 되었습니다. 미국을 위대하게 만드는 것은 바로 미국의 활력입니다. 그 활력의 일부는 우리 국민들로부터 나옵니다. 하지만 그 활력의 많은 부분은 우리가 활기 넘치게 살도록 우리를 자유롭게 해주고 미래가 그 약속을 지키게 만드는 미국의 법과 제도로부터 생깁니다. 우리는 미국의 핵심에 있는 그 불길, 즉 창의력의 불길, 변화의 불길, 생명의 불길을 보호해야 합니다. 신께서 여러분과 프랭크 베이츠 의원에게 축복을 내려주시길 바랍니다. 좋은 저녁 보내십시오."

대회장의 사람들은 지지의 환호성을 질렀다. 하지만 나는 그들이 누구에게 혹은 무엇에 박수를 보내는지 확신할 수 없었다. 아마도 조금은 에드 존슨과 프랭크 베이츠에게, 그리고 대부분은 미국에게 보내는 박수였을 것이다. 마침내 주위가 조용해지자, 사람들은 에드의 연설이 어떻게 프랭크의 보호무역주의에 부합하는지를 이해하려고 노력했다. 어떤 사람들은 보호무역주의와 미국식 생활방식의 보호 사이에 연관성이 있다고 생각했다. 하지만 에드가 보호무역주의를 한 번도 언급하지 않았으며 어쩌면 보호무역주의의 미덕을 부인했을지도 모른다고 말하는 사람들도 있었다. 그들은 왜 그가 연설문의 마지막 부분을 집어던지고 미국의 위대함에 대해 이야기했는지 이해하지 못했다. 그들은 에드가 프랭크 베이츠를 배신했다고 말했다.

　나도 에드가 배신했다고 생각했다. 관세와 쿼터의 해악을 좀 더 직접적으로 언급했다면 좋았겠지만, 가끔은 우회적인 방법이 최선이니까…….

에드 존슨은 프랭크 베이츠를 배신한 걸까? 답하기 어려운 질문이다. 그해 매사추세츠 주 출신의 젊은 친구가 지명을 받아 백악관에 입성했다. 프랭크 베이츠는 그다음 의원 선거에 다시 출마했지만 근소한 차이로 패하고 말았다. 에드 존슨이 프랭크의 경력을 망쳐놓은 것인가? 비록 그의 연설이 프랭크에게 도움이 되지는 않았지만, 나는 그렇지 않다고 생각한다. 그것은 정치인에 대한 존경과 자기 자신에 대한 존경을 유지하려는 사람의 줄타기 같은 것이었다. 대부분의 사람들은 그 연설을 이해하지 못했고 정치적으로 순진해서 그런 연설을 했다고 생각했다. 그들은 기업인에게 전당 대회 연설을 맡기고 베이츠 의원의 참모들이 쓴 연설문의 마지막 부분을 무시하게 놔둔 것이 잘못이었다고 비난했다.

어쨌든 어떤 사람들은 에드를 비난했다. 베이츠 의원도 그랬다. 그는 다시는 그에게 말을 건네지 않았는데, 어쩌면 에드에게는 그것이 좋았을 것이다.

에드는 텔레비전 사업에서 물러났다. 그는 적어도 3년 동안은 공장을 가동하면서 노동자들에게 다른 일자리를 찾을 기회를 줘야 한다는 조건으로 일본인들에게 회사를 팔았다.

어떤 사람들은 뒤에서, 혹은 면전에서 에드를 욕했다. 에드는 그러한 최악의 모욕도 미소를 보이며 참아냈다. 그는 친구도 몇 명 잃었다. 어떤 사람들은 그를 결코 이해하지 못했고 또 이해하고 싶어하지도 않았다. 에드 본인도 자기 자신을 설명하는 데 어려움을 겪었을지 몰랐다. 마침내 그는 이런저런 노력을 중단했다. 그리고 아내와 함께 시간을 보내고 취미 생활을 즐기고 손자들을 보러 보스턴과 캘리포니아로 여행을 다니는 데 만족하며 살아갔다.

나로 말하면, 아마 내 이야기가 에드 존슨의 이야기만큼 여러분의 흥미를 끌었을 것이다. 자세한 내용을 설명하면 좋겠지만, 나는 그 내용을 비밀로 지키겠다는 여러 가지 서약서에 서명한 상태였다. 천상의 사람들이 어떤지는 다들 알고 있을 것이다. 자유의지 등등의 것들 말이다. 내가 말해줄 수 있는 사실은, 내가 예상했던 것보다는 상황이 조금 더 긍정적이었다는 것이다. 그게 어땠냐고? 아쉽지만 말해줄 수 없다. 내가 말할 수 있는 것은 에드의 연설 덕분에 몇 가지 장애물을 넘어설 수 있었지만 아직도 더 많은 장애물들이 닥쳐오고 있다는 것뿐이다. 내세는 그런 점에서 삶과 비슷하다. 막 정상에 도착했다는 생각이 든 순간, 지평선 위로 또 다른 정상이 어렴풋이 보인다. 더 많이 요구받는 사람들이 있는가 하면 덜 요구받는 사람들이 있을 뿐이다. 인생은 그렇게 가는 거다.

한 가지 사실 정도는 말해줘도 된다는 허락을 받았다. 내 답변의 핵심은 생명을 선택하라는 바로 그것이었다. 여러분이 생각할지도 모르는 그런 방법, 즉 상사가 좋아하는 책 내용을 인용하여 그 상사와 잘 지내보겠다, 뭐 그런 방법은 아니다. 알다시피 천상에서는 그런 방법이 통하지 않는다. 그보다는 생활의 기준에서 좁게 규정된 경제학으로부터 멀어지는 것이 바로 핵심이었다. 내 말을 오해하지는 말라. 그래도 나는 경제학에 몸담고 있다. 하지만 돈이 전부는 아니다. 내 서약 내용에 포함되지 않은 비밀을 하나 밝히자면, 경제학자들은 경제학이 돈에 관한 것이 아니라, 노력하고 살아가고 꿈을 꾸는 것에 대한 학문이라는 사실을 누구보다도 잘 알고 있다.

내 이야기가 여러분에게 기쁨을 주었다면, 부탁을 하나 하고 싶다. 내가 경제학자가 된 이후에 경제학자들이 우유부단하고 다양한 문제들을 놓고 분열되었다는 이유로 경제학자들을 조롱하는 것이 유행이 되었다. 나는 아마 전 세계 학생들에게 비교우위 개념을 잘 설명하지 못했을지도 모른다. 하지만 나는 경제학자들을 상대로는 큰 성공을 거두었다. 자유무역에 반대하는 이론적 주장을 펼치는 학자들도 실제로 관세와 쿼터를 옹호하는 것은 꺼린다. 따라서 차후에 칵테일 파티에 갔다가 외팔이 경제학자가 '반면에(on the other hand)'라고 말하지 못해서 실직했다는 농담을 듣거나, 세상 경제학자들을 모조리 한곳에 모아놓아도 그들은 여전히 결론을 내지 못한다는 농담을 듣더라도, 그런 바보 같은 농담이 유발하는 가식적 웃음으로 상대의 기를 살려주지 말길 바란다. 그럴 때는 다 안다는 듯 미소를 지으면서 국제무역에 대해서는 아주 오래됐지만 신뢰할 만한 사람에게서 다른 말을 들었다고 말하라.

잠자리에 누워서 달콤한 꿈이 무엇일지 생각하느라 잠 못 이루는 모든 사람들에게 바친다.

일리노이 주 스타 시

일리노이 주에는 스타 시가 없다. 스텔라 텔레비전 회사도 없다. 하지만 1948년부터 1974년까지 모토로라 사가 일리노이 주 퀸시 시에서 공장을 운영하며 퀘이사 텔레비전을 생산했다. 모토로라 사는 1974년에 공장을 유지한다는 조건으로 퀸시 시의 마쓰시타 사에게 그 공장을 매각했다. 하지만 마쓰시타 사는 텔레비전 산업 여건이 악화되었다며 1976년에 공장 문을 닫았다. 그들은 모토로라로부터 매입한 또 다른 공장인 일리노이 주 프랭클린 파크 시에 있는 공장은 계속 가동했다.

1960년, 퀸시 시의 인구는 4만 2,000명 정도였다. 모토로라 공장은 한

창 사업이 잘될 때 3,000명 정도의 노동자를 고용했고, 하루에 2,000대 가량의 텔레비전을 생산했다. 2000년 퀸시 시의 인구는 4만 366명이었다.

나는 퀸시 시 모토로라 공장 이야기와 직원들의 기억을 스타 시와 스텔라 텔레비전 회사의 배경 및 영감으로 이용했다. 배경 정보와 자료를 준 『퀸시 헤럴드 휘그(Quincy Herald-Whig)』 신문사의 뉴스 편집자 더그 윌슨(Doug Wilson)과 도서관 사서인 주디 넬슨(Judy Nelson)에게 감사드린다. 또한 공장 폐쇄 후 5년 만에 이루어진 직원 재회 모임 기사를 알려준 퀸시 공공도서관 직원인 로이스 타이어(Lois Tyer)와 공장 폐쇄가 퀸시 시의 아이들에게 어떤 영향을 미쳤는지 알려준 퀸시 고등학교의 부교육감 로버트 메이어(Robert Meyer)에게도 감사드린다.

그리고 시간을 내서 대화에 응해준 공장 노동자들에게도 감사의 말을 전한다. 그들은 다음과 같다. 전 생산라인 감독인 조이 비어(Joy Viar), 전 공장 감독 로버트 모리스(Robert Morris), 전 공장 지배인 칼 스웨드(Carl Swed), 전 기술자 리 웹스터(Lee Webster), 하역장 직원으로 일했던 스티브 무디(Steve Moody), 전 식당 종업원 도나 무디(Donna Moody), 공장의 전기배선과 납땜질을 맡고 열쇠 기술자로도 일한 제인 슬레이터(Jane Slater), 전 경리 책임자 조앤 펠커(Joanne Felker), 전 요리사 겸 식당 계산원 오네타 버너(Oneta Burner), 경리 · 재고 관리 · 봉급 관리 등 다양한 업무를 맡았던 크리스 스코크(Chris Schork).

이 전직 노동자들은 아직도 모토로라 사에 강한 충성심을 갖고 있으며 그 공장에서 여러 해 동안 일할 수 있었다는 점을 감사하게 생각한다. 그들 중 한 사람은 자신이 공장을 보면 울기 때문에 남편이 공장 옆길로 자동차를 몰지 않는다고도 말했다. 그들 모두는 모토로라 사가 공정하고 좋은 고용주였다고 느꼈다. 그들은 회사 야유회, 스케이트 파티, 댄스 파티에 대해서도 여전히 좋게 이야기했다. 일본 측 경영진이 공장을 폐쇄한 데 대해 일부 직원들이 분개했지만, 공장을 일본인들에게 판 것에 대해서는 아무도 나쁘게 말하지 않았다. 공장이 폐쇄된 것에 대해 정도는 달라도 다들 슬픈 감정을 표시했지만, 대부분의 노동자들이 공장이 폐쇄된 후 1년 안에 일자리를 찾았다고 한다.

모토로라 공장이 문을 닫은 지 1년 정도 뒤에 방송전자회사가 퀸시 시에 공장을 열어서 해고된 노동자들 중 일부를 고용했다. 모토로라 전 직원들과의 만남을 주선해준 방송전자회사의 캐시 엘러브록(Cathy Ellerbrock)과 스티브 월(Steve Wall)에게 감사한다. 다른 노동자들은 해리스 연합방송사와 마이크로에너지 사에 취직하였다. 일부는 강 건너 미주리 주에 있는 포드 자동차 안전벨트 회사에서 새로이 일자리를 찾았지만, 이 회사도 몇 년 뒤에 문을 닫았다.

나와 이야기를 나눈 모든 사람들은 모토로라 공장 폐쇄가 퀸시 시에 커다란 충격이었다고 생각했다. 그러나 모두들 퀸시 시의 다음 세대인 자신들의 자녀들은 자기들보다 더 유복해졌다고 느꼈다. 어떤

이는 이렇게 말했다.

"그들은 서글픈 노래를 부를지는 모르겠지만, 모든 것을 다 가졌다. 두 대의 차, 가구로 가득 찬 집. 어떤 이는 보트까지 가졌다."

한 전직 노동자는 대학교육을 받은 대부분의 아이들이 퀸시 시에서 기회를 찾지 못하고 대신 다른 곳에 정착했다고 말했다. 내가 들은 이야기 중에서 이 책의 논점과 관련 있는 가장 의미 있는 발언은 모토로라 사에서 근무할 때의 장점에 대한 이야기였다.

"그곳은 가족적인 분위기의 안정된 공장이었다. 마음에 들지 않을 수도 있는 다른 일자리를 위해 추가 교육을 받을 필요가 없었다."

자유

에드 존슨과 미국이 직면한 선택을 극적으로 보여주기 위해 나는 다양한 자유를 택했다. 미국은 1960년 이후에 많이 달라졌다. 그 모든 변화는 미국이 다른 나라들을 상대로 비교적 국경을 개방했기 때문에 일어난 것은 아니었다. 나는 무역 규제 정책으로 인해 미국의 소도시가 원래의 모습을 지켰을 것이라고는 생각하지 않는다. 또한 예를 들어 여성 노동인구가 1960년부터 지금까지 비교적 개방되어 있는 국경 때문에 증가했다고도 생각하지 않는다. 그러나 여성 노동 인구의 폭발적인 증가는 노동시장이 변화에 유연하게 대응했음을 보여준다.

나는 역사적으로 부정확한 사실을 기술한 데 대해 민주당에 사과한다. 1960년에 보호무역주의자 프랭크 베이츠는 공화당원이었을 가능성이 더 높다. 현재의 공화당이 내가 이 책의 초판을 낸 15년 전보다는 더욱 보호무역주의적인 성향을 보이긴 하지만, 오늘날 보호무역주의는 여전히 민주당에서 더 적극적으로 주장하기 때문에 프랭크 베이츠를 민주당원으로 만들었다.

현재의 미국은 자유무역 세계가 아니라는 점을 기억하는 것이 중요하다. 미국은 엄청나게 자세한 목록의 상품에 수천 가지의 관세와 쿼터를 부과하고 있다. 모든 수입품에 대한 평균 유효 관세는 2퍼센트가 안 되지만, ITC가 2004년에 실시한 연구내용에 따르면, 무역규제로 인해 매년 140억 달러씩 미국의 복지가 줄어들고 있는 것으로 추정된다. 나는 독자들이 직접 ITC 웹사이트에 방문해보기를 권하는데, 그 웹사이트의 관세 데이터베이스에 들어가보면 어떤 상품에 얼마의 관세가 부과되는지 알 수 있다. 접시 같은 간단한 것을 검색해봐도 무역규제가 보여주는 카프카적인 세계에 발을 들여놓을 수 있다. 또한 12장에서 다룬 것처럼 반덤핑법들은 정치인들의 입법 행위 없이도 관세 같은 수수료를 부과할 수 있게 해준다. 그러한 수수료는 울적할 정도로 무수히 많다.

사실과 수치

나는 에드 존슨을 1960년에 데려다 놓았다. 일본 텔레비전 수입이 급증하기 시작한 해가 바로 1960년이기 때문이다. 나는 가능한 한 2005년 치부터 자료를 수집하려고 노력했다. 그게 불가능할 경우에는 가능한 한 가장 최근의 데이터를 사용하려고 했다. 이 개정판에서 사용된 수치들 중 일부는 다양한 정부 데이터의 수정으로 인해 이전 발행본과는 다르다.

〈3장 - 미래로 떠난 여행〉

노동자가 텔레비전 한 대를 구입하기 위해 노동해야 하는 시간은 다음과 같은 방법으로 계산되었다. 1960년의 소매가격을 확보하기가 쉽지 않았는데, 1960년에 발행된 시어스 사의 카탈로그를 이용했다. UHF와 VHF 전파를 모두 수신할 수 있는 가장 싼 21인치 텔레비전은 180달러에 판매되었다. 1960년에 제조업 부문의 평균 주급은 90달러가 채 안 되었다. 이 수치는 「2005년 대통령 경제교서(Economic Report of the President, 2005)」의 표 B-47을 이용해 계산했다. 이 표에는 제조업 부문의 시급이 시간당 2.15달러이고 주당 평균노동시간은 39.8시간으로 기재되어 있다. 따라서 보통의 제조업 노동자는 2주보다 약간 더 일해야 텔레비전 한 대를 살 수 있었다. 2004년에 제조업 평균 임금은 시간당 16.15달러, 즉 하루에 대략 128달러였다. 현재 서킷 시티 웹사이트에서는 젠센(Jensen)의 20인치 컬러텔레비전이 93달러에 팔린다. 하루치 임금보다도 낮은 가격이다. 1960년에 가장 싼 리모트컨

트롤 모델은 380달러로, 당시 제조업 노동자의 한 달 치 봉급에 가까 웠다. 현대의 텔레비전은 내구성 및 지속성에 의해 평가되는 높은 품 질의 컬러텔레비전이다.

따라서 미국은 외제 텔레비전에 의존하게 되었지만, 제조업 노동자 들이 텔레비전 한 대 값을 버는 데 걸리는 시간으로 측정했을 때의 실 제 가격은 극적으로 낮아졌다. 그 수치는 비제조업 분야의 노동자들 의 경우에도 비슷하다.

〈4장 – 훌륭한 농부가 옥수수를 얻는 방법〉

나는 이 장에서 1960년부터 현재까지 미국의 생활수준 향상에 대 해 이야기했다. 1991년에 미국 경제가 불황을 겪었을 때, 많은 사람들 은 미국 경제가 1973년부터 침체되고 있었다고 주장하면서 그것이 일 본 때문이라고 비난했다. 나는 이 책의 초판본에서 그러한 주장이 이 론적으로나 실증적으로 근거가 없다고 주장했다. 이 문제는 1990년대 의 경제성장과 CPI(소비자 물가지수)가 품질을 포착하는 데 문제가 있 다는 것을 알게 된 점, 그리고 일본 경제가 흔들리면서 일본이라는 희 생양이 사라졌다는 점 때문에 큰 관심을 받지 못했다. 그러나 이 논쟁 의 역사를 고려해보면, 이 개정판에서 그 사실들을 기록하는 것이 도 움이 된다고 생각했다. 미국과 일본의 상대적 생활수준에 대한 수치 들은 2005년 「OECD 국가별 통계(OECD World Factbook)」에서 인용한 것이다. 구매력평가지수를 이용한 가장 최근의 데이터는 2002년 수치이며, 미국의 1인당 GDP는 3만 6,121달러, 일본의 1인당 GDP는 2만 6,954달러임을 보여준다. 미국의 수치는 일본보다 34퍼센트 높다.

2003년, 미국 노동통계국(Bureau of Labor Statistics)은 표준산업분류법(SIC)에서 북미산업분류체계(NACIS)로 전환하면서 1964년부터의 기왕(旣往)자료를 수정했다. 따라서 이전 도표들의 1960년 시급은 현재의 자료와 비교할 수 없다. 그래서 나는 앞서의 1960년 자료와 일치하는 2002년 수치를 사용한 다음, 2002년부터 2004년까지의 성장률에 기초한 임금 상승률을 귀속시키는 방법으로 2004년 수치(15.48달러)를 얻었다. 2004년 수치는 1960년의 2.09달러와 비교 가능한 편이다. 다시 이 시급 수치를 CPI-U-X1 소비자 가격지수(2005년 「대통령 경제교서」 표 B-62)에 따라 조정한 결과, 본문에 제시된 대로 26퍼센트라는 실질 성장률을 얻을 수 있었다.

CPI는 인플레이션을 과장하여 반영하기 때문에 실질적인 생활수준 향상을 축소하여 말한다. 노동통계국은 개선된 물가지수인 CPI-U-RS를 갖고 있는데, 이 지수는 1978년으로 거슬러 올라간다. 1978년부터 2004년까지의 인플레이션(2005년 「대통령 경제교서」 도표 B-62에서 인용)에 이 지수를 이용하면, 1960년부터 2004년 사이의 실질 시급이 본문에서 사용된 26퍼센트 대신 34퍼센트가 증가한 것으로 나타난다. 그러나 이 물가지수마저도 통계국이 품질의 변화를 바로잡을 수 없기 때문에 인플레이션을 과장하여 반영한다. 이러한 편중을 보여주는 예를 알고 싶다면, 로체스터 대학 마크 빌스(Mark Bils)의 논문 「더 좋아지는 상품으로 성장률 측정하기(Measuring Growth from Better and Better Goods, NBER Working Paper No. 10606)」를 참조하라.

수당을 포함한 노동자 보수를 측정하기 위해 나는 2005년 「대통령 경제교서」의 도표 B-49를 사용했다. 이 표는 노동통계국에서 구했다. 나는 CPI-U-X1에 의해 축소 조정된 기업 분야의 시간당 명목 보수를 사용했다. 이 표에 따르면, 1960년부터 2004년 사이에 93퍼센트가 증가했다. 이 경우에도 이 인플레이션 측정 지수가 인플레이션을 과장해 반영하기 때문에 93퍼센트라는 수치는 축소된 것이다. 1인당 GDP의 경우, 나는 2005년 「대통령 경제교서」의 도표 B-31을 사용했다.

이러한 수치들이 일부 독자에게는 놀라움을 안겨줄 것이다. 우리는 1970년대 이후로 보통의 미국인이 생활수준 향상을 경험하지 못하고 있다고 꾸준히 들어왔다. 나는 이러한 주장이 대두된 이유가 보수보다는 임금에 집중한 결과일 뿐 아니라, CPI가 품질 변화를 조정하지 못한다는 사실과 여성의 노동 참여가 극적으로 증가하면서 지난 40년 동안 노동력 구성이 달라졌다는 사실을 무시한 결과라고 생각한다. 나는 가까운 미래에 인터넷에서 이 문제에 관한 더욱 체계적인 증거를 찾을 수 있기를 희망한다.

여성의 노동시장참여, 미국의 일자리 수, 농업 노동자 비율에 대한 자료는 「미국역사통계(Historical Statistics of the United States)」 「미국 통계자료요약집(Statistical Abstract of the United States)」 「2005년 대통령 경제교서」에서 인용했다. 다양한 수치들을 찾는 데 도움을 준 노동통계국의 해럴드 브라운(Harold Brown), 필리스 오토(Phillis Otto), 마이클 머피(Michael Murphy), 카렌 코사노비치(Karen Kosanovich)에게 감사드린다.

정보기술분야의 고용 및 실질임금에 관한 수치는 국제경제연구소의 캐서린 L. 맨(Catherine L. Mann)과 제이콥 펑크 커키가드(Jacob Funk Kirkegaard)가 집필한 『미국의 세계화 가속(Accelerating the Globalization of America : The Role for Information Technology)(2006)』에서 인용했다.

2004년, 18~19세의 대학진학율은 역대 최고인 47.8퍼센트를 기록했다. 이 수치는 현재인구조사(Current Population Survey)의 도표 A-5b에서 인용했다.

〈5장 – 일자리의 대이동〉

모토로라 사 고용 수치는 모토로라 웹사이트에서 인용했다.

여성 취업과 여성의 노동시장 참여에 대한 자료는 2005년 「대통령 경제교서」의 도표 B-36과 B-39에서 인용했다.

제조업 노동인구 비율이 1960년의 28퍼센트에서 2005년 11퍼센트로 하락했다는 사실은 「2005년 대통령 경제교서」의 도표 B-46에서 인용했다. 1960년의 수치는 앞에서 언급한 산업 재분류 때문에 이 책의 이전 판본에 실린 수치와 다르다. 하지만 그 결과는 똑같다. 지난 40년 동안 일자리의 공급처로서 제조업의 중요성이 극적으로 떨어졌다는 사실이다. 제조업 생산량이 4배가 늘었다는 사실은 「2005년 대통령 경제교서」의 도표 B-51에서 인용했다. 제조업 생산량 변화를 평가하는 과정에는 불가피하게 영웅적인 가정이 수반되지만, 미국이 과거보다 적은 수의 사람으로 더 많은 물건을 만든다는 사실이 중요하다.

다른 분야와 비교한 제조업 부문의 2004년 임금률은 「2005년 대통령 경제교서」의 도표 B-47과 B-46을 이용하여 계산한 것이다. 도표 B-47에는 제조업 부문과 민간 부문의 시급이 표시되어 있다. 총 민간 부문 고용에서 제조업 고용이 차지하는 비율을 이용하면 비제조업 민간부문 임금률 계산에 민간부문 임금률을 조정할 수 있다. 이러한 계산을 통해 2004년 3.5퍼센트의 비제조업 임금률에 대한 제조업 임금 프리미엄을 알아낼 수 있다. 「2005년 대통령 경제교서」에는 1960년부터의 비제조업 임금에 관한 자료가 없다. 그래서 나는 1999년 교서의 도표 B-46과 B-47을 이용했다. 전과 마찬가지로 엄격히 말하면 1960년 수치는 산업 재분류로 인해 현재의 수치와 비교할 수 없다. 하지만 그 사실이 노동통계국이 조사한 노동자들의 경우에 제조업 일자리가 비제조업 일자리보다 임금이 높다는 주요한 사실에 영향을 미치지는 않는다.

〈7장 – 관세와 일자리의 관계〉

일본 자동차에 대한 '자발적' 규제가 미국 자동차 가격에 미친 영향 평가는 『브루킹스 연구소 리뷰(The Brookings Review)』에 게재된 로버트 그랜달(Robert Grandall)의 1984년 논문인 「수입 쿼터와 자동차 산업 : 보호주의의 사례(Import Quotas and the Automobile Industry: The Costs of Protectionism)」에서 인용했다.

〈8장 – 관세 대 쿼터〉

1962년 『워즈 자동차 연감(Ward's Automotive Yearbook)』에 따르면, 포드 페어레인과 쉐보레 임팔라는 1960년에 가장 많이 팔린 자동차들이었다. 따라서 나는 수입이 금지된 세계에서 그 둘을 2005년에도 여전히 인기 있는 자동차로 놔두었다. 이 책의 1쇄와 2쇄에서 나는 이 두 자동차를 1990년대 중반부터 후반까지 가장 인기 있는 자동차로 꼽는 혼다 어코드, 포드 토러스와 비교했다. 현재 혼다 어코드는 도요타 캠리에 이어 두 번째로 인기 있는 자동차이다. 포드는 미국에서 토러스 판매를 중단하고 포드 파이브 헌드레드(Ford Five Hundred)로 대체했는데, 이 차는 엄밀히 말해서 미국을 대표하는 아이콘이라고 할 수 없다. 그래서 나는 어코드와 토러스 간의 경쟁을 다루는 토론에서 손을 뗐다. 1960년형 포드 페어레인의 연비는 도시와 고속도로에서 각각 5.9km/l(1리터당 주행 마일 수)와 8km/l였다. 2000년형 어코드의 연비는 각각 9.7km/l와 12.7km/l였고, 2000년형 토러스의 연비는 각각 8.5km/l와 11.9km/l였다. 2006년형 어코드 연비는 도시에서 10.2km/l, 고속도로에서 14.4km/l이다. 이 수치들은 열소비율에 관한 EPA 웹사이트에서 인용했다. (http://www.fueleconomy.gov)

〈9장 – 관광객이 오지 않는 관광지〉

최근 몇 년 동안 다수의 경제학자들은 자유무역에 반대하는 이론적 논거를 제시했다. 이러한 논거에 대한 균형 잡힌 해설은 폴 크루그먼(Paul Krugman)의 『국제무역 재고(Rethinking International Trade)』(MIT Press, 1994년)에서 찾을 수 있다. 이러한 논거에 대한 내 생각은 9장에 나와 있다.

〈10장 – 중산층의 돈을 이용하는 부자들〉

콩코드 비행기에 대한 배경지식은 대중 신문에 게재된 다수의 기사에서 얻었다. 콩코드 비행기 요금에 대한 자료는 1999년 9월 6일에 영국항공사(British Air)에 전화를 걸어 확인했다. 사전 예약이 안 되었을 경우에 콩코드의 뉴욕-런던 간 왕복 요금은 1만 297달러였다. 사전 예약 없이 콩코드기가 아닌 영국항공 일반 항공기를 탈 경우에는 1,326달러였다.

세마테크 연구소의 영향에 대한 논의 내용은 『국제경제저널(Journal

of International Economics)』 1996년 호에 실린 더글러스 어윈(Douglas Irwin)과 피터 크레노우(Peter Klenow)의 논문, 「첨단 산업 연구 개발 보조금 : 세마테크 연구소의 영향 평가(High-Tech R&D Subsides : Estimating the Effects of Sematech)」에 기초한 것이다.

〈11장 – 무역 적자가 미국에 피해를 입힐까?〉

미국의 무역 적자와 중국 무역 적자에 관한 수치는 미국 인구조사국(Bureau of the Census)에서 인용했다. http://www.census.gov/foreign-trade/www/에서 찾아볼 수 있다.

〈12장 – 공정무역 대 자유무역〉

12장에서 다룬 폴란드 골프 카트에 대한 괴이한 내용을 상세히 알고 싶다면, 『관보(Federal Register)』 57권 10334(1992년 3월 25일)를 참조하라. 1986년부터 1992년까지의 덤핑사례 수치는 미국 ITC의 키스 앤더스(Keith Anderson)과의 전화통화를 통해 알아냈다. 또한 통계수치와 자료는 리처드 볼턱(Richard Boltuck)과 로버트 E. 리탄(Robert E. Litan)이 공동 편집한 『덤핑에 빠져라 : 불공정무역법의 행정(Down in the Dump : Administration of the Unfair Trade Laws)』에 게재된 트레이시 머레이(Tracy Murray)와 N. 데이비드 파미터(N. David Palmeter)의 논문 등에서 인용했다. 덤핑 사례와 국가별 분포에 대한 추가 자료는 『세계

무역저널(Journal of World Trade)』 1993년 4월 호에 실린 키스 앤더슨의 논문, 「미국의 반덤핑법-그 사용와 복지에 미친 결과(Antidumping Laws in the United States- Use and Welfare Consequences)」에서 찾아볼 수 있다.

〈13장 – 세계화가 가난한 국가에게 미치는 영향〉

이 장은 윌리엄 이스털리(William Easterly)의 훌륭한 저서, 『성장, 그 새빨간 거짓말(The Elusive Quest for Growth)』(MIT Press, 2002년)에 크게 의존했다. 이와 대조되는 의견은 조셉 스티글리츠(Joseph Stiglitz)의 『세계화와 그 불만(Globalization and Its Discontents)』에서 찾을 수 있다. 이 이상한 책에서 그는 세계가 겪은 모든 안 좋은 일은 세계은행(스티글리츠는 세계은행의 선임경제학자였다)이 아니라 IMF 때문에 발생했다고 주장한다. 제프리 삭스(Jeffrey Sachs)의 『빈곤의 종말(The End of Poverty : Economic Possibilities for Our Time)』(Penguin, 2005)은 하향식 원조에 대해 13장에서 제시된 것보다 더 낙관적인 견해를 제시한다. 마틴 울프(Martin Wolf)의 『세계화가 성공하는 이유(Why Globalization Works)』(Yale University Press, 2005)는 세계화가 전 세계 빈민에게 미치는 영향에 대한 유용한 자료와 분석 내용을 담고 있다.

〈15장 - 에드의 선택〉

　1960년 민주당 전당대회는 7월 11일부터 7월 15일까지 로스앤젤레스 메모리얼 스포츠 아레나(Los Angeles Memorial Sports Arena)에서 열렸다.

더 읽을거리

나는 데이비드 리카도의 경제학에 대해서는 어떤 것이든 정확하게
말하려 했다. 환경 문제, WTO, 정치적 문제에 대한 그의 발언은 내가
생각해낸 것일 뿐이다. 리카도의 대표작은 『정치경제학과 과세의 원
리에 대하여』이다. 이 책은 가볍게 읽을 수 있는 책은 아니다. 온라인
판은 www.econlib.org에서 찾을 수 있다.

자유무역에 대한 특별히 창의적이고 명쾌한 옹호론을 읽고 싶다
면, 프레드릭 바스티아(Frederic Bastiat)의 논문들을 읽어보라. 『경
제 궤변학(Economic Sophisms)』(경제교육재단Foundation for Economic
Education, 1996)부터 시작해서 『정치경제 선집(Selected Essays in
Political Economy)』(경제교육재단, 1995)을 참고하라. 바스티아는 1850년

에 사망했지만 그의 저서는 마치 내일의 문제를 해결하기 위해 어제 씌어진 책처럼 읽힌다. 그의 작품은 www.econlib.org에서 찾아볼 수 있다.

국제무역에 관한 좋은 교과서는 리처드 케이브스(Richard Caves), 제프리 프랑켈(Jeffrey Frankel), 로널드 존스(Ronald Jones)가 집필한 『세계무역과 상환(World Trade and Payments)』(Addison Wesley, 2001)이다.

무역, 무역정책, 세계화를 다룬 훌륭한 입문서는 돈 부드로(Don Boudreaux)의 『세계화(Globalization)』(2007)이다.

제임스 보봐드(James Bovard)의 저서 『미국 통상무역의 기만성(The Fair Trade Fraud)』(1992)은 무역정책의 추한 정치에 대해 명쾌한 요약을 제공한다. 그는 미국 무역정책이 얼마나 불합리한지 보여주는 놀랄 만한 예와 함께, 상무부의 덤핑 평가에 작용한 무수한 편견을 보여주는 훌륭한 목록을 제시한다. 무역과 무역정책의 지적 역사에 대해 알고 싶다면, 더글러스 어윈(Douglas Irwin)의 저서 『반조류(Against the Tide : An Intellectual History of Free Trade)』(Princeton University Press, 1997)를 참조하라.

감사의 말

탈무드에 이런 말이 있다.

"나는 선생님들로부터 많은 것을 배웠다. 그리고 동료들로부터 더 많은 것을 배웠고, 내 학생들로부터 가장 많은 것을 배웠다."(타니스 7a)

내가 무역에 관심을 갖게 된 계기는 밀턴 프리드먼의 『자본주의와 자유(Capitalism and Freedom)』(2007, 청어람미디어)를 통해서였다. 그리고 그 관심은 노스캐롤라이나 대학 학부시절에 제임스 인그램(James Ingram) 교수의 강의 덕분에 지속되었다. 그의 저서, 『국제 경제문제(International Economic Problems)』는 수출과 수입 회사를 공장으로 비유하고 있는데, 그러한 비유는 이 책의 접근방식에 대한 영감을 얻는 데 도움이 되었다.

나는 운 좋게도 시카고 대학 대학원에서 D. 맥클로스키(D. McCloskey) 교수님의 미시경제학 수업을 들으며 무역 문제에 대해 배울 수 있었다. 그 수업에서 배운 도표와 직관력은 나의 사고와 교육자로서의 삶에 크게 영향을 미쳤다. 나는 로체스터 대학, 스탠포드 대학, UCLA, 세인트루이스 워싱턴 대학, 조지 메이슨 대학의 학생들에게 그 분석법을 가르쳤다. 그 학생들이 내게 던진 질문들 중의 다수는 에드 존슨을 통해 이 책에 등장했다. 나는 학생들이 열의를 갖고 질문을 던져주고 관심을 가져준 데 대해 깊이 감사한다.

조지 스티글러 덕분에 나는 정부의 입법 행위를 지지하는 동기에 대한 업계의 발언에 크게 의심을 품게 되었다. 그가 이 책을 보지 못하고 세상을 떠난 게 유감스럽다. 데이비드 리카도에 대해 그와 대화를 나눴으면 좋았을 텐데 말이다.

3쇄를 내도록 지원해준 프렌티스 홀 출판사의 존 악셀로드(Jon Axelrod)에게 감사의 말을 전한다. 그리고 2쇄의 실수나 혼동되는 부분을 찾아준 하워드 스웨인(Howard Swaine)과 댄 스태츠니(Dan Stastny)에게도 감사한다. 마이클 가드웰(Michael Cardwell)은 최근 수치를 찾아내는 엄청난 일을 해냈다. 모든 실수는 내 책임이다. 나는 단순히 임금이 낮다는 이유로 미국의 모든 일자리가 미시시피 주나 아칸소 주에 생기는 것은 아님을 알려준 버지니아 포스트렐(Virginia Postrel)에게 감사한다.

비교우위, 아웃소싱, 무역 적자를 주제로 장시간 토론을 마다하지 않은 나의 동료, 돈 부드로에게 특별히 감사의 말을 전하고 싶다. 나는 돈으로부터 많은 것을 배웠고, 그 많은 내용이 이 책에 실려 있다.

아낌없이 지도하고 편달해준 멘로 스미스(Menlo Smith)에게도 감사한다.

무역 문제에 대해 유용한 대화를 나눠준 댄 그레셀(Dan Gressel), 켄트 킴브로(Kent Kimbrough), 존 롯 주니어(John Lott Jr.), 리처드 맥켄지(Richard McKenzie)에게도 감사하다. 모토로라 사의 에릭 슈스터(Eric Schuster), 머크 사의 사이몬 보니타(Simon Bonita), 다케히코 하야카와(Takehiko Hayakawa), 노엘 하워드(Noel Howard), 몬산토 사의 헨드릭 버페일(Hendrik Verfaille), 스코트 콘(Scott Koehne)은 대화를 통해 유용한 내용을 전해주었다.

소매업에 대한 날카로운 생각을 전해준 스티브 굿맨(Steve Goodman), 프랭크 시나트라에 대해 지속적으로 알려준 제브 프레드먼(Zev Fredman)에게도 감사의 말을 전하고 싶다. 그의 노래는 내게 큰 도움이 되었다.

초판 편집자로서 나를 믿어주고 수고를 아끼지 않은 스테판 디트리치(Stephen Dietrich)에게 감사한다. 그리고 처음 시작 단계에서 끝없는 열정을 보여준 샐리 덴로우(Sally Denlow)에게도 심심한 감사의 말을 전한다. 그녀의 열정은 중요한 영향을 미쳤다. 2쇄를 내라고 격려

해주고 도움을 준 프렌티스 홀 출판사의 로드 배니스터(Rod Banister)에게도 감사한다. 그리고 다음의 검토자들이 제시한 의견들에 대해서도 고마움을 느낀다. 고마운 의견을 내준 사람들은 다음과 같다. 시카고 대학의 앨런 R. 샌더슨(Allen R. Sanderson), 서던 일리노이 대학의 토머스 미첼(Thomas Mitchell), 조지 워싱턴 대학의 스티븐 수라노비치(Steven Suranovic), 미주리-컬럼비아 대학의 피터 뮤저(Peter Mueser), 센트럴 아칸소 대학의 조셉 P. 맥개리티(Joseph P. McGarrity), 매사추세츠 앰허스트 대학의 앤소니 J. 굴리엘미(Anthoyn J. Guglielmi), 산타클라라 대학의 매튜 브라운(Matthew Brown), 포드햄 대학의 조나단 크리스탈(Jonathan Crystal), 노스텍사스 대학의 마이클 A. 맥퍼슨(Michael A. McPherson), 하트포드 대학의 파라드 라섹(Farhad Rassekh), 노스캐롤라이나 주립대학의 마이클 맥엘로이(Michael McElroy).

토머스 에건(Thomas Egan), 롭 프로인드(Rob Freund), 캐서린 브래드포드(Catherine Bradford), 마크 로(Marc Law)는 앞선 1, 2쇄의 리서치 작업을 도맡아주었다.

친구, 가족, 동료들은 나를 아낌없이 지지해주고 1, 2쇄의 내용을 개선하는 데 유용한 조언을 건네주었다. 나를 도와준 앤드 아킨(Andy Akin), 마르치 암스트롱(Marci Armstrong), 캐서린 브래드포드, 데니스 딜(Denise Dill), 제니퍼 칠턴(Jennifer Chilton), 스티브 굿맨(Steve Goodman), 론 존스(Ron Jones), 수키 코틀러(Suki Kotler), 마크 로, 마이클 레빈(Michael Levin), 팻 마시돈스키(Pat Masidonski), 게리 밀러(Gary Miller), 스테판 모스(Stephen Moss), 리사 · 랜디 해리스 부부(Lisa and Randy Harris), 조 · 제니퍼 로버츠 부부(Joe and Jennifer Roberts), 그렉 로텐버그(Gregg Rotenberg), 필리스 샤피로(Phyllis Shapiro), 머레이 바이덴바움(Murray Weidenbaum), 마이클 월코프(Michael Wolkoff)에게 감사의 말을 전하고 싶다. 그리고 미시건 대학의 앨런 디어도프(Alan Deardorff), 미주리 대학의 돈 실링(Don Schilling), 세인트루이스 대학의 팻 웰치(Pat Welch), 크로스로즈스쿨의 주디 웨어(Judy Ware)와 그들의 학생들에게 고맙다고 말하고 싶은데, 그들은 이 책의 1, 2쇄를 교재로 사용하면서 여러 가지 유용한 의견을 제시해주었다.

돈 부드로, 제브 프레드먼, 베비스 쇼크(Bevis Schock), 내 부모님 셜리 · 테드 로버츠(Shirley and Ted Roberts)에게 특별히 감사의 말을 전한다. 그분들은 1, 2쇄를 여러 번 읽으면서 매번 훌륭한 의견을 제공해주었다.

그리고 아내 새런에게도 감사한다. 그녀는 수많은 초고에 대해 수없이 의견을 제공해주었을 뿐만 아니라, 지칠 줄 모르고 나를 응원해주었다. 또한 내가 컴퓨터 앞에서 오랜 시간을 보내도 묵묵히 참아주었다. 아내는 내가 이 책에서 담아내려고 한 생각들의 영원한 공명판이 되어주었다. 그녀가 없다면 이 책이 성공해도 아무런 의미가 없다.

이 책의 초판을 집필할 때, 아내와 내게는 아이가 한 명 있었다. 축복을 받았는지 이제는 아이가 네 명이 되었다. 나는 내 아이들이 표현과 기적의 기회가 가득한 세계를 물려받길 바란다. 데이비드 리카도가 자랑스럽게 생각하도록 말이다.

초이스 청소년을 위한 쉽고 재미있는 자유무역 이야기
(원제 : THE CHOICE : A FABLE OF FREE TRADE AND PROTECTIONISM)

1판 1쇄 2020년 9월 28일

지 은 이 러셀 로버츠
옮 긴 이 이현주
일러스트 최광렬

발 행 인 주정관
발 행 처 북스토리(주)
주   소 서울특별시 마포구 양화로7길 6-16 201호
대표전화 02-332-5281
팩시밀리 02-332-5283
출판등록 1999년 8월 18일 (제22-1610호)
홈페이지 www.ebookstory.co.kr
이 메 일 bookstory@naver.com

ISBN 979-11-5564-213-9 43320

※잘못된 책은 바꾸어드립니다.

이 도서의 국립중앙도서관 출판시도서목록(CIP)은
서지정보유통지원시스템 홈페이지(http://www.seoji.nl.go.kr)와
국가자료공동목록시스템(http://www.nl.go.kr/kolisnet)에서 이용하실 수 있습니다.
(CIP제어번호 : CIP2020037628)

※이 책은 『알약으로 텔레비전을 만드는 경제학』의 리뉴얼 에디션입니다.